要在学生中弘扬劳动精神，教育引导学生崇尚劳动、尊重劳动，懂得劳动最光荣、劳动最崇高、劳动最伟大、劳动最美丽的道理，长大后能够辛勤劳动、诚实劳动、创造性劳动。

——习近平

本书系 2018 年度教育部人文社会科学研究青年基金项目

"高校社会主义核心价值观教育引领机制研究——基于以劳模精神为载体的视角"

（项目批准号：18YJC710029）的研究成果

中国劳动关系学院 | 学术论丛
CHINA UNIVERSITY OF LABOR RELATIONS
70 周 年 校 庆 丛 书

嬗变与审视

劳动教育的历史逻辑与现实重构

EVOLUTION AND EXAMINATION
The Historical Logic and
Realistic Reconstruction of Labor Education

李 珂 / 著

社会科学文献出版社
SOCIAL SCIENCES ACADEMIC PRESS (CHINA)

劳动最光荣　奋斗最幸福

（代序）

伟大事业需要伟大实践，人民群众是伟大实践的主体。党的十八大以来，习近平总书记在充分继承马克思主义劳动观和中华优秀传统文化的基础上，多次围绕中国梦、劳动、劳动者、劳模精神等内容进行深刻阐述，内涵丰富、思想深邃，为决胜全面建成小康社会，夺取新时代中国特色社会主义伟大胜利，实现中华民族伟大复兴的中国梦，提供了强大的思想引领和精神支撑。

一　人民是历史的创造者

习近平总书记在党的十九大报告中指出："人民是历史的创造者，是决定党和国家前途命运的根本力量。"历史反复证明，人民群众是历史发展和社会进步的主体力量，是先进生产力和先进文化的创造主体。

人民群众用劳动创造了人类历史。马克思认为，物质生产是"一切历史的基本条件"，有了人类的劳动，才有满足人类生存必需的前提，才产生了生活和历史。人民群众不仅是物质财富和精神财富的创造者，而且是变革社会制度、推动历史发展的决定性力量。从唯物史观和劳动哲学层面，习近平总书记深刻阐释了人民的主体地位，科学阐明了人民劳动创造历史的重要意义，指出"劳动是推动人类社会进步的根本力量"，"人民是历史的创造者，人民是真正的英雄"。这些观点全面把握了人民、劳动与历史发展、时代进步的内在逻辑，与马克思主义既一脉相承又与时俱进。

勤劳勇敢智慧的中国人民创造了灿烂的中华文明。在五千年历史长河中，中国人民创造了辉煌历史，铸就了灿烂的中华文明。习近平总书记指出："波澜壮阔的中华民族发展史是中国人民书写的！博大精深的中华文明是中国人民创造的！历久弥新的中华民族精神是中国人民培育的！"这一重要论述充分肯定并高度赞扬了中国人民在中华文明创造中的主体地位，也以中国历史发展实践生动阐释、充分彰显了中国人民创造中华文明的重要价值。在漫长的发展实践中沉淀形成的中华优秀传统文化和中国人民特质禀赋，已经成为植根于中国人内心的民族基因，并深刻影响着中国的发展进步。

中国人民在中国共产党的领导下奋力开创伟大事业。改革开放是决定当代中国命运的关键一着。40 年来，中国共产党团结带领全国各族人民为实现人民幸福和民族复兴不懈奋斗，中国特色社会主义取得巨大发展，近代以来久经磨难的中华民族迎来了从站起来、富起来到强起来的伟大飞跃。特别是党的十八大以来，以习近平同志为核心的党中央提出一系列新理念新思想新战略，出台一系列重大方针政策，推进一系列重大工作，推动党和国家事业取得了历史性成就，发生了历史性变革。进入新时代，中国人民正以"实干兴邦"的劳动精神继续谱写中国特色社会主义伟大事业的新篇章，焕发出人民创造历史的强大生命力。

二　以造福劳动者为最大政绩

伟大的发展成就由人民创造，丰硕的发展成果也要由人民共享。习近平总书记强调，要始终把实现好、维护好、发展好最广大人民的根本利益作为党和国家一切工作的出发点和落脚点。这既是以人民为中心发展思想的价值追求，也是广大劳动者的殷切期盼。

造福劳动者是社会主义制度的根本要求。在社会主义制度下，劳动者既是社会财富的创造者，也是社会财富的享有者，社会生产力的发展以人民的共同富裕为目的，其发展的目标是实现人自由而全面的发展。习近平总书记强调，全心全意为工人阶级和广大劳动群众谋利益，是我国社会主义制度的根本要求，是党和国家的神圣职责，"劳动人民是国家的主人"，要把"坚持崇尚劳动、造福劳动者"作为社会主义奋斗的目标。这些思想是马克思关于"实现人的自由全面发展"思想在新时代的新阐释新解读，既重申了社会主义制度下劳动者自身价值实现的回归，又高扬了劳动者在社会主义社会的主人翁地位。

造福劳动者是中国优秀传统文化的时代弘扬。在中国传统文化中，"民惟邦本，本固邦宁""因民之所利而利之"等，均体现了以劳动人民作为强基固本的思想。党的十八大以来，习近平总书记多次指出，"要以人民群众利益为重、以人民群众期盼为念，真诚倾听群众呼声，真实反映群众愿望，真情关心群众疾苦"；"必须始终坚持人民立场，坚持人民主体地位，虚心向人民学习，倾听人民呼声，汲取人民智慧，把人民拥护不拥护、赞成不赞成、高兴不高兴、答应不答应作为衡量一切工作得失的根本标准"。这些重要论述弘扬了中国优秀传统文化，旗帜鲜明地强调了"为人民服务"的宗旨。

造福劳动者是中国共产党人的初心和使命。中国共产党自成立以来，团结带领人民历经千难万险，初心不改、矢志不渝，始终坚持为中国人民谋幸福、为中华民族谋复兴。特别是党的十八大以来，我们党坚持以人民为中心的发展思想，深入贯彻新发展理念，民生状况得到诸多改善和更好保障，劳动者的获得感、幸福感、安全感显著增强。比如教育事业全面发展，就业状况持续改善，城乡居民收入增长跑赢经济增速，覆盖城乡居民的社会保障体系基本建立，健康中国建设取得新进展。这些都是中国共产党人以造福劳动者为最大政绩的生动写照，也是中国共产党人不忘初心、牢记使命的铿锵记录。

三　幸福都是奋斗出来的

功崇惟志，业广惟勤。习近平总书记指出，"幸福不会从天而降，梦想不会自动成真"；"幸福都是奋斗出来的"；"世界上没有坐享其成的好事，要幸福就要奋斗"。这是习近平总书记在新时代为开启新征程、实现新目标而向全体劳动者发出的奋斗召唤。

实现每个人的梦想需要奋斗。中国梦是每一个人的梦，新时代是奋斗者的时代。对于个人和家庭而言，美好的生活不可能自动生成，幸福离不开锲而不舍、驰而不息的艰苦奋斗。在人的一生中，青春时期是敢于有梦、勇于追梦、勤于圆梦的最好阶段。无数人生成功的事实表明，青年时代，选择吃苦也就选择了收获，选择奉献也就选择了高尚。只有进行了激情奋斗的青春，只有进行了顽强拼搏的青春，只有为人民作出了奉献的青春，才会留下充实、温暖、持久、无悔的青春回忆；只有奋斗的人生才称得上幸福的人生！

实现中华民族伟大复兴需要奋斗。人类的美好理想不可能唾手可得，离不开筚路蓝缕、手胼足胝的艰苦奋斗。近代以来，实现中华民族伟大复兴成为中华民族最伟大的梦想，中国人民以光复旧物的决心、自立于世界民族之林的能力，为实现这个伟大梦想进行了 170 多年的持续奋斗。今天，我们比历史上任何时期都更接近、更有信心和能力实现中华民族伟大复兴。习近平总书记强调："中华民族伟大复兴，绝不是轻轻松松、敲锣打鼓就能实现的。全党必须准备付出更为艰巨、更为艰苦的努力。"只要 13 亿多中国人民团结一心、不懈奋斗，就一定能够实现中华民族伟大复兴的中国梦！

构建人类命运共同体需要奋斗。当今世界正处于大发展大变革大调整时期，充满希望，也充满挑战。党的十八大以来，中国高举和平、发展、合作、共赢的旗帜，作为负责任的大国，始终做世界和平的建设者、全球发展的贡献者、国际秩序的维护者，为全球治理体系改革和建设贡献了中国智慧和中国力量。世界命运握在各国人民手中，人类前途系于各国人民的选择，各国人民的幸福生活也需要依靠奋斗实现。构建人类命运共同体，既要达成共识，更要见诸行动，需要各国人民一道，共同奋力创造人类更加繁荣、更加安宁的美好未来。

四　劳动开创未来

人民创造历史，劳动开创未来。全面建成小康社会，进而建成富强民主文明和谐美丽的社会主义现代化强国，根本上要靠全国各族人民辛勤劳动、诚实劳动、创造性劳动来实现。

弘扬劳模精神和工匠精神，为实现中华民族伟大复兴汇聚强大正能量。习近平总书记先后使用"民族的精英、人民的楷模"，"坚持中国道路、弘扬中国精神、凝聚中国力量的楷模"，高度赞扬广大劳动模范和先进工作者，并指出劳模精神"生动诠释了社会主义核心价值观，是我们的宝贵精神财富和强大精神力量"。党的十九大报告提出，要"弘扬劳模精神和工匠精神，营造劳动光荣的社会风尚和精益求精的敬业风气"。在新时代背景下，弘扬劳模精神和工匠精神，有利于培养造就一支有理想守信念、懂技术会创新、敢担当讲奉献的宏大产业工人队伍，推动中国速度向中国质量转变、中国制造向中国创造转变、制造大国向制造强国转变；有利于在全社会营造崇尚劳动的浓厚氛围和精益求精的敬业风气，汇聚起"劳动托起中国梦"的强大正能量。

发展和维护劳动者权益，释放劳动最光荣的时代强音。中国特色社会主义进入新时代，我国社会主要矛盾已经转化为人民日益增长的美好生活需要和不平衡不充分的发展之间的矛盾。人民群众不仅对物质文化生活提出了更高要求，而且在民主、法治、公平、正义、安全、环境等方面的要求日益增长。"人民对美好生活的向往，就是我们的奋斗目标。"面对广大劳动者最关心、最直接、最现实的利益诉求，我们应坚持社会公平正义，排除阻碍劳动者参与发展、分享发展成果的障碍，让劳动者实现体面劳动、全面发展。只有持续提升广大劳动者的获得感、幸福感、安全感，才能让"劳动最光荣、劳动最崇高、劳动最伟大、劳动最美丽"的价值引领在人民内心深处生根发芽、开花结果。

加强劳动教育，培育青少年深厚的劳动情怀。中国特色社会主义伟大事业需要依靠一代又一代中国人的辛勤劳动、接续奋斗来实现。青年一代有理想、有本领、有担当，国家就有前途，民族就有希望。习近平总书记对广大青少年寄予殷切期待，"要通过各种措施和方式，教育引导广大青少年牢固树立热爱劳动的思想、牢固养成热爱劳动的习惯，为祖国发展培养一代又一代勤于劳动、善于劳动的高素质劳动者"，"要教育孩子们从小热爱劳动、热爱创造，通过劳动和创造播种希望、收获果实，也通过劳动和创造磨炼意志、提高自己"。因此，要坚持教育同生产劳动和社会实践相结合，让广大青少年投身实践，在增长才干和磨炼意志中感受劳动所带来的收获和乐趣，进而形成尊重劳动、热爱劳动的真挚情感。

　　"历史承认那些为共同目标劳动因而自己变得高尚的人是伟大人物，经验赞美那些为大多数人带来幸福的人是最幸福的人。"站在新时代的历史方位，我们坚信，在以习近平同志为核心的党中央坚强领导下，一定能够最充分调动广大劳动人民的积极性、主动性和创造性，最大限度地聚合起人们饱满的劳动热情，激发起人民群众昂扬的奋斗精神，为实现中华民族伟大复兴注入源源不断的精神力量！

李珂

（原文刊于《求是》2018年第9期）

目 录
CONTENTS

第一章

劳力劳心：我国传统文化视阈下的劳动教育

习近平总书记指出："中华文化源远流长，蕴育了中华民族的宝贵精神品格，培育了中国人民的崇高价值追求。自强不息、厚德载物的思想，支撑着中华民族生生不息、薪火相传，今天依然是我们推进改革开放和社会主义现代化建设的强大精神力量。"① 在五千年的历史长河中，勤劳勇敢智慧的中国人民创造了辉煌的历史，铸就了灿烂的中华文明。在长期的与自然抗争的过程中，先民们还形成了丰富的劳动思想，精卫填海、夸父逐日、后羿射日、愚公移山、女娲补天、鲧禹治水、钻燧取火等神话传说都反映了古人对劳动的礼赞和对命运的抗争。《论语·子张》中主张"仕而优则学，学而优则仕"，《论语·尧曰》中主张"因民之所利而利之"；《孟子·梁惠王上》中主张"不违农时，谷不可胜食也；数罟不入洿池，鱼鳖不可胜食也；斧斤以时入山林，材木不可胜用也"；《左传·宣公十二年》中主张"商农工贾，不败其业"；等等。时至今日，这些思想中仍有许多内容闪耀着智慧的光芒，影响着一代又一代的中国人，并成为当今劳动教育理论的重要思想来源。

中华文明虽历经沧桑，饱受磨难，却延绵不绝，历久弥新。因此，按照习近平总书记提出的"古为今用、去粗取精、去伪存真"②，整理、继承与合理地批判利用中国古代劳动教育思想，就成为摆在劳动教育者面前的一项重要课题。从教育的起源来看，我国先民早期的教育发生于实际生活的需要，教育与生活基本是一致的。早期农业的发展促进了耕读文化的产生，教育的普及又进一步加速了耕读文化的传播。在这个过程中，耕读文化对我国劳动教育的发展产生了深远的影响，其深刻的思想内涵独具魅力，折射着中国由古代到现代转变的思

---

① 2013 年 9 月 26 日习近平总书记在会见第四届全国道德模范及提名奖获得者时的讲话。
② 2013 年 3 月 7 日习近平总书记在中央党校建校 80 周年庆祝大会暨 2013 年春季学期开学典礼上的讲话。

想光辉，对于整个社会发展、社会教育体系的构建发挥着不可磨灭的作用，对我们今天开展劳动教育也有着重要的现实意义。本章即尝试从传统哲学中的劳动反思、农耕文明中的社会分工、劳力与劳心的价值之辨、仁政思想中的劳动正义和耕读传家中的劳动教育五个方面，系统地梳理中国古代劳动思想与教育发展，以期古为今用，为当今的中国特色社会主义劳动教育提供有益的借鉴和参考。

一 传统哲学中的劳动反思

古人不仅重视劳动和劳动分工，而且还形成了独特的劳动哲学，这其中道家的思想影响最大。道家思想对我国古代劳动哲学的影响主要表现在两个方面，这两个方面在某种程度上可以说是相互冲突的。一方面，中国古人重视劳动技能的提升，以至于把劳动上升到艺术的层面，方法是精神专一，心无旁骛，最后达到心物一体，即魏源所概括的"技可进乎道，艺可通乎神"。如《庄子·养生主》里著名的"庖丁解牛"就是如此。宰牛剔骨，这个在一般人看来既是破费体力也是考验技术和耐心的劳动，在庖丁做起来竟然是"手之所触，肩之所倚，足之所履，膝之所踦，砉然向然，奏刀騞然，莫不中音，合于桑林之舞，乃中经首之会"，竟然发出了音乐一般的声音。经过勤学苦练，"以神遇而不以目视，官知止而神欲行"，因而可以做到"依乎天理，批大郤，导大窾，因其固然"，刀刃在骨节间都感到"恢恢乎其于游刃必有余地矣"。劳动不再是一种负担，而是达成某种艺术效果的手段；劳动过程不再是枯燥沉闷的，而是艺术般的享受过程。劳动、劳动者、劳动对象已融为一体，"所好者，道也，进乎技矣"。类似的例子还有《庄子·达生》篇里的"佝偻承蜩"的故事。佝偻承蜩之所以能够"犹掇之"，乃是经历了"五六月，累丸二而不坠，则失者锱铢；累三而不坠，则失者十一；累五而不坠，犹掇之也"的艰苦过程，同时"吾处身也，若厥株拘；吾执臂也，若槁木之枝；虽天地之大，万物之多，而唯蜩翼之知。吾不反不侧，不以万物易蜩之翼"，这种"用志不分，乃凝于神"就是达到如此境界的"道"。宋代欧阳修《卖油翁》中所揭示的"无他，但手熟尔"，也是如此。明代魏学洢《核舟记》中记载民间微雕艺人王叔远核舟"技亦灵怪矣"，都反映了古人要将劳动做到极致，成为艺术的哲理，这正是今天我们所倡导的工匠精神的最生动写照。正是由于古代的劳动者强调工匠精神，我们的祖先才创造了无数精彩绝伦、令人叹为观止的不朽工艺品和建筑等，不仅给后人留下了精美的艺术品，也给我们留下了宝贵的精神财富，促进了技术的进步。

但另一方面，古人特别是道家学派又将器物的精巧与人心的技巧生硬地联系到一起，认为"有机械者必有机事，有机事者必有机心"，是失去了"纯白"之质的表现。《庄子·天地》篇载：

> 子贡南游于楚，反于晋，过汉阴，见一丈人方将为圃畦，凿隧而入井，抱瓮而出灌，搰搰然用力甚多而见功寡。子贡曰："有械于此，一日浸百畦，用力甚寡而见功多，夫子不欲乎？"为圃者仰而视之曰："奈何？"曰："凿木为机，后重前轻，挈水若抽，数如泆汤，其名为槔。"为圃者忿然作色而笑曰："吾闻之吾师，有机械者必有机事，有机事者必有机心。机心存于胸中则纯白不备，纯白不备则神生不定，神生不定者，道之所不载也。吾非不知，羞而不为也。"

从这段对话中可以看出，道家的主张是，宁愿用最为原始的方法汲水，也不愿采用可节省劳动的槔，因为在道家看来，"有机关之器者，必有机动之务，有机动之务者，必有机变之心。机变存乎胸府，则纯粹素白不圆备矣"，这是对技艺的偏见和物质日益丰富持警惕和反对的态度，而对技艺的偏见阻碍了技术进步。实际上，在道家的创始人老子那里，早就有这样反对技艺进步的思想，如《老子》里讲的"大巧若拙""朴散为器"等。老庄哲学如果用一句话来概括，那就是自然主义，认为凡是接近自然的、原始的，都是素朴的，才是好的，看重的是七窍未开的混沌世界。这种思想也对儒家产生了影响，后世儒家知识分子对所谓"奇技淫巧"的敌视，应当也是受到了道家的影响，这就使得垄断了知识生产的精英阶层消解了技术进步和对工艺精益求精的工匠精神，形成了古代劳动哲学的一个内在冲突。

二　农耕文明中的劳动分工

众所周知，近代西方最早系统阐述劳动分工理论的是英国经济学家亚当·斯密，但实际上，早在春秋战国时期，中国的思想家们就已经提出了劳动分工的观点。虽然中国古代的经济形态总体上是自给自足的自然经济，但这并不意味着没有分工或不重视分工。因为在劳动实践中，一人不可能身兼数艺，再加上生产力的发展和生产技术的不断提高，劳动分工就成为必然之势。在先秦文献中经常提到"百工"，如《墨子·尚贤上》中记载"凡天下群百工，轮、车、鞲、匏、陶、冶、梓、匠，使各从事其所能"，就反映出这个时候已经有了不同的分工。成书于战国时代的《考工记》中记述了春秋战国时期木工、金工、皮革工、染色工、玉工、陶工6大类30个工种（其中木工分为七类，金工分为六类，皮工分为五类，染工分为五类，玉工分为五类，陶工分为两类），即反映了生产力的发展程度。而通过劳动分工，生产力又得到了进一步提高。管仲甚至还提出把民众分为士农工商四类，分业定居。《管子·小匡》中有"士农工商四民者，国之石民也，不可使杂处"，"是故圣王之处士必于闲燕，处农必就田野，处工必就官府，处商必就市井"①，"相语以事，相示以巧"，甚至要求"士之子恒为士""农之子恒为农""工之子恒为工""商之子恒为商"（《国语·齐语》），以利于劳动效率的提高并以此维持社会秩序。

在战国时期，并不是每个思想家都赞同劳动分工论。孔子在《论语·卫灵公》中指出："君子谋道不谋食。耕也，馁在其中矣；学也，禄在其中矣。君子忧道不忧贫。"在这里孔子就区分了两种不同的劳动，并提出君子从事的是脑力劳动。孟子对孔子的劳动分工学说又做了进一步发展，《孟子·滕文公上》中载："无君子莫治野人，无野人莫养君子。"此外，在文中还指出战国时期许行、陈相等"皆衣褐，捆屦、织席以为食"，主张"贤者与民并耕而食，饔飧而治"，要求"君臣并耕"。在与陈相的辩论中，孟子从许行是否"必织布而后衣"、是否自织冠、是否自为釜甑铁耕等角度进行了驳斥，认为许行一派只看到了耕种的重要性并躬身实践，看不到劳动分工的重要性，认为从事纺织、冶炼等会妨碍耕种，而没有意识到，即使未来提高耕种的生产效率，也需要有专门的人从事纺织、冶炼等劳动，"以粟易械器者，不为厉陶冶；陶冶亦以其诚器易粟者，岂为厉农夫哉？""百工之事固不可耕且为也"。如无分工，则"一人之身，而百工之所为备，如必自为而后用之，是率天下而路也"。荀子在孔孟基础上又进行了新的阐释，主张"君子以德，小人以力"。墨子不仅主张社会分工，而且还以筑墙为例，提出了生产过程内部分工的见解："能筑者筑，能实壤者实壤，能欣（同掀）者欣，然后墙成也。"（《墨子·耕柱》）这

---

① 黎翔凤：《管子校注》，中华书局，2004，第400~402页。

与亚当·斯密的观点是暗合的："劳动生产力上最大的增进，以及运用劳动时所表现出的更大的熟练、技巧和判断力，似乎都是分工的结果。"①

这里有两点需要说明。一是无论是孔孟还是荀子、墨子，他们不仅主张劳动分工论，而且还注意到体力劳动和脑力劳动的分野。孟子的劳心劳力说，实际上已揭示了体力劳动和脑力劳动的分工，但他又讲"劳心者治人而劳力者治于人"，将劳心者置于劳力者地位之上，而墨子也认为"教天下以义者"，"功贤于耕织"，这就是他们的局限性了。二是管仲等过于强调四民的划分，以至于要求职业世袭，极易造成阶层固化，不利于社会流动。

三 劳力与劳心的价值之辨

关于劳动的重要性，古人都有明确的认识，但如何看待劳动特别是体力劳动，则有不同意见。总的看来，由于礼制的影响和等级观念的作祟，春秋战国时期的思想家普遍鄙视劳动特别是体力劳动，认为只有所谓"小人"（地位低下者）才从事体力劳动，而所谓"君子"则应"劳心""勤礼"，且劳力者应为劳心者所役使，如春秋时知武子认为，"君子劳心，小人劳力，先王之制也"（《左传·襄公九年》），"君子勤礼，小人尽力"（《左传·成公十三年》）等，无一不是将"劳心"与"劳力"对立起来，并以此作为"君子"和"小人"的分野，认为"君子"应在"勤礼"上下工夫，而"小人"只要做好各种生产即可。春秋时鲁国的敬姜也认为"君子劳心，小人劳力，先王

---

① 〔英〕亚当·斯密：《国民财富的性质和原因的研究》（上卷），郭大力、王亚楠译，商务印书馆，1974，第1页。

之训也"（《国语·鲁语》），于是按此分工原则，"劳心者"的工作就是"天子大采朝日，与三公九卿，祖识地德，日中考政，与百官之政事。师尹惟旅牧相，宣序民事。少采夕月，与大史司载纠虔天刑。日入，监九御，使洁奉鐕郊之粢盛，而后即安。诸侯朝修天子之业命，昼考其国国职，夕省其典刑，夜儆百工，使无慆淫，而后即安。卿大朝考其职，昼讲其庶政，夕序其业，夜庀其家事，而后即安。士朝受业，昼而讲贯，夕而习复，夜而计过，无憾，而后即安"，而劳力者只能"明而动，晦而休，无日以怠"，而且还要"择瘠土而处之，劳其民而用之"，理由竟然是"民劳则思，思则善心生；逸则淫，淫则忘善，忘善则恶心生。沃土之民不材，淫也；瘠土之民，莫不向义，劳也"。这种观念直接为儒家所接受和继承，如孔子即对农业生产等体力劳动表示鄙薄："樊迟请学稼，子曰：'吾不如老农。'请学为圃，曰：'吾不如老圃。'"（《论语·子路》）对于这段话，有人认为，这是孔子谦虚的表现，稼圃非孔子所擅长，故请樊迟向专业的老农老圃请教。但这种解读并不准确。这段话实际上表明了孔子的明确态度，即体力劳动是可鄙的，因为这句话后面紧跟着这样的表述："樊迟出。子曰：'小人哉，樊须也！上好礼，则民莫敢不敬；上好义，则民莫敢不服；上好信，则民莫敢不用情。夫如是，则四方之民襁负其子而至矣，焉用稼？'"孔子即认为樊迟要学稼圃，就是"小人"（庶人）的表现，学习礼义等才是最重要的。《论语》中其他章节也为此提供了佐证。如《论语·子贡》里孔子自称"吾少也贱，故能多鄙事。君子多乎哉？不多也"，就是说，真正的"君子"是不会从事"鄙事"的。孟子在驳许行派"君臣并耕"的主张时即明确提出："或劳心，或劳力；劳心者治人，劳力者治于人；治于人者食人，治人者食于人；天下之通义也。"（《孟子·滕文公上》）儒家之所以有如此的思想，与时代背景、学术思潮等密切相关。春秋以降，虽然"乐坏礼崩"，但绝不至于达到后人所想象的那种严重程度，实际上"礼"在调节各种社会关系方面仍发挥着重要作用。"礼别异"，礼的一个重要功能就是区分并强化等级，那么"君子"自然不能从事生产劳动，且"礼不下庶人"（郭店简书《尊德义》作"礼不逮于小人"），故只能是"君子""勤礼"，"小人"则与礼无缘，只能"勤力"。这样在价值谱系上，就有了高下之分、贵贱之别。儒家学派之外的其他诸子在这一问题上基本与儒家一致，如管仲的四民分类法，是将并不直接从事劳动生产的"士"排在首位，就连与儒家"互绌"、代表了中下阶层的墨家，也认为像他这样专事上说下教者"虽不耕织乎，而功贤于耕织"。需要说明的是，孔子、孟子、荀子、墨子等虽注意到脑力劳动和体力劳动的分野，但他们所讲的"劳心"，并非指从事科学研究和发明创造这样的智力劳动，而是指统治阶层对政权的管理，即"无恒产而有恒心"的"士"的活动。

春秋战国以来的知识界特别是儒家对体力劳动的看法，可以说在很大程度上直接影响了此后两千多年中国社会的走向。读书做官、成为"劳心者"而不是劳力者，就成为全社会的普遍价值取向。特别是在科举时代，"朝为田舍郎，暮登天子堂"就成为历代读书人的梦想。由于不重视科学研究这样的脑力劳动，再加上上面提到的道家对技术的警惕和排斥，结果就使中国古代精英阶层不仅普遍鄙视生产劳动，而且也不关注发明创造这样的脑力劳动。正如清代乾隆年间使华的英国人马戛尔尼观察的那样，"这个国家的科学和医学知识程度很低，知识阶层对物质进步漠不关心"[1]。陶希圣亦曾将士大夫阶级的特质概括为游惰性、依存性和争讼性，认为"优秀分子大抵贱工贱商而趋于

---

① 徐中约：《中国近代史》，世界图书出版公司，2013，第115页。

政治活动，则生产技术不易改良，而农工商业不能进步"①。

但是，儒家思想对劳动价值观的影响绝不止于此。由于儒家思想的复杂性，其对劳动价值观的影响实际上有两方面。一方面，儒家固然强调劳心劳力的对立和抑彼扬此，从而引导士人将读书视为功名之路、利禄之途；但另一方面，儒家也强调人格的独立，强调"义"，而独立人格的获得也需要劳动作为保障。如孟子讲"穷则独善其身，达则兼济天下"（《孟子·尽心上》），"说大人，则藐之，勿视其巍巍然"（《孟子·尽心下》），"富贵不能淫，贫贱不能移，威武不能屈"（《孟子·滕文公下》）等，都强调了士人要有独立的人格，不可屈从于权势，而劳动反而成为独善其身的重要保证，士人劳动而保持了人格的独立：躬耕于畎亩，才能独善其身；种豆南山下，方可不为五斗米折腰。正如清初大儒张履祥所言："夫能稼穑，则可无求于人；可无求于人，则能立廉耻。知稼穑之艰，则不妄求于人；不妄求于人，则能兴礼让。"② 耕读世家也就成为古代很多知识分子的理想生活状态。在奸邪秉政、豺狼当道、政治黑暗、社会压抑的时候，很多知识分子更是选择了躬耕而隐的方式来表达自己的态度和不与统治者合作的反抗精神，甚至降身辱志，甘心从事所谓"贱业"。"竹林七贤"之一的嵇康，就是通过打铁这样的象征姿态，显示了乱世中的卓荦不群、特立独行的叛逆气质。此外，儒家思想中对仁爱、仁政等的强调，也使得士人容易对劳动人民产生同情心，对横征暴敛的统治者进行鞭挞。自科举取代门第成为选士的最重要标准之后，封建时代的知识分子有很多是脱胎于社会底层，对农民等劳动者有着天然的情感，怜悯、同情、讴歌劳动者就成为文学创作中的一个重要主题。原始儒家从道

---

① 陶希圣：《中国社会之史的分析（外一种：婚姻与家族）》，商务印书馆，2015，第42页。
② （清）张履祥：《杨园先生全集》，中华书局，2002，第994页。

不从君的传统和对义利之辨的坚守，也使得士大夫阶层与皇权保持一定的张力，士人并非全然依附于最高统治者，在很多时候也是站在劳动者一边，为底层发声，批评官府，甚至成为官府的对立面，在改朝换代中出现他们的身影。

四 仁政思想中的劳动正义

劳动正义是"对劳动方式、劳动活动和劳动关系的正义追问"，"本质上是对劳动方式、劳动活动和劳动关系之合理性前提和目的性根据的哲学反思和价值检审"①，简言之，就是追问劳动所得与付出是否合理。这里从三个方面进行简述。

一是强调生产特别是农业生产的重要性。《白虎通义》中记载："古之人民皆食禽兽肉。至于神农，人民众多，禽兽不足。于是神农因天之时，分地之利，制耒耜，教民农耕。"《周易·系辞下》中写道："包羲氏没，神农氏作。斫木为耜，揉木为耒，耒耜之利，以教天下，盖取诸益。"《孟子·滕文公上》中有"后稷教民稼穑，树艺五谷，五谷熟而民人育"等。这些都表明先民对农业的重视。中国很早就进入了农耕社会，在以农立国的社会里，对农业生产的重要性怎么强调都不为过。先秦时期即设立农稷之官以指导农业生产。《周礼》中"大司徒"之职是"辨十有二壤之物而知其种，以教稼穑树艺"（具体是"一曰稼穑，二曰树艺，三曰作材，四曰阜藩，五曰饬材，六曰通财，七曰化材，八曰敛材，九曰生材，十曰学艺，十有一曰世事，十有二曰服事"）。大司徒下设"遂人"一职，"以岁时稽其人民，

---

① 毛勒堂：《劳动正义：一个批判性的阐释》，《上海师范大学学报》（哲学社会科学版）2016年第9期。

而授之田野，简其兵器，教之稼穑"。不仅如此，西周春秋时期，在每年春耕之前，周天子都要率诸侯行"籍田礼"，"以先群萌，率劝农功"，宣扬"王室唯农是务"，以此表明对农事的关切和重视。由于强调生产性的农业活动，古代甚至形成了重农抑商的政策，对不直接从事生产的商业进行限制和打压。

二是强调轻徭薄赋，善待农民等生产者。孔子、孟子等均反对聚敛，反对加重农民负担，主张藏富于民，认为"百姓足，君孰与不足？百姓不足，君孰与足？"（《论语·颜渊》）历史上凡是有远见的政治家、有作为的统治者，都会注意减轻农民的负担，以利于政权的长治久安。孟子甚至认为"民为贵，社稷次之，君为轻"，还提出了"为民制产"的主张，即强调为生产者提供保障的重要性。

三是主张劳动者应享有劳动所得。前面提到了许行等人反对劳动分工的观点。从劳动分工的观点看，许行的主张显然行不通，但他们提出了一个值得思考的问题：劳动者并不享有全部劳动果实，统治者却可以坐享其成，许行学派认为这就是"厉民而以自养"，这实际上触及劳动正义问题。由于封建剥削制度的存在，很多时候劳动者并不能获得与劳动付出相称的报酬，而统治者反而不劳而获，所谓"遍身罗绮者，不是养蚕人"。很多思想家都注意到这个事关正义的分配问题。许行学派认为所谓贤者应"与民并耕而食，饔飧而治"，这当然不可行，但像银雀山出土的汉墓竹简中的《王法》即提出闲散人员要从事农业生产的主张①，注意到了劳动分配问题。清初李塨提出"天下有一无事之民则一民废，无一无事之民则天下治"②，认为不从事生产的游民是社会的乱源。

---

① 张清俐：《为深化先秦史研究提供丰富史料》，《中国社会科学报》2018 年 12 月 7 日，第 5 版。
② （清）李塨：《拟太平策》，转引自谭丕模《清代思想史纲》，岳麓书社，2011，第 56 页。

对劳动者的主体农民来说，土地就是最重要的生产资料，劳动者应享有劳动所得，首先也是最重要的就是要有土地。历代农民起义所提出的口号也多是围绕土地、公平等展开。少数思想家则提出了均分土地的设想。如清初的颜元提出"天地间田，宜天地间人共享之"的主张，其弟子李塨认为，要实现孟子所说的"制民恒产"，就得实行"均田"之法："非均田，则贫富不均，不能人人有恒产。"颜元、李塨还提出了"佃户分种"的具体主张，即用渐进的手段将地主多余的土地，在某种条件之下分给农民耕种，三十年后，转移其使用权，从而达到均田的目标①。李塨还主张用"收田"的手段，将官府所收集的土地分给农民耕种，达到"有田者必自耕，勿募人代耕"，"惟农为有田耳"②。

五 耕读传家中的劳动教育

我国是世界上最早从事农业生产的国家之一，农业是先民们生存和发展的第一要事，伴随着农业的推广，农耕文明也逐渐发展起来。数千年以来，农耕文明对一代又一代的中国人产生了巨大的影响，也促进了人类社会的变革与演进。而耕读文化正是中国数千年农耕文明在特定的历史时期所形成的乡村文化。在《说文解字》中，所谓"耕"者，"犁也，从耒井声。一曰古者井田"；所谓"读"者，"诵书也，从言卖声，徒谷切"。"耕"指的是从事农业生产劳动，耕田可以事稼穑，丰五谷，养家糊口，以立性命；"读"即读书，读书可以知诗书，达礼义，修身养性，以立高德。古代先民将"耕"和"读"

---

① 谭丕模：《清代思想史纲》，岳麓书社，2011，第58页。
② 谭丕模：《清代思想史纲》，岳麓书社，2011，第58页。

结合起来，希望拥有耕读相结合的生活方式，因此白天从事农业劳动与晚上挑灯读书共同构成了我国独特的耕读文化，这与我们所强调的实践和学习相统一的劳动教育是不谋而合的。

耕读不仅是指一种半耕半读的教育和学习方式，更是一种高尚情怀、价值追求与文化修养。中国的耕读文化起源，可以追溯至春秋战国时期，至汉魏时期耕读文化的发展已经非常成熟，至唐宋时期耕读文化达到鼎盛。时至今日，耕读文化的精髓依然发挥着积极的社会影响和潜移默化的教育作用，其中最典型的就是耕读传家。颜之推在《颜氏家训》中指出，士大夫如果不了解农业，不参加农业劳动，"治官则不了，营家则不办"，他认为只有通过农业劳动来体会人生，才能做好官、当好家。到了明末清初，实学思潮开始兴起。一些思想家躬身实践，直接从事农业生产，以此影响和带动一大批追随者。清初理学家张履祥则在《训子语》中阐述了"耕"与"读"的关系："读而废耕，饥寒交至；耕而废读，礼仪遂亡。"张履祥于读书穷理之外，不废耕耘，认为"自古人士，未有读书而不能耕者"，"耕与读，又不可偏废"。他还列举了前朝耕读的实例："吴康斋先生讲濂洛之学，率弟子以躬耕；刘忠宣公教子读书兼力农；何粹夫官归，辟后圃种菜，俱可为百世之师也。"他还指出："唐宋以降，学者崇于浮文，力田之业，遂以目之农夫细民之所为，士君子罕顾而问焉。"对于士人以耕为耻的成因，张履祥认为是"只缘制科文艺取士，故竞趋浮末，遂至耻非所耻耳"。清末名臣曾国藩也始终将"耕读"作为治家的根本，他认为耕读是安身立命与传家的根本之道。《曾国藩全集·家书》中指出，"以耕读之家为本，乃是长久之计"，"吾细思，凡天下官宦之家，多至一代享用便尽，其子孙始而骄佚，继而流荡，终而沟壑，能庆延一二代者鲜矣；商贾之家，勤俭者能延三四代；耕读之家，谨朴者能延五六代；孝友之家，则可延十代八代。余今赖祖宗之积累，少年早达，深恐其以一身享用殆尽，故教诸弟及儿辈，但愿其为耕读孝友之家，不愿为仕宦之家"。此时的"耕"已经不仅仅局限于传统意义上的农业劳动，而有了更为深远的实践意义，今天看来这其实已经是先民们对劳动教育的推广。

从"耕以致富，读能荣身"的朴素愿望，到"胸怀天下，振兴中华"的理想追求，耕读文化在发展中已经形成了的开拓进取、自信达观、自强不息的精神培养了一代又一代的中华儿女，具体体现在以下四个方面。

一是自强不息精神。在农耕文明时，人们将勤劳耕种、刻苦读书作为改变个人命运和报效国家朝廷的价值取向，实现家国命运的有机统一，实际上就是传统文化所提倡的"君子自强不息，勇于担当天下大任"的民族精神体现。所谓"修身齐家治国平天下"、"仁义礼智信"、"礼义廉耻"以及"富贵不能淫，贫贱不能移，威武不能屈"的士大夫君子精神，必须通过勤奋耕读的身体力行和学习实践才能养成。在古人看来，耕田可以事稼穑，丰五谷，养家糊口，以立性命；读书可以知诗书，达礼义，修身养性，以立高德。古代读书人一边辛勤耕作，一边刻苦学习，无论耕作多么繁忙，也动摇不了他们读书的意志。

二是敬天惜时精神。先民们在长期的劳作中，形成了惜时、及时而作、顺应天时等观念，如《史记·五帝本纪》记载："乃命羲和，敬顺昊天，数法日月星辰，敬授民时。"中国古人强调充分利用时间、不虚掷光阴的时间观，如《汉书·食货志》载："冬，民既入，妇人同巷，相从夜绩，女工一月得四十五日。"① 颜师古注引服虔曰："一月之中，又得夜半为十五日，凡四十五日也。"荀子在《荀子·富国》

---

① （东汉）班固：《汉书》，中华书局，1962，第1121~1122页。

中反复强调顺应天时，他说，"无夺民时"，"守时力民"，"使民夏不宛喝，冬不冻寒，急不伤力，缓不后时"，顺时从事生产活动，才能更好地发挥劳动者在生产劳动中的积极性和主动性。

三是人文理性精神。与前两点相联系的是，中国先民们逐渐形成了重人事轻鬼神的观念，重视现世，较少受宗教束缚，不再蒙昧迷信，故而人文精神发达。面对不可知的鬼神，他们采取了敬而远之的态度："未知生，焉知死？"由于重视人文精神，所以先民们不相信救世主，而是相信命运把握在自己手中，故而很早就摆脱了原始宗教的束缚，形成了较为发达的人文理性，没有出现像欧洲那样长时间的神学统治，以至于钱穆先生认为中国历史就是文化史，就是中国人的人文理性的发展史。

四是造福于民精神。耕读文化所秉持的重要道德修养，就是儒家强调的"修齐治平"，先民将勤劳节俭、读书劳动的身体力行与道德情操的理想追求密切结合起来。宋代广东梅州的古氏家族，自古全望从江西迁徙到广东增城，古延绶从增城移居梅州，迨至古成之与古革兄弟四代五进士，在一百多年中蔚为望族，代代官宦，且牢记祖训家风：忠于君，勤于政，爱于民，守本分。古延绶虽然官至县令，并非高官显要，但当朝宰相、古成之的挚友、时任左仆射的吕蒙正却为他写了篇《墓志铭》，铭文中说古延绶"体圣神之遗风，德及生民，功施社稷"，乃有德有功之人。追溯耕读文化的发展轨迹，忠信守义、精忠报国、为民造福的家国情怀，始终是民族发展壮大的动力，也是耕读文化的核心价值所在。

纵观我国古代耕读文化的发展，虽然从当时大的社会环境来看，劳动教育没有被明确提出，也未受到知识阶层的关注，更没有被纳入主流的教育体系中，但在今天看来，将耕融入教育体系当中，其实也是古人开展劳动教育的一种重要方式。劳动最重要的就是学习与实践的结合，追溯历史，可以发现在生产劳动的"场域"，古人仍留下了关于劳动教育的宝贵经验，主要从以下五个方面展开。

一是家庭教育。在中国封建社会，家庭教育可说是人们最早接受的一种教育方式。一方面，在家庭教育中，先民们就十分重视孩子的道德习惯养成教育，如《三字经》中载有"性相近，习相远"，《汉书·贾谊传》中强调"少成若天性，习惯如自然"。古代儒家思想重视子女成长过程中每个阶段的德育教育，并且强调通过具体的事情，如洒扫、做活、待人等方面，使子女了解和掌握基本的道德伦理，从而养成良好的习惯，如在《朱子家训》中写到了培养子女勤俭习惯的要求，"一粥一饭，当思来处不易；半丝半缕，恒念物力维艰"。古代先民注重从小开始，从日常生活中的小事培养子女勤俭的习惯。《童蒙须知》一书中有"人生八岁，则自王公以下，至于庶人之子弟，皆入小学，而教之以洒扫、应对、进退之节，礼、乐、射、御、书、数之文"，对关于儿童衣着、礼貌、洒扫等各个方面要进行实际训练。另一方面，在儒家的家庭德育培养中，非常重视父母的示范作用，并且将子女的行为规范和道德品质作为家庭教育的根本。在《颜氏家训·治家篇》中有记载："夫风化者，自上而行于下者也，自先而施于后者也。是以父不慈则子不孝，兄不友则弟不恭，夫不义则妇不顺矣。"儒家家庭德育培养要求在古代家庭教育中，要积极发挥家庭中长辈，尤其是父母自身的示范作用，使得在潜移默化、润物无声中达到事半功倍的家庭德育效果。儒家的家庭德育要求父母须对自身的品德和行为有严格的要求，通过自身的道德修养和良好的道德行为习惯来影响、感化和熏陶子女。家庭中的长辈，尤其是父母，以身作则，为子女作表率，相对于学校教育，可以起到不言而教的作用。以身作则的教育方式对子女良好行为习惯的养成有重要的作用。父母言传身教、以身作则，为子女树立了有形的最佳榜样。这些内容与今天我们家庭开展劳动教育的内容本质上是相通的。

二是学堂教育。与耕读文化伴随发展的是教育方式也在逐渐改变，从"钻木取火"到"教民以作"，进一步到"制耒耜，教民农作"，并从"结绳而治"又转为"易之以书契"。在新石器时代，产生了传授和学习知识的机构"成均"，是学校的前身。到了夏朝的时候，出现了严格意义上的学校。《孟子》中记载："设为庠序学校以教之……夏曰校，殷曰序，周曰庠。"在这个时期，学校都是官办性质，所谓"学在官府"。到了西周时期，学校的教育渐渐发展成为国学和乡学。国学为贵族垄断，乡学则是士人和平民的子弟，乡村教育也正是从这里起源。到了春秋战国时期，社会动荡不安，官办教育开始衰落，私学渐渐兴起。诸子百家周游列国，临时设立讲学场所。孔子在讲学中提出"有教无类"，主张教育公平，不论富贵、贫穷都可以享有平等的教育机会，使受教育的对象从贵族阶层扩大到普通百姓。私塾是我国古代社会当中开设于家庭、宗族或乡村的民间教育机构。《礼记·学记》当中记载有"家有塾"。私塾可以说是我国历史上持续时间最长、数量最多、分布最广的一种教育形态，是许多读书人接受教育的起点，为耕读文化的传播起到了十分重要的作用。私塾中主要以基础教育为主，在教学内容方面，在汉代以前主要是识字读书、人伦教化和基本的生活技能教育，唐宋以后随着科举制的逐渐确立，教学内容多为科举考试打基础。学生的学习方式多为跟随老师诵读，对内容理解方面没有太多要求，除此之外，老师也会教数学、写作等内容。耕读文化的传统一直延续到明清时期。清初北方大儒颜元则主张"垂意于习之一字"，还以"习斋"为号，主习事，主事功，讲实用，强调"重习其所学，如鸟数飞以演翅……盖古人为学，全从真践履、真涵养做功夫"。在教学内容上，主张"以礼、乐、兵、农，心意身世，一致加功，是为正学"，要求学生必须学习农学、钱谷、水利等知识："凡为吾徒者，当立志学礼、乐、射、御、书、数及兵、农、钱、谷、水、火、工、虞。"在教学方法上，颜元更注重"习行"，即亲自去观察，亲身去实践，以获得真知。他认为，"心中醒，口中说，纸上做，不在身上习过，皆无用也"。对于儒家主张的"格物致知"，颜元给出了自己的新解，即训"格"为"习行"："此'格'字乃'手格猛兽'之格，'格物'谓犯手实作其事，即孔门六艺之学是也。"他的弟子李塨亦致力于"礼乐兵农之学，水火工虞之业"。颜元还特别强调劳动之于修身的重要性，乃至明确提出了"劳动"一词："君子处事也，甘恶衣粗食，甘艰苦劳动，斯可以无失矣。"而他本人即"用力农事，不遑食寝"，"耕田灌园，劳苦淬励"，弟子李塨亦"以力田不足以养亲，兼识医卖药"。颜李学派学行一致，在当时产生了重大影响。虽然在耕读文化的传播发展过程中，古代思想家也开始渐渐重视学堂教育的实践内容，但是受到正统文化的影响，古代学堂的劳动教育与现代劳动教育相比较，古代的学堂教育更侧重于价值观层面的教化。

三是世职文化。随着生产力的进步，古代私有制社会出现，传统的自然分工模式被打破，一些手工艺者的技艺与劳作逐渐被垄断。工艺匠人成为行业的掌门人，其本身所拥有的技术变成私有财产，需通过世职的方式传给下一代，以保持后代的生活来源。"父传子，兄传弟"，技艺以"箕裘相继"模式世代延续。春秋时期管仲提出的"士之子恒为士""农之子恒为农""工之子恒为工""商之子恒为商"便是如此，这对后世影响很大。中国古代很多职业的确是世职式，代代相传，这样更加有利于技艺的传承和发展。古代的许多典籍都记载有技艺的世职传承，其中《庄子·逍遥游》记载过一个世代以纺织为业的家族，这种纺织技术独到且隐秘，外人很难看出门道。春秋战国时期，手工业者世世代代为匠人的情况很普遍。《考工记》中说"巧者述之守之"，通常家族成员旦夕从事于某一技艺，不见异物而迁，所谓"父兄之教，不肃而成"，家族子弟潜心与此而不转移志向，技艺达到了相当的高度，正如《礼记·学记》所说，"良冶之子，必学为裘；良弓之子，必学为箕"。受家庭环境的熏陶，子女很容易从小就学会很多技能："其父兄之教，不肃而成，其子弟之学，不劳而能。夫是，则工之子恒为工。"（《国语·齐语》）"工匠之子，莫不继事。"（《荀子·儒效》）"工商皆为家传其业以求利。"（《唐六典》）元明时期，政府为了便于强制征调各类工匠服徭役，将工匠编入专门的"匠籍"，子孙世代承袭，不得脱籍改业。各种技术、经验、工匠技艺是和劳动本身融为一体的，劳动技术为少数人掌握，有些特殊技艺被称为秘诀。这种世职传承虽有一定的局限性，但在某种程度上可以完整保留手艺的历史，在文字尚未广泛传播的时代，亲人之间世代全情传承一种技艺，在延续技艺的同时，也保持了技艺的完整与原真。这种传统技艺自上而下的世职传承，也成就了行业纵向传播与发展，凸显了行业发展的专业性和深度化。

四是师徒文化。在古代，教育和生产劳动是没有进行分化的，劳动与教育是合一的。在生产劳动中，由年长者向年轻的一代传授自己的拿手技能，这是古代师徒制的发展萌芽，也是手工业时代技术传承的一种主要模式，广泛存在于文化、艺术、技术传承等方面，到今天仍盛行于木工、焊工、剪纸、曲艺等专业行业领域。古书中记载有很多通过这种方式培养出来的优秀人才，其中有战国时期的扁鹊，师从长桑君，得其绝技而成为妇孺皆知的神医；成语"有眼不识泰山"中的"泰山"师从木工祖师鲁班；等等。虽然师徒制是前工业社会各国普遍的现象，但只有在中国，形成了独特的文化特点。中国古代工艺传承中的师徒制，不单单是技艺的学习与传承，更糅合了儒家的孝道观和尊师传统，形成了极富特色的技术文化与工匠文化。"庖丁解牛"典型地体现了"道"和"技"的本质联系。庖丁看重的不是技艺本身，而是超越于技艺之上的"道"。庖丁出神入化、炉火纯青的技艺便是源于"道"的指引，追求"技"之上的"道"，使之合乎事物自然本性，做到器具与手工者的和谐与统一，技术不仅是技术，更是超越于技术的精神体现，这种技术文化在今天依然是技术持久发展的方向指引。《吕氏春秋》中记载："物勒工名，以考其诚。工有不当，必行其罪，以究其情。"发展到唐朝的时候，"勒名制"便作为一项强制性制度写入唐律，凡是制作兵器、陶瓷、金银器等工匠，都必须在他们所制造的作品上勒刻下自己的名字，以示对产品质量的担保，之后在"勒名制"的基础上又发展出"商标"制度，不难看出中国古代的工匠们异常珍视匠人的信誉，这也正是传统工匠精神的体现。

五是工匠文化。有史料记载，我国的"工匠精神"早在 4300 年前就已经有所体现。"工匠精神"源于"工匠"，"工匠"在古代被称为"百工"，特指掌握某种技艺的手工从业者，今天我们熟知的鲁班、李冰都是"工匠"。《考工记》关于"工匠"的记载有很多，其中明确对"工匠"的职责内容进行界定，"工匠"不仅要对自然物料的形状和性能有充分的了解，同时自身的手艺也要精湛，加工出来的器具和设备要能够为人所用，满足使用者的需求。古代社会当中对于工匠的专业性、重要性和创造性已有相应的重视与认知。"工匠精神"要高于"工匠"，也是工匠文化的核心内容。在《论语》中《诗经·卫风·淇澳》篇目中的"如切如磋，如琢如磨"，原文是："瞻彼淇澳，绿竹猗猗。有匪君子，如切如磋，如琢如磨。"在《毛传》中有记载："治骨曰切，象曰磋，玉曰琢，石曰磨。"在古代关于工匠精神的内涵有很多种解释，有的把工匠精神单纯理解为一种工艺程序，有的把它理解为修身养性的方法，还有人认为它是一种文学表现手法。通过学者研究，其内涵接近于"道德修养"更为准确，它主要包括敬业、精益、钻研、专注、创新等内容。敬业是指工匠本身对自己所从事岗位的热爱，在工作中能够做到认真负责，正所谓"干一行，爱一行，钻一行"。精益就是精益求精，这里更加强调工匠的专业的态度和技能，追求极致与完美，坚持"匠心创作"。钻研是对手艺的坚持与恒心，不怕苦不怕累，能够持之以恒。专注是指做事情的投入度与关注度，集中全部精力投入到一件事情当中。创新则是对事物的突破与发展。这些不仅是当时教育中所推崇的精神，也是我们当今所认可的工匠文化内涵，具有深远的意义，推动和引领着时代的发展。另外，我们还需要注意的一点是古代的互师文化。韩愈在《师说》中提到"巫医乐师百工之人，不耻相师"，即匠人同行之间相互通过交流切磋，相互学习、提高。"百工居肆以成其事"，这其中也少不了这种交流与学习，技高为师，不以为耻。

当然，古代耕读文化传承和劳动教育也有一些消极因素，如技艺传承的封闭性、人身依附关系、有技术无科学、不利于社会流动等。但劳动教育发展历经千年，仍然有一定的合理性，我们应该取其精华，去其糟粕，认真总结中国古代非精英阶层的劳动教育实践的经验和优点，促进今天劳动教育体系的发展与完善。

第二章

救国救民：民国时期劳动教育的积极探索

近代以来，中国在被动与西方交往的过程中，老大帝国之弊病不断显现，国家主权日益沦丧，数次的列强侵略战争从政治、军事、经济、文化等多个领域对中国的统治阶层与文化阶层造成了巨大冲击，"天朝上国""天下中心"的迷梦日渐破灭。除去物质层面的损失之外，对于整个国家而言，精神层面遭受的伤害则更为深重。中国国民的这种痛楚是叠加的，也是分外沉重的，既有传统被殖民国家、地区人民的屈辱、愤懑和痛苦，更有作为东亚儒家文化的核心国家与数千年以来的地区领袖（在中国人自我认知中是天下领袖）的优越感，在巨大现实反差下引起失落、痛苦、迷茫与自我怀疑。类似的情况在日本、朝鲜、越南等东亚儒家文化圈国家都有非常强烈的体现，儒家文化一直以来的道德、礼法、伦理性的制度体系与社会评价标准带来的文化认同、文化自信在西方列强的坚船利炮、基督教文明、资本主义商业文明、近代科技的冲击下，在当时看来几乎是不堪一击的，由此引发的反差与痛楚可想而知。而中国作为东亚地区最强盛的国家，儒家文化的发源之地以及坚定的捍卫者与传播者，这种痛苦、迷茫与自我反思无疑是最为深重的。

但是作为一个有着数千年完整文明历史的国家，中国文化长久以来形成的坚忍顽强、自我革新、与时俱进的内生特质都注定了面对危机只会愈加顽强和不屈。自1840年之后，清王朝开始从科技、军事、文字到经济、文化甚至政体方面有目的、有系统地向西方学习，而民间的有识之士、有机会与西方文明发生接触的阶层也在主动或被动、有意或无意地向西方学习。进入民国时期，这种学习则显得更为自然与坦率，经历了晚清时期"中学为体、西学为用"主导下的向西方学习的浪潮，伴随着甲午战争的失败及清帝退位，更多的人开始关注于思想、文化、政治、经济体制的学习与改良，而在不断向西方学习的过程中，最直接、最显著的不同与差距就是教育。在这样的历史洪流之下，教育救国成为近代以来，特别是民国以来知识精英阶层的共识。对于中国传统教育的反思与改良，对于西方先进教育理念的学习与模仿，成为当时教育界非常重要的思潮，甚至可以看作整个知识界的共识。在教育救国的大背景下，黄炎培、陶行知、晏阳初、梁漱溟作为其中的佼佼者，在教育领域用力最勤、思考最深，成就也最大，尽管他们的个人经历、学术背景、性格机遇都有很大不同，但教育救国的思想都是趋同的。经过梳理，我们可以看到，他们对于劳动教育的推崇与实践也是一致的。在近一百年前，在中国国难深重之际，这些伟大的教育家们深刻意识到劳动教育对于教育、对于民众、对于国家的深刻意义，并以不同的方式进行实践、思考与研究。本章结合史料对此进行梳理，希望为今日我们认真宣传、实践劳动教育，弘扬劳模精神、劳动精神、工匠精神有所启迪与帮助。

一 黄炎培劳动教育思想内涵与当代启示

（一） 黄炎培的历史成就及教育贡献

黄炎培（1878 年 10 月 1 日 ~ 1965 年 12 月 21 日），江苏川沙县（今属上海市）人，我国近现代著名教育家、政治家和社会活动家。他出生于一个乡村知识分子家庭，1899 年以松江府第一名取中秀才，1901 年考入上海南洋公学首届特班，1905 年经蔡元培介绍，加入同盟会。辛亥革命前后，他先后创办了中学、职业学校、大学共计 10 余所。1917 年 5 月 6 日，黄炎培联络全国各界知名人士在上海发起成立中华职业教育社（下文简称"职教社"）；1918 年创办中华职业学校（下文简称"中华职校"）。作为近现代以来我国最具影响力的教育家之一，黄炎培毕生心系教育事业，以其对中国近现代教育的了解程度之深，参与范围之广，服务时间之久，用心着力之勤，赢得了社会各界的广泛赞誉。黄炎培经历了晚清、民国、新中国多个历史阶段，对国内外教育体系进行过深入研究与实地考察，既参与过旧式私塾的教育实践，又创办、管理过新式的各级别学校，并在政府的教育部门、民间的教育机构担任过职务，对于我国近现代教育的发展历程有着非常直观深切的了解。他创办的中华职教社、参与建设的中华教育改进社、中华教育文化基金会等社会组织都产生了很强的社会影响力，对推进我国近现代教育发展发挥了重要作用。

黄炎培积极推动西方先进教育制度的引入，深度参与学制改革，创办了多所新式学校，极大地推进了中国教育的近代化转型；在国内最早宣传推介实用主义，有效改善了传统教育理念的弊端；创办知名的教育类社会团体职教社，成为社会力量推进教育改革的典范；创建并发展了一整套相对完整的中国职业教育理论体系，为我国近现代职业教育的发展奠定了坚实基础。在黄炎培诸多成就与贡献中，他个人投入最多也最为人称道的是创建并发展了中国最早的职业教育思想体系。作为其职业教育思想的重要内容，黄炎培对劳动教育思想进行了深入思考，并借助职教社与中华职校等机构，对劳动教育思想进行了积极实践和探索。

（二）黄炎培劳动教育思想的内涵

黄炎培与众多的近代教育家一样，既是变革者，更是爱国者。自青年时代，黄炎培就孜孜以求救国真理，"外国考察，读方书也；国内考察，寻病源也"①，通过多年的研究与思考，他选择了教育救国道路，提出以实用主义破除传统教育之弊端，将职业教育作为强国富民的突破口。在他的职业教育思想中，劳动教育占有重要地位，并提出了一系列颇具开创性、前瞻性的教育观点。

---

① 黄炎培：《黄炎培日记》第一卷，北京华文出版社，2001，第37页。

1. 倡导尊重劳动、尊重劳动者的劳动价值观

黄炎培教育救国的核心思想是职业教育，而其逻辑基础则是实业救国，即以职业教育提升个体职业能力，造就高素质劳动者，以高素质劳动者造就高水平工业，建立工业化国家。在他看来，劳动与劳动者是职业教育的基础，高素质劳动者则是职业教育目标所在。基于此，黄炎培对于劳动、劳动者有一种发自内心的深度认同与尊重。中华职校是黄炎培最重要的教育理念实践基地，学生入学时一律要写誓约书，其首条便是"尊重劳动（学生除半日工作外，凡校内一切洒扫、清洁、招待等事，均由全体学生轮值担任）"[①]。"办职业教育，最易犯两种病。其一，学生误解了'自尊'的一个名词，于是不知不觉看轻一切作业。……除掉规定工作课程以外，不愿动手"[②]。黄炎培认为，只有尊重劳动，才能尊重职业教育，才能尊重职业，对劳动的尊重既是职业教育入门的第一课，更是引导学生树立正确的价值观、涵养职业精神的重要一环，关乎个人素质的培养。他在《"五四"纪念日敬告青年》中提出"劳工神圣，是吾人良心的主张"[③]，"关于社会服务的种种事业，吾人应认为神圣高尚的天职"[④]。在七十寿辰与亲友谈话中也讲到工友与教师贡献相似，"不应轻视工友"[⑤]。

黄炎培对劳动、劳动者的高度推崇在当时具有重大的进步意义。中国数千年来君主专制与儒家礼教文化造成了社会价值观念对于体力

---

① 黄炎培：《〈学生自治号〉发行的旨趣》，载田正平、李笑贤编《黄炎培教育论著选》，人民教育出版社，2018，第 240 页。

② 黄炎培：《〈学生自治号〉发行的旨趣》，载田正平、李笑贤编《黄炎培教育论著选》，人民教育出版社，2018，第 240 页。

③ 黄炎培：《〈学生自治号〉发行的旨趣》，载田正平、李笑贤编《黄炎培教育论著选》，人民教育出版社，2018，第 243 页。

④ 黄炎培：《〈学生自治号〉发行的旨趣》，载田正平、李笑贤编《黄炎培教育论著选》，人民教育出版社，2018，第 243 页。

⑤ 黄炎培：《黄炎培先生七十寿辰与诸亲友谈话录》，载田正平、李笑贤编《黄炎培教育论著选》，人民教育出版社，2018，第 552 页。

劳动和体力劳动者的歧视，这种价值体系是由前工业时代的社会体制与文化背景决定的。而黄炎培和诸多同仁不遗余力地推广与倡导的则是以劳动的价值、能力决定个人价值，以劳动衡量人的新的价值观念。显然，这些主张更具时代性、先进性。正是在黄炎培等人的大力推动下，这种更为公平公正、更符合时代发展的价值体系逐渐进入社会主流话语体系，职业道德、劳动精神等观点逐步得到大众的了解与认同，社会风气为之一变。

2. 以实用主义为核心，积极推进劳动教育的发展

作为最早在中国推行实用主义的学者，黄炎培在 1913 年 8 月就发表了《学校教育采用实用主义之商榷》，首次向国内介绍了实用主义。他提出，"打破平面的教育，而为立体的教育"，"今观吾国教育界之现象，虽谓此主义为唯一之对病良药，可也"①。在黄炎培的积极宣传与鼓吹下，"此一年间之实用主义，不可谓无突飞之进步。……鼓吹之声愈唱愈高，相应之区逐渐而推广"②。之后，他又相继完成了《实用主义之真谛与一年间之实施状况》《实用主义产出之第三年》等多篇文章，深入分析与大力推广实用主义。在此期间，适逢实用主义大师杜威的学生胡适、陶行知等陆续归国，他们与黄炎培相互呼应，译介传播相关思想与著作，进一步加快了实用主义在教育界的推广运用，为中国教育改革发挥了重要作用。

实用主义是职业教育、劳动教育重要的理论基础，在黄炎培的教育实践中，实用主义发挥了重要的指导作用，黄炎培通过劳动教育升华了实用主义，也用实用主义指导了劳动教育。"办职业教育，万不可专

---

① 黄炎培：《学校教育采用实用主义之商榷》，载田正平、李笑贤编《黄炎培教育论著选》，人民教育出版社，2018，第 21 页。
② 黄炎培：《实用主义产出之第一年》，载田正平、李笑贤编《黄炎培教育论著选》，人民教育出版社，2018，第 69 页。

靠想，专靠说，专靠写，必须切切实实'做'"①。在课程设置、学科分配标准、训育标准、实习办法等方面，黄炎培提倡以实际操作、实际应用为衡量标准，特别强调学生必须积极参与劳动，以实际劳动作为掌握技能的首要途径，"吾们平时所提倡做学主义，他的纲要：做，学。一面做，一面学"②，"从随时随地的工作中间，求得系统的知能"③。

3. 深入研究劳动教育，探索劳动教育的育人价值

当时教育界存在手脑分离、轻视理工与实验科学等问题，黄炎培认为症结在于"想和做联系不起来的，……学业和事业没关系的，理论和事实缺乏联系的"④。针对这些弊端，黄炎培从劳动教育的角度切入，深入挖掘劳动教育之于教书育人更广泛、更深刻的内涵，提出"要使读书的动手，动手的读书，把读书和做工两下并其家来"⑤。他认为，杜威博士所讲的"今科学之昌明，皆人类手与脑二者联络发达之成绩也"，"故手脑二者联络训练，一方增进世界之文明，一方发展个人天赋之能力"是真正的至理名言，职教社应大力提倡⑥。在办学过程中，黄炎培充分实践上述理念，高度注重培养和训练学生的动手能力，推崇特色手工课程，在欧美、日本、东南亚教育考察中对于手工课程、科学课程、体育课程都格外关注。在他看来，积极劳动、增加动手能力训练有三大益处：有利于大脑发育、手脑并用、提高学习

① 黄炎培：《怎样办职业教育》，载周汉民主编《敬业乐群·黄炎培职业教育思想读本》（教师篇），上海科学技术文献出版社，2014，第63页。
② 黄炎培：《怎样办职业教育》，载周汉民主编《敬业乐群·黄炎培职业教育思想读本》（教师篇），上海科学技术文献出版社，2014，第69页。
③ 黄炎培：《黄炎培教育文集》第二卷，中国文史出版社，1994，第181页。
④ 黄炎培：《中国五十年来新教育之探讨》，载周汉民主编《敬业乐群·黄炎培职业教育思想读本》（教师篇），上海科学技术文献出版社，2014，第202页。
⑤ 黄炎培：《职业教育该怎么样办——中华职业学校十五周年纪念》，载周汉民主编《敬业乐群·黄炎培职业教育思想读本》（教师篇），上海科学技术文献出版社，2014，第72页。
⑥ 黄炎培：《我之最近感想》，载周汉民主编《敬业乐群·黄炎培职业教育思想读本》（教师篇），上海科学技术文献出版社，2014，第93页。

成绩，可以促进脑部发育，帮助提升教育成果；有助于学生祛除虚骄之气，"今之学生有通病焉：志大言大，不屑事家人生产。……故立志愈大者，立身宜愈稳。……而凡骄养之风，游惰习气，浮夸之气，组委职业累着，必尽划除之"①；还可以培养学生的专注力与钻研精神，"盖一般劳动者之能事，日以精良，则其所成就之功能，亦日以优越焉"②，这些论述与今日"工匠精神"有异曲同工之妙。

总的来看，黄炎培一生致力于我国教育事业的发展，尤其是在职业教育领域有奠基之功。他在研究职业教育的过程中，深入开展劳动教育的研究与实践，高度肯定劳动教育的地位与作用，充分发挥劳动教育在教育救国中的独特价值，积极探索劳动教育在革除教育弊病，矫正社会风气上的重要意义，为探索教育强国作出了许多开创性的贡献。

（三）黄炎培劳动教育思想的当代启示

进入新时代，培养德智体美劳全面发展的社会主义建设者和接班人的育人目标愈加明晰。而审视当前我国劳动教育中的一些突出问题，黄炎培的劳动教育思想仍然具有很强的生命力，许多劳动教育理念仍然具有很强的现实意义，劳动教育实践对当下仍然具有很强的借鉴价值。

1. 将"尊重劳动"作为劳动教育的基础，引导学生树立正确的价值观

黄炎培高度认可劳动的价值，将对劳动的尊重看作非常重要的道德品质与价值准则，将正确劳动价值观教育作为培养高素质劳动者的首要教育内容。"作工自养，使人们最光明、最高尚的生活"③。在学

---

① 黄炎培：《职业教育实施之希望》，载田正平、李笑贤编《黄炎培教育论著选》，人民教育出版社，2018，第142页。
② 黄炎培：《职业教育》，载田正平、李笑贤编《黄炎培教育论著选》，人民教育出版社，2018，第170页。
③ 黄炎培：《职业教育该怎么样办——中华职业学校十五周年纪念》，载周汉民主编《敬业乐群·黄炎培职业教育思想读本》（教师篇），上海科学技术文献出版社，2014，第72页。

生入学伊始就对他们进行尊重劳动的教育，引导学生建立对劳动新的认识与崇敬之心，帮助学生扣好职业教育、职业生涯的第一粒扣子。入学之后，更以尊重劳动为核心，对学生进行全方位的思想教育，通过多种方式贯穿教育始终，从学生入学的誓约书到日常学习，再到实习和毕业，在每个阶段都持续地对学生进行熏陶，确保对学生长时间、不间断地影响，真正从内心深处、思想深处完成育人过程，帮助学生树立正确、健康、积极的职业观、人生观和价值观。

2. 将劳动理念充分融入学生日常学习生活，培养良好的劳动习惯

建构完整的教育链条，将劳动教育融入育人全过程。入学后由学生参与学校服务与部分管理工作，以主动劳动作为教育的一部分；课程设置中提高实操内容的比例，积极开设实验课程、体育课程；在学制安排中重视实习，针对不同专业的学生建立对口实习基地，"要办职业学校，当先办工场；……欲办农校，先办农场"①，给学生完备的场地与充足的机会进行劳动，使学生获得沉浸式的体验与学习。在教育过程中充分发挥学生主动性，挖掘学生的潜力，使学生非常自觉地参与其中，帮助学生掌握职业技能，切实感受与理解劳动的价值与意义。以极具针对性、实践性的教学设置，配合价值观熏陶，润物无声地对学生进行劳动教育，让学生积极主动地参与劳动、理解劳动、推崇劳动，培养良好的劳动习惯。

3. 将劳动教育作为全面育人的重要载体，深入挖掘劳动教育的育人价值

黄炎培作为职业教育的拓荒者与重要奠基人，没有局限于劳动教育来思考劳动，而是从教育的本质出发，从实业救国的价值追求出发，

---

① 黄炎培：《办理职业学校工场之商榷》，载周汉民主编《敬业乐群·黄炎培职业教育思想读本》（教师篇），上海科学技术文献出版社，2014，第94页。

提出如手脑并用有益于个人学习能力提升、动手能力有益于学生综合素养改善、尊重劳动有益于社会价值观念的矫正、劳动教育有益于精益求精等素质的培养等全新观点，在当时极具先进性与革命性。这种宏观的视角与研究方法对当下的劳动教育研究依然极具借鉴意义。劳动教育的思考与实践不能脱离劳动的价值与内涵，不能脱离教育的本原，不能脱离国家经济建设和建设高素质劳动者队伍的大背景，也只有以这样的高度和深度才能将劳动教育的价值真正发挥出来。

4. 将劳动教育作为推进社会观念变革的重要载体，大力弘扬劳动精神

黄炎培服膺实业救国，坚信劳动可以改造人、完善人，积数十年心血，投身其间。他对于职业教育，特别是对劳动教育的研究与实践非常深入细致，对劳动教育的宣传推广更是不遗余力。他与职教社、中华职校的同仁们在战火纷飞、动荡不安的时代坚持办学，以完整的职业教育为基础来研究与实践劳动教育思想。利用在国内外调查研究的机会，收集整理各国各地教育情况，探究劳动教育在教育实践中的应用。利用自身的影响力，整合各种社会力量，参与职业教育、推广劳动教育，支持各级学校开办手工、劳动类课程。结合自身的实践与思考，利用写作、演讲等机会积极宣传与推广劳动思想与劳动教育。正是由于黄炎培及同仁的共同努力，才使得职业教育、劳动教育在当时就取得了很高的发展成就，整个社会的价值观也为之一变。时至今日，在中国制造业亟待转型升级的大背景下，深入思考与研究劳动教育，探索与实践劳动教育，挖掘其在当下的丰富内涵，吸引更多的力量参与劳动教育的研究与实践，推动劳动教育进一步发展，扩大劳动教育的影响力；更好地教育学生热爱劳动、尊敬劳动、善于劳动、创造性劳动，为国家培育更多全面发展的建设者与接班人，是当前广大教育者，乃至全社会刻不容缓的重要责任。

二　陶行知劳动教育思想内涵与当代启示

（一）陶行知生平及主要成就

陶行知（1891 年 10 月 18 日 ~ 1946 年 7 月 25 日），安徽省歙县人，我国著名教育家、思想家，中国人民救国会和中国民主同盟的主要领导人之一。他出身于一个贫寒的教师之家，7 岁起开蒙入私塾。1905 年，进入歙县基督教内地会所办的崇一学堂学习。1908 年考入杭州广济医学堂，因不满校方对学生宗教信仰的强行干预，退学并于一年后考入金陵汇文书院，后转入金陵大学文学系。大学期间，受辛亥革命影响，在校积极参加爱国活动，主编《金陵光》学报中文版，宣传革命思想。1914 年他以总分第一名的成绩毕业，并赴美留学，因身无余财，遂先入伊利诺斯大学，并获文科硕士学位，但教育救国之理想念兹在兹，经多方努力，终得以转入全球教育学最高殿堂哥伦比亚大学学习教育，师从杜威、孟禄、克伯屈等教育界宗师，自此将自己的一生都奉献给了中国的教育事业[①]。1917 年秋回国，先后任南京高等师范学校、国立东南大学教授、教务主任等职；与蔡元培等人共同发起成立中华教育改进社。1923 年与朱其慧、晏阳初等人发起成立中华平民教育促进会总会，后赴各地开办平民识字读书处和平民学校，大力推动平民教育运动。1927 年创办晓庄学校，致力于乡村师范教育实践。1930 年 4 月遭国民党通缉，被迫流亡日本。1931 年回国开展教育普及工作，在上海创办自然学园、儿童科学通讯学校。1932 年，创建山海工学团，开展小先生运动。1933 年，他与友人在上海发起成立

---

① 《我的生活经历和今后打算——致罗素的信》，载《陶行知自述》，安徽文艺出版社，2013，第 6 页。

中国教育学会。抗战爆发，积极投身抗日救亡运动。"一二·九"运动后，与宋庆龄、马相伯、沈钧儒、胡愈之、邹韬奋、李公朴等发起组织"上海文化界救国会"。1936 年 5 月，当选为全国各界救国联合会执委和常委，与沈钧儒、章乃器、邹韬奋等联名发表《团结御侮》的宣言，主张停止内战，共同抗日。同年 7 月，出访欧、美、亚、非地区 28 个国家，宣传抗日救国，介绍中国大众教育运动。1939 年 7 月，在重庆创办育才学校，救助培养因战争失去亲人的难童。1945 年，加入中国民主同盟，当选中国民主同盟中央常委兼教育委员会主任委员。同年，在重庆创办社会大学并任校长，社会大学的宗旨是"人民创造大社会，社会变成大学堂"，"大学之道，在明民德，在亲民，在止于人民之幸福"。1946 年 7 月，终因长期劳累过度，突发脑溢血，抢救无效，不幸于上海逝世，享年 55 岁。

纵观陶行知一生，他以教育作为救国救民的重要路径，把西方先进教育思想与中国实际相结合，大胆创新，勇于实践，在教育领域进行了一系列探索，取得了很大成就，推动了中国近代教育的进步。

1. 吸收西方先进教育思想，推动中国近代教育变革

陶行知在南京高师工作期间，借鉴欧美大学先进办学经验，推动了多项改革。他提出《改良课程案》，实行选课制；提倡学生自治；几乎与北大同时，开始招收首批女学生；开办暑期学校，首期招收各地选送的教育行政人员和中小学教师 1300 人，开创了高等院校开办暑期学校与高校服务中小学教育的先例①。此外，他还参与"中国新学制"起草，对学制制定标准、女子教育、师范教育提出很多真知灼见。

2. 提出并发展了生活教育理论，促进教育与生活有机融合

陶行知在对杜威的"教育即生活"学说进行深入思考和修正的基

---

① 蒋纯焦：《教育家陶行知研究》，山东人民出版社，2016，第 38~42 页。

础上，深刻分析中国当时教育的弊病与国家现状，提出了"生活即教育，生活即学校，教学做合一"的新理论。他的生活教育观点极为深刻地关照到了近现代中国当时的社会经济环境与教育发展程度，将教育与社会生活更加紧密地联系在一起，将教育与生产实践更加紧密地结合在一起，为欠缺教育基础与教育环境的人民大众送去了改造世界的"工具"①；是实用主义教育理念在当时中国最充分的一次体现与提升；是"打破鸟笼"②，在最广泛的天地间进行教育活动的一次大进步。他所倡导的生活教育体现的大众性、爱国性、实践性与先进性，都非常值得后人研究与思考。

3. 开展平民教育，成为普及国民教育的先声

陶行知以提高民众素质、帮助民众完成基本的教育活动来实现对个体、社会和国家进行改良的目标，大力推广平民教育。他与朱其慧、晏阳初、朱经农等在上海组织成立了中华平民教育促进会筹备会，将平民教育正式推向全国范围。同时，参与编写教材《平民千字课》③，筹办《平民周刊》，积极发动各方力量，在北京、南京等地开办平民读书处④，在安徽尝试推进强制免费平民教育等活动⑤，提升了广大民众科学认识世界、改造世界的能力。

4. 倡导"行是知之始"，凸显实践教育的必要性

1934 年 7 月，陶行知在《生活教育》上发表《行知行》一文，对

① 《陶行知自述》，时代出版传媒股份有限公司、安徽文艺出版社，2013，第 140 ~ 142 页。
② 王璞：《陶行知生活教育理论的特质及其当代价值》，《福州大学学报》（哲学社会科学版）2013 年第 2 期，第 105 页。
③ 陶行知：《平民教育概论》，载方明主编《陶行知全集》第 1 卷，四川教育出版社，2005，第 568 页。
④ 陶行知：《连环教学法之发现——给桃红、小桃的信》，载方明主编《陶行知全集》第 8 卷，四川教育出版社，2005，第 14 页。
⑤ 陶行知：《在徽州推行平民教育方法》，载方明主编《陶行知全集》第 1 卷，四川教育出版社，2005，第 522 ~ 523 页。

自己一直以来探索的行与知的关系进行了系统阐述，指出"闻知与说知必须安根于亲知里面方能发生效力"，提出"行是知之始，知是行之成"这一实践出真知的教育理念，强调"没有亲知做基础，闻知实在接不上去"，"亲知为闻知必要条件"①，极大地推动了教育与生产实践的结合，丰富了教育实践育人的理论，提升了教育的实效性。

（二）陶行知的劳动教育思想及实践探索

从陶行知生平及教育思想的主要成就看，他对劳动和劳动教育是重视的。他以西方现代教育为主要参照对象，认真审视中国教育之不足、社会发展之缺陷，推进中国教育近代化的一系列举措彰显了对劳动教育和劳动精神的推崇。他提出的生活教育理念，使教育走进生活，丰富了劳动教育的载体。他以国民素质重塑、乡村平民教育为主要发力点，为提升劳动者综合素养作出了积极贡献。他的"行是知之始"理念深刻阐释了劳动是实现教育目标的重要手段，劳动教育是教育体系中必不可少的一环。

1. 在推动教育的变革中崇尚劳动教育与劳动精神

陶行知归国后，积极探索中国近代教育变革，大力倡导"手脑相长"②。他认为，"中国有两种病，一种是软手软脚病，一种是笨头笨脑病"，这种病在精神在文化，破解之道却在教育③。他倡导通过教育，特别是动手能力，劳动的意识、对劳动者的尊重，破除死的教育的弊病，破除传统教育形成的错误观念。他把教学做合一作为校训，强调"做"是核心。他将自己的名字由"知行"改为"行知"，将晓庄的"老山"改为"劳山"，图书馆叫"书呆子莫来馆"，大礼堂起名叫"犁宫"，犁宫大门之上的对联写的是"和马牛羊鸡犬豕做朋友，

---

① 陶行知：《行是知之始》，民国大家谈学养系列丛书，古吴轩出版社，2016。
② 《陶行知自述》，时代出版传媒股份有限公司、安徽文艺出版社，2013，第176~182页。
③ 陶行知：《行是知之始》，民国大家谈学养系列丛书，古吴轩出版社，2016，第63页。

对稻粱菽麦黍稷下功夫"。在入学考试时，考察《孟子说劳心者治人，劳力者治于人对不对?》，通过探讨劳力与劳心的关系，引导学生"在劳力上劳心"①，树立正确的劳动价值观。考试过程中要求学生着草鞋前往晓庄垦荒、施肥、修路，操练农活。开学典礼上他明确讲道"……所以农夫、村妇、渔人、樵夫都可做我们的指导员，因为我们有不及他们之处"。在《自立歌》中，他这样写道"滴自己的汗，吃自己的饭，自己的事自己干。靠人靠天靠祖先，都不算好汉"②，深刻阐释了劳动有利于国人树立自强意识，有利于智力与创造力的发展，有利于树立正确的劳动价值观，有利于国家工农业发展与社会进步。

2. 在生活教育的理论中丰富劳动教育载体

陶行知的生活教育理论重点强调了"到处是生活，到处是教育"③，打破了学校教育的局限，极大地丰富了劳动教育载体。他在《生活即教育》的演讲中提到"我们此地的教育，是生活的教育，是提供给人生需要的教育。人生需要什么，我们就教什么。人生需要面包，我们就得受面包教育；人生需要恋爱，我们就得过恋爱生活，也就是恋爱的教育。照此类推，照加上去：是那样的生活，就是那样的教育"④，强调了生活中所有的经历都可以成为教育的内容。他在《古庙敲钟录》中设想创办一种融"工场、学堂、社会"为一体的全新办学形式，称"工是工作，学是科学，团是团体。……它是将工场、学校、社会打成一片，产生一个附有生活力的新细胞"⑤；他说，"马路、弄堂、乡村、工厂、店铺、监牢、战场，凡是生活的场所，都是我们

---

① 《陶行知自述》，时代出版传媒股份有限公司、安徽文艺出版社，2013，第137～139页。
② 陶行知：《行是知之始》，民国大家谈学养系列丛书，古吴轩出版社，2016，第63页。
③ 《陶行知自述》，时代出版传媒股份有限公司、安徽文艺出版社，2013，第193～195页。
④ 《陶行知自述》，时代出版传媒股份有限公司、安徽文艺出版社，2013，第162～170页。
⑤ 陶行知全集编辑委员会编《陶行知全集》第二卷，四川教育出版社，1991，第126～127页。

教育自己的场所，那么，我们失掉的是鸟笼，而得到的倒是伟大无比的森林了"，进一步说明教育蕴含于生活中的所有的劳动中，劳动教育与生活教育的内涵具有高度一致性。

3. 在平民教育的思想中强化劳动教育全面普及

陶行知的平民教育思想中渗透着推动劳动教育在空间和时间维度上的全面普及。他在为四万万中国人民提倡民主教育的初步计划——《全民教育》中指出"不论宗教信仰、种族、财富及所属阶级有何不同，男孩与女孩机会均等，男子与女子机会均等，成人与儿童机会均等"[①]，打破了封建社会不平等受教育的束缚，通过编写平民教育教材，开展平民教育运动，推进各领域劳动者学习文化知识，并积极运用到实践中去指导生产活动，极大地提升了国民综合素质。除了受教育群体的空间普及，他所倡导的普及教育，已经超出了一般人们把目光局限在扫除文盲的范围，而是要求所有社会成员都"活到老，做到老，学到老"[②]，提出了时间上的劳动教育普及。

4. 在"行与知"的辩证关系中拓展劳动教育内涵

陶行知将名字由"知行"改为"行知"，强调了"行是知之始"，有了通过实践活动进行劳动教育获取真知，进而反哺课堂文化教育的雏形。他在《行知行》一文中指出，"我们拿'行是知之始'来说明知识的来源，并不是否认闻知和说知，乃是承认亲知为一切知识之根本。闻知与说知必须安根于亲知里面方能发生效力"，阐述了实践出真知与间接读书获取知识的区别；还指出，"我们对一群毫无机器工厂劳动经验的青年演讲八小时工作的道理，无异耳边风"，"我以为天

① 《陶行知自述》，时代出版传媒股份有限公司、安徽文艺出版社，2013，第216页。
② 华中师范学院教育科学研究所编《陶行知全集》第二卷，湖南教育出版社，1995，第804页。

下最经济的事，无过于这种亲知之取得"，说明了实践获取真知的效果①。上述这些表明他充分认识到了实践教育是获取真知的重要途径，通过实践获取的真知更为经济和有效，也表明在生产劳动中开展劳动教育会取得事半功倍的效果，劳动教育只有寓于生产实践才真正具有生命力。

（三）陶行知劳动教育思想的当代启示

习近平总书记在全国教育大会上的重要讲话中将劳动教育纳入全面的人才培养体系，强调了全面加强劳动教育的重要性。陶行知的劳动教育思想充分挖掘了劳动的价值与意义，以劳动与实践推进了中国近代教育改革、国民素质重塑、乡村教育改革，为近代中国教育写下了浓墨重彩的一笔。时至今日，对推进新时代劳动教育仍具有非常重要的借鉴意义。

1. 将劳动教育潜移默化融入课程设置，引导学生树立正确的劳动价值观

陶行知在晓庄学校、工学团、育才学校等时期，将劳动教育以校训、歌谣、课程设置、评测内容等多种形式贯彻其中。晓庄学校不请工人，要求男生做饭扫除，女生倒马桶，这些要求的目标就是重塑国民对于劳动的认识，以多种形式、多种方式对学生进行思想熏陶，帮助学生树立正确的劳动观。这为当下大中小学开展劳动教育提供了范本。新时代加强劳动教育，要牢牢抓住学校教育这一重要环节，将劳动技能课堂授课与课下实践有机结合，通过开设丰富的劳动教育课程，加大实践育人力度，将劳动能力测评纳入学生综合素质评价体系，真正做到知行合一，引导学生尊重劳动、热爱劳动、积极劳动。

---

① 陶行知：《行是知之始》，民国大家谈学养系列丛书，古吴轩出版社，2016，第3~6页。

2. 着力推进劳动教育实践基地建设，不断丰富劳动教育的形式和载体

陶行知的生活教育理论打破了学校教育的"笼子"，极大地丰富了教育载体。新时代加强劳动教育要充分运用生活中的各种载体，走出教室，结合实际，加大校外社会实践力度，引导学生走进社区、工厂、部队、农村，感知中国大地，体察国情民情，在改革开放和社会主义现代化建设的大熔炉里，在社会的大学校里，掌握真才实学，增益其所不能，努力成为可堪大用、能担重任的栋梁之材。大力推进劳动教育基地建设，探索建立各具特色的社会实践场所。通过在真实的生产实践基地开展劳动教育，让学生切身感受到生活就是劳动，劳动创造美好生活，从而实现劳动教育的应有之义。

3. 全面推进劳动教育普及，促进劳动教育在基础教育、职业教育和高等教育的协调发展

习近平总书记在全国教育大会上指出："要把立德树人融入思想道德教育、文化知识教育、社会实践教育各环节，贯穿基础教育、职业教育、高等教育各领域。"陶行知在其生活教育理论和平民教育思想中对生产实践中的广大民众开展教育进行了系统阐述，尤其是在乡村平民教育中强调要注意教育与农村、农民相结合，充分遵循了劳动教育规律，根据受教育对象的特点开展有针对性的劳动教育。当下构建全面培养的教育体系要借鉴陶行知这一经验做法，推进劳动教育贯穿于基础教育、职业教育和高等教育始终，分类施策，因人施教，分别明确在基础教育、职业教育和高等教育中开展劳动教育的主要目标、基本原则、关键环节和保障机制，切实推动劳动教育三个不同阶段协同发展，把全国教育大会"构建德智体美劳全面培养的教育体系、形成更高水平的人才培养体系"的重要精神落到实处。

4. 大力弘扬劳模精神、劳动精神、工匠精神，促进劳动教育在校园落地生根

陶行知教育思想中对劳动精神是极为推崇的，无论是"行是知之始"，还是"教学做"以"做"为核心、"在劳力上劳心"、将"老山"改为"劳山"等，都对劳动精神进行了弘扬。正因为此，他无形地在教育中树立了"劳动最光荣、劳动最崇高、劳动最伟大"的引领示范作用。新时期加强劳动教育，要大力发挥劳模精神、劳动精神、工匠精神对劳动教育的促进作用，充分借鉴陶行知对劳动精神推崇的经验。可以通过举办"劳模大讲堂""大国工匠进校园""大国工匠报告会"等劳动榜样人物进校园活动，充分发挥劳动模范的先进引领作用，创新宣传载体，加强对劳动榜样人物先进事迹的宣传，大力弘扬劳模精神和工匠精神，让广大学生在校园里近距离接触劳动模范、感受劳模精神、聆听劳模故事、观摩精湛匠艺、分享工匠情怀，引导青年师生学习领会劳动模范和大国工匠勤奋学习、勤于钻研、勤勉敬业的精神，自觉践行社会主义核心价值观，争做新时代的奋斗者。

三　晏阳初劳动教育思想内涵与当代启示

（一）晏阳初生平及主要成就

晏阳初（1890年10月26日～1990年1月17日），原名兴复，又名遇春，字阳初，中国著名教育家，近代乡村建设的开拓者和奠基人之一，被誉为世界平民教育之父。他幼年随任私塾先生的父亲启蒙读书，13岁赴保宁入基督教传教士创办的学堂，开始接受西式教育，17岁赴成都，入华美高等学校学习两年，19岁起开始在成都的中学教授英语，后赴香港圣保罗修习政治学，26岁赴耶鲁大学求学。本科毕业后，适逢一战，晏阳初随耶鲁大学学生海外传教志愿团奔赴欧洲战场，在法国开展教授华工识字的工作，成绩斐然，为他一生致力于平民教育奠定了基础。结束在欧洲的志愿活动后，晏阳初回到美国，入普林斯顿大学，获得硕士学位。1920 年 7 月，晏阳初放弃了继续深造的机会归国开展平民教育，立志扫除中国文盲。他在基督教青年会的支持下游历十九省，开展调研，1922 年春季开始在长沙进行试点，效果惊人，并迅速在杭州、烟台、曲阜、南京、汉口、嘉兴等地铺开。为了更好地开展工作，晏阳初与朱其慧、陶行知等人于北平成立了"中华平民教育促进总会"（以下简称"教促会"），熊希龄、张伯苓、蒋梦麟等人也积极参与其间。1926 年，有感于中国教育的弊端，结合自身思考，通过多方努力，晏阳初前往河北定县，开展乡村改造活动，并取得惊人成就，但因抗战被迫中断，教促会也被迫西迁。晏阳初与同仁在重庆又组建"中国乡村改造学院"，以四川璧山县为中心进行华西实验区实验，因战争缘故无法充分开展活动，效果远不能与定县实验相较。20 世纪 50 年代以后，他将视野投向全世界，先后前往南美、菲律宾、印尼、泰国、印度、巴基斯坦、黎巴嫩、叙利亚等地考察，在菲律宾开办了国际乡村改造学院，并将余生的大部分精力投注于此。1990 年 1 月 17 日在纽约寓所去世。晏阳初一生投身于平民教育与乡村改造，总结出当时中国社会的四大弊病，提出四种教育和三种方式。

1. 从试点到铺开，大力开展平民教育

晏阳初自一战时期赴欧洲担任志愿者期间开始面向劳苦大众的教育工作，取得良好效果后，一生便与平民教育紧密结合在一起。归国后，他立志消灭中国文盲，后将其总结为"除文盲，作新民"。他一方面利用优势，积极争取西方各项资源；另一方面积极支持并参与编辑简易文字课本，在各地开展扫盲运动。在基督教青年会的支持下，进行了长达一年多的调研工作，先在长沙开始试点，联络当地一百多

名教师进行义务教育，为最底层民众开展基本文字训练，成功后，在江苏、浙江、山东等沿海数个省市推开。后来成立了中华平民教育促进会并出任总干事。他开展的平民教育声名远播海外，菲律宾多次邀请他前往指导。经过实践探索，晏阳初认为中国平民教育的迫切性在于需要尽快抓住平民教育的主要群体，"使中国人，尤其是最大多数的农民，人人都富有知识力、生产力、强健力与团结力"，"能自养、自卫、自立而成为'人'，那中国民族便立刻可以复兴"。在新中国成立后，晏阳初先赴我国台湾，后赴美国，在全世界多个国家和地区践行自身的平民教育与农村教育理念，获得了"世界平民教育之父"的称号，这是对他终其一生致力于平民教育的巨大褒奖。

2. 从探索到完善，问诊中国"四四三"

对于中国当时的诸多问题，大量的有识之士为之思索、奋斗，探索救国救民的路径。在教育家中，晏阳初提出的四种问题——"愚、穷、弱、私"，以及与之对应的四种解决方法，对近代以来中国问题开出了最简便的病情分析与药方。所谓"愚"，重点在于识字率低、文盲比例高而民众素质难以得到提升；"穷"，指谋生技能弱，经济地位没有保障，民众由此而难以自立自强；"弱"，重点指因卫生观念与卫生条件差，民众身体素质较差，患病率高；"私"则指的是民众缺乏公德意识、自私狭隘。他准确地抓住了当时中国社会发展存在的主要问题，并针对这些问题，给出了解决方案，即以文艺教育攻"愚"，培养平民的"知识力"；以生计教育攻"穷"，培养平民的"生产力"；以卫生教育攻"弱"，培养平民的"强健力"，以公民教育攻"私"，培养平民的"团结力"。晏阳初还提出社会、学校、家庭三种教育，超越了当时固有的教育理念，从更为宏观、更为符合实际情况和更为符合现代教育发展的角度回答了平民教育的主要问题。三种教育方式与他提出的四种教育类型相结合，使得四种教育背后的学术框架更为完整，在对教育的理解和教育模式的分类上在当时都是非常超前的。

3. 从扫盲到生产生活，创造定县奇迹

近代以来平民教育是教育界非常重要的浪潮，由此诞生了面向中国最广大人群的乡村改造运动。晏阳初结合自身的宗教信仰、学术训练以及在欧洲战场的经历，以河北定县为舞台，开展了规模宏大、周期完整、几乎面面俱到的乡村改造实验，开辟了自己的乡村教育模式。晏阳初刚到定县的时候，全县共设立初级和高级普通平校 427 所，学生达 1.3 万余人[①]；至 1934 年，全县小学已经普及，14～25 岁的青少年文盲人数比 1931 年减少 34%，男青年文盲已减至 10%[②]。同时，在乡村改造过程中，农村经济发展取得显著成绩。如培育农作物新品种，棉花、小麦、高粱、谷子新品种的亩产量比土种分别增产 56%、14%～20%、30%、20%；先后完成水车、辘轳、播种器、中耕器、收获器、点播器、花生筛、脱粒机的改良；在动物饲养业方面，完成了主要家畜及鸡种的改良。平教会还进行了合作社的实验和推广工作。1933年，成立自助社三百余社，有些自助社又上升为合作社，合作社县联合社也应运而生。到 1936 年，形成了比较完备的合作组织制度。平教会还开创了中国县级现代卫生建设的先河，建立的三级医疗保健制度在国内外产生了较大反响，国民政府卫生署成立后，要求各县采用这一制度。此外，平教会还对学校卫生、产妇与儿童保健、生育节制进行了试验。在疾病预防方面，以种痘工作最为突出，据 1936 年的报告，"近年来邻县时有天花流行而本县无之"，"定县天花已称绝迹"。在乡村改造中，定县农村的医疗条件、预防和治疗方面都得到了极大

---

① 贾恩绂等纂修《定县志》卷三，1934。
② 李景汉：《定县社会的各方面》，载《民间》第 1 卷，1934 年第 24 期，第 10 页。

的改善。

（二）晏阳初的平民教育运动与劳动教育

晏阳初一生受基督教、儒家、劳工的影响最大，对劳动教育在情感上非常接近、认同与支持。他的劳动教育思想大多来自平民教育与乡村改造的实践。他通过组织"博士下乡"，带动知识分子投身乡村劳动教育，成绩斐然。他曾邀请了五十多位专家编写简易识字教材，包括陶行知、瞿菊农、孙伏园等当时一等一的文字名家，以白话文和民众日常语言做依据，搜集150万字原始资料，用简化字编成两册平民教育课本。在他的影响和带动下，大量高级知识分子举家迁往定县，其中不少是当时最为人看中的海归博士，包括曾做过美国众议院议员、回国后担任四川省政府秘书长的陈筑山，"副刊大王"孙伏园，与郑振铎、瞿秋白齐名的瞿菊农，著名社会学家李景汉，耶鲁大学博士傅葆琛，哈佛大学公共卫生专业毕业、后在德国学习卫生教育的陈志潜。这些知名学者与平促会的工作人员一起积极投身乡村教育实践，以劳动精神、劳动情怀克服物质困难，开展了诸多卓有成效的工作。他推崇宗教家的苦行精神和以劳作、以工作为荣的观念，以生计教育为重点督促劳工、农民等最底层的劳动者积极参与各类培训学习、各种职业技能的训练，教育他们以劳动克服懒惰、以劳动取代等待。他还创办《劳工周刊》，刊载劳工言论，不少参加过扫盲学习的劳工的发言对其产生了重大影响。晏阳初认识到中国人并不笨，他们所缺乏的不是"救济"，而是"发扬"，他们不是不可教，而是无教；当时中国所谓的"苦力"，不在于苦力的"苦"，而在于"苦力"的潜在力，只要发掘出来，就会产生无穷无尽的力量。这些认识，一方面使晏阳初对当时的劳动者更加尊敬，另一方面对引导当时社会树立正确的劳动价值观起到了积极作用。

（三）晏阳初劳动教育思想述评

晏阳初胸怀"民惟邦本，本固邦宁"的中国古训，为实现"除文盲，作新民"的平民教育目标，秉承基督教拯救世人的宗教情怀，以服务劳工为己任，一生辛劳，孜孜不倦，把毕生精力献给了中国及世界平民教育与乡村建设事业。在1922年撰写的《平民教育新运动》一文中，晏阳初引用"民惟邦本，本固邦宁"这句古训，强调指出："吾国男女人民号称四万万，估计起来，至少就有大多数一个大字不识，像这样有眼不识文的瞎民，怎能算做一健全的国民而监督政府呢？怎会不受一般政客官僚野心家的摧残蹂躏呢？'本'既不固，'邦'又何宁呢？"

晏阳初的乡村改造实验在民国时间最长，相对而言，取得的成效也最为明显。尽管有不完善、不全面，甚至有意无意避免现实原因的成分存在，但是在一定程度上确实抓住了当时中国的实际问题。他以宗教家般的虔诚与投入、锲而不舍的精神、充分且准确的调研与分析、过人的整合资源汇聚人心的能力，在国家整体政治经济环境极为不利的情况下，开展了为期11年的县级教育改造实验，实属不易。

与陶行知相比，晏阳初的试验因时间、空间的优势取得的成就更大。同时，陶行知将中国的平民教育、乡村建设的问题放置于帝国主义侵略、封建思想与封建文化传统的遗害的大背景下，而晏阳初对于问题的思考则回避了宏观的历史与时代背景，有意无意地将问题做小、将焦点集中，陶行知看到了"病症"，由"病症"看到了制造病症的环境，在祛除"病症"的同时，希望改善整体环境，晏阳初则是看到"病症"只解决"病症"。与后面提到的梁漱溟相比，晏阳初教育实验更为纯粹，梁漱溟是政府主导，晏阳初是社会力量参与。同时，梁漱溟的乡村实验的目的与出发点中，除了乡村改良外，对于中国传统文化的试验所占比例较大，晏阳初相对而言则完全瞄准四大弊病来开展教育活动。晏阳初在乡村实验的工作，以一县、一地而论，在当时无疑是成效最为显著的，究其原因，首先，在其对于问题的梳理更为纯粹，全部集中在乡村、平民本身，所以问题的解决方案更加有的放矢，相对而言也可以避免一些阻碍，因为他主要集中在具体的问题与事务之上，这也使得他在对问题根源的探究、实际操作层面都达到了其他人未能达到的高度。其次，晏阳初在他的平民教育中将学术探索与农村实践结合最为紧密，他认为对于农村的改造有再造民族之功效："中国今日的生死问题，不是别的，是民族衰老、民族堕落、民族涣散，根本是人的问题……近数十年来一切的改革建设失败的经验，已足够给我们认识这个问题的根本性和严重性了。农村运动，就是对着这个问题应运而生的。对于民族的衰老，要培养他的新生命；对于民族的堕落，要振拔他的新人格；对于民族的涣散，要促成他的新团结新组织。所以说中国的农村运动，担负着'民族再造'的使命。"① 当时在实验区农民文化水平的提高、乡建人才的培养、农业科学技术知识的传授和推广、农村合作事业以及其他公益事业的发展等方面都取得了显著的成效。"四大教育""三大方式"的理论，打破了狭隘的教育观念，把乡村教育视为与乡村经济、文化、卫生、道德等方面共同进行的系统工程，这在中国教育史上是一种创新。

（四）晏阳初劳动教育思想的当代启示

晏阳初胸怀"民惟邦本，本固邦宁"的中国古训，把毕生精力献给了中国及世界平民教育与乡村建设事业，为当下全面推进劳动教育提供了宝贵参考。他带领"博士团"，将平民教育的学术探索与农村改造实践紧密结合，昭示了劳动教育的真正价值是服务国家发展需要。同时，他提出当时中国的大患是民众的贫、愚、弱、私"四大

---

① 马秋帆、熊明安：《晏阳初教育论著选》，人民教育出版社，1993，第60页。

病"，力求通过办平民学校对民众首先是农民，先识字，再实施生计、文艺、卫生和公民"四大教育"，培养知识力、生产力、强健力和团结力，以造就"新民"，并竭力在农村推进政治、教育、经济、自卫、卫生和礼俗"六大整体建设"，主张通过提升底层劳动者的素质来达到强国救国的目的。这为当下提升劳动者综合素质构建了维度参考，即可以通过拓展学历教育深造途径，培养劳动者的文化知识水平；通过加强专业技术进修，提升劳动者的专业技能；通过开展丰富的文体活动，提高劳动者的身体素质；通过营造健康向上的工作氛围，构建团结协作的高素质劳动者队伍。晏阳初还特别重视、尊重每一个劳动者，倡导通过社会、学校、家庭三种教育方式开展平民教育，充分发掘他们在劳动中的价值。新时代加强劳动教育可以参考其有教无类的教育思想，因材施教、分类指导，开展各具特色的劳动教育。

四　梁漱溟劳动教育思想内涵与当代启示

（一）梁漱溟生平及主要成就

梁漱溟（1893 年 10 月 18 日~1988 年 6 月 23 日），原名焕鼎，字寿铭。曾用笔名寿名、瘦民、漱溟，后以漱溟行世。原籍广西桂林，生于北京，著名思想家、哲学家、教育家、社会活动家、爱国民主人士、著名学者、国学大师，现代新儒家的早期代表人物之一。

梁漱溟家族为元朝宗室梁王贴木儿的后裔，世代为官，家学渊源，学养深厚。幼年就读当时颇为先进的西式学堂，14 岁入顺天中学，毕业后任京津同盟会机关报《民国报》编辑兼记者。少年时关心时政，细心研读维新派康梁之文，后又对社会主义进行深入研究，著《社会主义粹言》。辛亥革命时期，向往革命，于 1911 年加入同盟会京津支部，1916 年经舅父引荐，任南北统一内阁司法总长秘书，因目睹北洋

政府政局之不堪，民众生计凋敝，时间不长即告辞任。梁漱溟 14 岁即
对佛学产生兴趣，革命之后，国家局势之恶化、民众之疾苦对他产生
了很深的影响，开始更加深入地研究佛学，兼及印度哲学等领域，在
担任司法总长秘书期间发表了著名的《究元决疑论》。1917 年 10 月，
应蔡元培先生之聘，任北京大学印度哲学讲席，后升为教授，发表
《东西文化及其哲学》一书，阐发其"东方精神文明论"和新儒家思
想，在学术界颇有影响。在蔡元培辞任北大校长之后，梁漱溟因不满
北洋政府对于北京大学的干涉，同时由于他在北大任教期间学术思想
由佛学转向儒学，便于 1924 年离开北大，先在山东菏泽办高中，在此
期间，梁漱溟受泰州学派影响，乡村建设的思想体系逐渐成型。1928
年至 1929 年，梁漱溟担任广东省立第一中学（今广雅中学）校长，
1929 年任河南村治学院教务长，1931 年与梁仲华等人在邹平创办"山
东乡村建设研究院"，任研究部主任、院长，倡导乡村建设运动。抗
日战争爆发后，任最高国防参议会参议员、国民参政会参政员，曾在
重庆北碚办勉仁书院。1939 年参与发起组织"统一建国同志会"，
1940 年参加发起"中国民主同盟"，任中央常务委员。次年赴香港办
"民盟"刊物《光明报》并出任社长。1946 年，参加重庆政治协商会
议，并代表"民盟"参与国共两党的和谈。1947 年退出民盟后，创办
勉仁文学院，从事讲学与著述。1950 年初应邀来到北京，历任第一、
二、三、四届全国政协委员，第五、六届全国政协常委。1980 年后相
继出任中华人民共和国宪法修改委员会委员、中国孔子研究会顾问、
中国文化书院院务委员会主席、中国文化书院发展基金会主席等职。
20 世纪 80 年代后期，以九十多岁高龄仍然著文、演讲，继续宣传复
兴中国传统文化的思想。1988 年在北京逝世。梁漱溟说："我愿终身
为华夏民族社会尽力，并愿使自己成为社会所永久信赖的一个人。"

　　梁漱溟以爱国主义为支撑，以挖掘弘扬祖国传统文化为己任，结

合西方现代教育、社会观念，扎根乡村数十载，将对学生个人价值的养成、重塑与改良贯穿于乡村建设运动，取得了不少成绩。

1. 以儒家文化为基础的乡村教育实验

在近代中国，虽有国故派坚持传统文化，但整个教育界、文化界的主流是西方现代文化，特别是基层教育、平民教育、乡村教育等领域，西方教育理念是绝对的主流，当时的平民教育、乡村教育的主要目的也是通过教育实现民众的现代化。在这样时代背景下，梁漱溟对此保留了自己的看法，他在《教育的出路与社会的出路》中明确写道，过去中国教育之错误，论者已多，……但锐实言之，总不外误在一切抄袭自外国社会①。他反对全盘西化，而是在乡村教育实验中有意识地挖掘和坚持中国传统儒家文化，这在当时是非常有价值与意义的。

梁漱溟的乡村实验无论在思想层面还是在操作手段上都受到儒家礼教思想与西方生命哲学的影响。他以乡村两级学校为渠道，以全民入学为基础，以儒家传统文化为内容，以文化教育、精神感化、道德培育等方式来实现民众个人的成长与发展。在方式与手段上都借鉴了儒家礼教文化传统与社会运行体系，是在传统基础上进行的创新与改良。

梁漱溟的过人之处还在于，他作为儒家学说的服膺者与实践者，一方面对国内对于西方文明的全盘吸纳表示了足够的警惕，另一方面也对儒家的礼教体系、政教传统进行了批判性吸收。盖因梁漱溟在近代著名教育家中对儒家思想的研究最为深入，但又自幼就学于西式学堂，并兼具印度哲学训练，对中西方的教育思想都进行了批判性吸收，对于东西方教育与文化有着很深入的思考，比如他提出的中国是情的

---

① 梁漱溟：《教育与人生：梁漱溟教育文集》，当代中国出版社，2016，第163页。

教育，西方是知的教育，对于东西方教育的比较理解是非常有启发性的。

2. 以文化复兴为己任的教育改造

他的乡村改造实验背后是文化救国，他坚信中国问题的根本是文化失调，中国的根本在乡村，他希望通过在山东普通县城进行的实验，在乡村利用传统文化来完成对民众的教育，同时复兴儒家传统文化。用乡约模式、公民自治与礼教传统的混合来完成对民众的教化、对区域社会经济文化的改造，进而向全国推广，实现文化复兴，解决中国现有问题，并完成国家自强。梁漱溟先生作为新儒学的代表人物，一生致力于儒学的复兴与民族文化的重新发展壮大，他的乡村实验出发点在于救国救民，同时也是希望以此为契机救文化（在他看来，中国传统文化的根本即儒家文化）。他以乡村两级学校为抓手，这是典型的，也是理想化的儒家社会结构，借助这个体系推进教育与改造工作，以成人教育为首，兼及终身教育，在教育中以情为主，强调道德培养。

尽管因为忽视了现实层面的种种束缚，导致了实验失败，但他在当时西方国家占据强势地位的背景下，依旧走出书斋，尝试以传统文化的方式改良社会、改造民众，扎根农村 6 年之久，并取得了不少的成绩。

3. 以乡村为本的建设理念

梁漱溟对于乡村教育的研究与思考颇为深入，在结合东西方教育观念的基础上，没有忽略乡村、乡民为根本。他说："我们的运动不称农民运动，而称乡村运动；不称乡村教育，而称乡村建设。但最好是称乡村自救运动。"① 强调要发挥农民的自发优势，以教育启迪其情感、完善其道德，最终帮助他们完成自我教育。他提出农村的人才应

---

① 梁漱溟：《教育与人生：梁漱溟教育文集》，当代中国出版社，2016，第 117 页。

该留在农村，陶行知反对当时的乡村建设就是反对乡村变城市，梁漱溟在这一点上与陶行知观点相同，非常注重培养乡村建设的本土人才。他明确指出："只有乡村安定，才可以安辑流亡；只有乡村事业兴起，才可以广收过剩的劳动力；只有农产增加，才可以增进国富；只有乡村自治当真树立，中国政治才算有基础；只有乡村一般的文化能提高，才算中国社会有进步。总之，只有乡村有办法，中国才算有办法，无论在政治上、经济上、教育上都是如此。"[①]

（二）梁漱溟的劳动教育思想

作为一名以文化复兴为己任的学者，梁漱溟的劳动教育落脚点在于对学生、对个人价值的养成、重塑与改良，其思想主要来源于传统儒家文化中积极进取的入世之学、中国自古以来的勤劳美德、西方教育体系中的实用之学。

从离开北大开始实际参与办学、开创教育事业以来，梁漱溟的教育理念愈趋务实、朴实，对于教育问题的演讲、文章与实践都直抵具体问题与实践操作层面。在中学教育中，他认为劳动有利于学生的全面发展，有利于学生人格的养成，避免学生成为不事生产的贵族。在这一点上，近代许多教育家都有论述，大多是出于对传统社会扭曲价值观的一种反击，而梁漱溟则有为传统儒家文化正本清源的初衷包含其间，传统儒学讲入世、讲实践、讲事功，具体到社会实践中，对劳动即便是体力劳动也是不排斥的，因为传统社会科举取士、社会分层、文化桎梏等原因，使得劳动尤其是体力劳动成为下层人士的标签，对社会风气、民族性格都造成了一定程度的戕害。

梁漱溟作为儒家文化的继承者，同时又有佛教平等思想对其的影

---

① 梁漱溟：《山东乡村建设研究院设立旨趣及办法概要》，载《梁漱溟全集》第五卷，山东人民出版社，2005，第225页。

响，他坚决反对学生成为贵族，成为食利阶层。他鼓励学生参与劳动，热爱劳动，激发全身心的力量参与劳动，"……是要学生拿出他们的心思、耳目、手足的力量，来实做他们自己的生活"，"第一要废除或者减少校内的杂役"①，"却是要在积极方面使学生来做他们自己的事情，这就是刚才所讲手足要勤的意思"，"要废除或者减少校内职员，而把公共的事情交给学生去照料"，"废除现在的贸易部、西餐部以及洗衣部，这些事，我也想要学生自己来经营"②。他的目的之一就是使学生首先发展成为更为独立、更为完善的人，再逐步修行，接近儒家所要求的士的境界。

梁漱溟还认为劳动有利于社会稳定和经济发展。在山东的教育实验中，课程设计中既有农业、手工业培训与实践，在最重要的道德课程中也有对辛勤劳作的襃扬与激励，在这一点上，既是西方实用主义教育的影响，也是中国传统社会对勤劳认可的自然延伸。

（三）梁漱溟劳动教育思想的当代启示

梁漱溟作为一名从书斋到大学、从大学到乡村，学术脉络又与教育几无关联的学者，他以自身对于儒家学说的深切体悟，对于东西方文化的深刻思考，以爱国主义为支撑，以挖掘弘扬祖国传统文化道统为己任，结合西方现代教育、社会观念，复兴并改良传统礼教文化，扎根乡村数十载，开展乡村教育实践，取得了不少成绩，在中国近代教育、社会改造、文化传承事业上都留下了浓墨重彩的一笔。他以现代观念整合儒家文化，以教育促建设、以教育促管理、以教育促发展，礼教、政教合一的创设极具先进性与理论探索价值。在一片学习西方的浪潮中，不盲从、不跟风、不标新立异，以东西方文化的整体观照

---

① 梁漱溟：《教育与人生：梁漱溟教育文集》，当代中国出版社，2016，第91页。
② 梁漱溟：《教育与人生：梁漱溟教育文集》，当代中国出版社，2016，第92页。

为基础，发掘与探索儒家文化在当时对于近代化文明改良中的价值与意义，以乡村建设为基础，推进国家社会与文化自强，这种探索精神与实验意义是非常难得与可贵的。在今天国家乡村振兴战略的大背景下，为我们怎样立足乡村实际、借鉴先进经验、弘扬优秀传统文化提供了范例。

第三章

与时俱进：新中国成立以来劳动教育在党的教育方针中的演变

教育与生产劳动相结合是我党历来坚持的教育方针。早在 1934 年，毛泽东同志就把"教育与生产劳动联系起来"列为中华苏维埃政府文化教育总方针的主要内容①。1958 年《中共中央、国务院关于教育工作的指示》又明确将"教育与生产劳动相结合"确定为党的教育工作方针。20 世纪 90 年代，教育"必须与生产劳动相结合"的提法被写进了《中华人民共和国教育法》，并在 2015 年的修订稿中予以保留。而实际中，却不同程度地存在"劳动教育在学校中被弱化，在家庭中被软化，在社会中被淡化"②的社会现象。从这一问题出发，在纪念改革开放 40 周年之际，本章探本溯源，深入分析了新中国成立以来劳动教育③在党的教育方针政策中的理念定位与实践形态，以探寻劳动教育被弱化、软化与淡化的深层原因，并相应提出构建具有内在生命力的劳动教育体系。

一　新民主主义社会向社会主义社会过渡时期（1949～1956 年）的劳动教育

新中国成立前夕，《中国人民政治协商会议共同纲领》将"爱劳动"列为国民五项公德之一。从徐特立《论国民公德》一文中可以看出，培养与新民主主义时期生产方式相一致的劳动态度，建立劳资两利的和谐劳动关系，是当时以"爱劳动"为国民公德的主要

---

① 黄济：《关于劳动教育的认识和建议》，《江苏教育学院学报》（社会科学版）2004 年第 9 期。

② 《教育部、共青团中央、全国少工委关于加强中小学劳动教育的意见》，教育部网站，http://www.moe.gov.cn/srcsite/A06/s3325/201507/t20150731_197068.html。

③ 本章劳动教育是指针对普通学校大中小学生有目的、有计划地培养其劳动意识、劳动情感、劳动习惯，了解生产技术知识，掌握生活和劳动技能的教育活动。不包括新中国成立十七年和"文化大革命"时期知识分子和领导干部参加生产劳动的社会劳动教育以及各类职业院校组织的专业劳动技术教育。

原因①。而在劳动公德教育的内容上，徐老特别提出两点——劳动态度的改变（"不劳动者不得食"）和劳动权的保证（"给劳动者以劳动权"），把劳动者的道德、权利、义务三者结合起来，巩固劳动纪律。钱俊瑞也把劳动教育作为贯彻"教育为生产建设服务"方针的重要内容，提倡通过劳动教育鼓舞民众从事劳动创造的热情和积极性，表扬和普及劳动事业中的发明和创造，组织一切原来不从事劳动生产的人们参加生产劳动并在劳动中改造自己②。

1950 年，时任教育部副部长的钱俊瑞在《当前教育建设的方针》中明确指出，"为工农服务，为生产建设服务，这就是当前实行新民主主义教育的中心方针"③，可见，"教育与生产劳动相结合"在当时还未成为我国教育的基本方针。在实践中，从 1950 后颁布的《教育部关于实施高等学校课程改革的决定》《教育部关于颁发中学暂行教学计划（草案）及中等学校暂行校历（草案）的命令》《中学暂行规程（草案）》《小学暂行规程（草案）》《中等技术学校暂行实施办法》等一系列文件中可以看出，劳动教育在各类高等教育机构和中等技术学校中的主要表现形式是专业实习，在中学、小学、工农速成中学和文化补习学校中，劳动教育则未被列入正式教学计划。

经过四年的恢复与发展，1953 年，我国中小学毕业生明显增多，有些地区甚至发生了毕业生因不能如愿升学而游行的现象。对此，中共中央批转教育部《关于解决高小和初中毕业生学习与从事生产劳动问题的请示报告》中明确指出："目前中、小学毕业生之所以普遍发

---

① 何东昌主编《中华人民共和国重要教育文献（1949～1975）》，海南出版社，1998，第17 页。
② 何东昌主编《中华人民共和国重要教育文献（1949～1975）》，海南出版社，1998，第23 页。
③ 何东昌主编《中华人民共和国重要教育文献（1949～1975）》，海南出版社，1998，第17 页。

生紧张的升学问题，主要由于过去几年中央教育部对中、小学教育的指导思想上有忽视劳动教育的倾向，在教学改革中，在教师思想改造中，都没有着重批评鄙视体力劳动和体力劳动者的错误的教育思想，也没有向广大群众和学生明确地阐明中、小学教育的性质与任务，使旧中国遗留下来的鄙视体力劳动和体力劳动者的错误的教育思想，继续支配着广大教师和学生，这是中、小学教育方针上一个带原则性的错误，中央教育部应在这方面进行公开的自我批评。"[①] 此后，教育部、宣传部、青年团中央等部门就组织不能升学的高小和初中毕业生参加生产劳动的工作陆续出台了一系列政策，组织了多样化的劳动教育活动。

1955 年教育部《关于初中和高小毕业生从事生产劳动的宣传教育工作报告》指出："过去一年，很多学校采取参观工厂、农场、农业生产合作社，访问劳动模范，请劳动英雄作报告，和劳动青年联欢，阅读有劳动教育意义的读物，参加体力劳动活动等方式在课外对学生进行劳动教育，收到了很好的效果。但是在通过课堂教学经常地进行劳动教育就做得较差。今后，除应注意课外的劳动教育外，必须学会在课堂教学中贯彻劳动教育，并且还要善于使两者结合起来进行。再有，一般学校进行劳动教育，都着重在思想方面，这当然是很重要的；但是对工农业生产的基础知识的教育是注意很差的。今后进行劳动教育，除注意培养劳动观点和劳动习惯外，还应注意进行综合技术教育，使学生从理论上和实践上懂得一些工农业生产的基础知识。"[②] 此后，生产技术教育开始成为劳动教育的重要内容，并与智育、德育、体育、

---

① 何东昌主编《中华人民共和国重要教育文献（1949～1975）》，海南出版社，1998，第330 页、450 页。

② 何东昌主编《中华人民共和国重要教育文献（1949～1975）》，海南出版社，1998，第450 页。

美育四育并举写进了 1955 年《关于小学课外活动的规定的通知》中。1956 年教育部制发的《1956～1957 学年度中学授课时数表》《关于普通学校实施基本生产技术教育的指示（草案）》对生产技术教育每周的上课时间、具体要求都做了明确的规定。

　　由此看来，三大改造时期，劳动教育作为缓解中小学毕业生升学压力、动员毕业生就业的手段受到了党中央的高度重视。此时的劳动教育不仅强调劳动态度、劳动观念的教育，而且开始注意根据工农业发展形势进行生产技术教育，初步建构了系统的生产劳动技术教育体系。但这些政策的执行效果并不理想。一方面，面对升学无望、最终还要回乡劳动的结局，很多中小学生家长选择了让孩子辍学。根据河北、辽宁等 12 省份的报告，1956 年初，中学生辍学人数一般都在 10% 左右，有些学校辍学人数甚至占到了在校生总数的 50% 以上[①]。可见，轻视体力劳动的社会思想在当时并未真正改变，当接受学校教育无法改变从事体力劳动的命运时，很多人还是选择了辍学。另一方面，就劳动技术教育而言，当时虽然搭建了非常理想的劳动技术教育体系，但也因超出了大多数学校的教学条件而无法真正实施。

二　社会主义建设时期（1956～1977 年）的劳动教育

　　1956 年，我国开始进入全面建设社会主义时期，教育事业的发展极为迅速。据统计，1956 年，小学生达 6346.6 万人，是 1949 年的 2.6 倍；初中生 438.1 万人，是 1949 年的 5.3 倍；高中生 78.4 万人，

---

① 何东昌主编《中华人民共和国重要教育文献（1949～1975）》，海南出版社，1998，第 645 页。

是 1949 年的 3.8 倍；中等技术学校学生 53.9 万人，是 1949 年的 7 倍；大学生 40.3 万人，是 1949 年的 3.5 倍[①]。此时，国家经济财力已无法支持教育规模的不断扩张，大量中小学毕业生因无法升学而必须走向劳动就业，"教育供给和需求之间悬殊巨大，成为人民内部矛盾在教育领域的一个突出体现"[②]。为此，1957 年毛泽东同志在《关于正确处理人民内部矛盾的问题》中明确提出，"我们的教育方针，应该使受教育者在德育、智育、体育几方面都得到发展，成为有社会主义觉悟的有文化的劳动者"[③]，由此确立了培养劳动者的教育目标。

应该讲，毛泽东提出培养"有社会主义觉悟的有文化的劳动者"的目标是符合当时中国发展需要的。但是，"由于当时要突出解决的是学生的政治方向和毕业后参加生产劳动问题，而对政治的理解又局限于搞阶级斗争，对生产劳动的理解又主要是从事体力劳动，这样在实践中贯彻教育方针时，就出现了'左'的偏差"[④]。从 1957～1966 年教育部、宣传部颁发的一系列关于劳动教育的文件，以及毛泽东、刘少奇等国家领导人关于教育工作的一系列讲话中可以看出，当时的劳动教育在理念层面表现出如下特点。

第一，把劳动教育视为阶级斗争的工具。1958 年 6 月，时任教育部部长的陆定一在全国教育工作会议上的讲话强调"教育与劳动相结合，是教育革命的主要内容之一"[⑤]。8 月，陆定一又发表了经毛主席

---

① 顾明远主编《中国教育大系·马克思主义与中国教育》（下），湖北教育出版社，1994，第 1638～1639 页。

② 李庆刚：《正确处理人民内部矛盾探索中的制度创新》，《北京党史》2017 年第 3 期。

③ 何东昌主编《中华人民共和国重要教育文献（1949～1975）》，海南出版社，1998，第 735 页。

④ 李庆刚：《"大跃进"时期"教育革命研究"》，博士学位论文，中央党校，2002，第 27 页。

⑤ 何东昌主编《中华人民共和国重要教育文献（1949～1975）》，海南出版社，1998，第 836 页。

审阅的《教育必须与生产劳动相结合》一文，将是否坚持"教育与生产劳动相结合"视为教育战线上资本主义和社会主义两条路线斗争的表现。他认为，在社会主义国家中，资产阶级分子不敢明目张胆地反对党的领导，但会虚伪地主张"为教育而教育，劳心与劳力分离，教育由专家领导"，鼓吹"教育就是读书，读书愈多的人就愈有知识，有书本知识的人就高人一等。至于生产劳动，尤其是体力劳动和体力劳动者，那是下贱的"，以此来毒害青年学生。因此，我们党必须旗帜鲜明地坚持"教育为工人阶级的政治服务，教育与生产劳动相结合；为了实现这个方针，教育必须由共产党领导"①。可见，劳动教育在当时主要是作为消除体脑分工、进行阶级改造的政治手段而备受重视。

第二，把劳动教育作为解决教育经费问题的手段。1957年上半年刘少奇就中小学生升学难的问题进行全国调查，发现很多家庭无力负担子女上学，由此萌生了提倡勤工俭学、开展课余劳动的想法，并将此视为"解决学生学习费用困难和普及教育的一个重要途径"②。1958年1月，《人民日报》发表社论《两个好榜样》，倡导为节约国家开支、保证学生的生活需要，"最好的办法就是提倡勤工俭学，使学生以自己的劳动收入解决自己全部或一部分学习和生活的费用"③。此后不久，共青团中央发出了《关于在学生中提倡勤工俭学的决定》，教育部副部长董纯才也做了《加强思想教育、劳动教育，提出群众办学、勤俭办学》的教育工作报告，这样，劳动教育被确定为勤俭办学、勤俭建国、多快好省建设社会主义的重要途径。

第三，把劳动教育看成解决理论脱离实际问题的根本方式。早在

---

① 何东昌主编《中华人民共和国重要教育文献（1949～1975）》，海南出版社，1998，第852～855、792页。
② 李庆刚：《正确处理人民内部矛盾探索中的制度创新》，《北京党史》2017年第3期。
③ 何东昌主编《中华人民共和国重要教育文献（1949～1975）》，海南出版社，1998，第792页。

1942 年中央党校开学典礼上，毛泽东同志就强调世上"有两种不完全的知识，一种是现成书本上的知识，一种是偏于感性和局部的知识，这二者都有片面性。只有使二者互相结合，才会产生好的比较完全的知识"，并强调"真正的理论在世界上只有一种，就是从客观实际抽出来又在客观实际中得到了证明的理论"①。1965 年，在杭州会议上，毛泽东更是言辞激烈地批评了学校教育理论脱离实际的问题。他说："现在这种教育制度，我很怀疑。从小学到大学，一共十六七年，二十多年看不见稻、粱、菽、麦、黍、稷，看不见工人怎样做工，看不见农民怎样种田，看不见商品是怎样交换的，身体也搞坏了，真是害死人。"② 在毛泽东这一思想指导下，劳动教育被视为"贯彻用手与用脑、学习与劳动、生产与教育、理论与实际密切结合的原则"的正确道路③；是让学生获得比较完全的知识，成为全面发展的人、又红又专的人、工人化的知识分子、知识分子化的工人的唯一方法。

显然，1957～1966 年，劳动教育的政治意义、经济意义和认识论意义都被提升到了前所未有的高度，在实践中也开始以一种前所未有的姿态强势推进。在课程设置上，"一切学校，均把生产劳动列为正式课程，并在不同时期，根据实际情况，对不同级类学校、年级每周、每月、每学年的劳动时间作明确规定，同时开设了属于教育与生产劳动相结合范畴的多门课程。如小学的生产常识、手工、劳动课；中学的生产知识课和劳动课"④。特别是 1958 年以后，学校办工厂、工厂办学校，勤工俭学、半工半读，边学习、边劳动，劳动人民知识化、

---

① 何东昌主编《中华人民共和国重要教育文献（1949～1975）》，海南出版社，1998，第853 页。
② 何东昌主编《中华人民共和国重要教育文献（1949～1975）》，海南出版社，1998，第1383 页。
③ 何东昌主编《中华人民共和国重要教育文献（1949～1975）》，海南出版社，1998，第828 页。
④ 成有信：《教育与生产劳动相结合问题新探索》，湖南教育出版社，1998，第 307 页。

知识分子劳动化，成为席卷全国的热潮。应该说，根据当时中国国情，适度推动勤工俭学、半工半读，适当组织学生参加生产劳动，接受教育和锻炼，并形成一定的制度，是完全必要的。但在"大跃进"的极左思潮下，勤工俭学、半工半读的劳动教育很快就变成了一种狂热，甚至将勤工俭学异化为勤工"减"学，"工"即"学"，以劳代学了。

"文化大革命"期间，劳动教育的政治意义被过度拔高，甚至把学习与劳动对立起来、把脑力劳动与体力劳动对立起来、把知识分子与工农群众对立起来，使劳动教育不能按照正常的内在规律进行。

三 改革开放以后至 20 世纪末期 （1978～1999 年）的劳动教育

十一届三中全会后，伴随着全党工作重心的战略转移，教育战线上对新时期脑力劳动与体力劳动的关系、教育与生产劳动的结合、劳动教育在全面发展教育中的地位等问题进行了深入的讨论。

第一，努力为脑力劳动正名，从现代化建设的高度恢复教育与劳动相结合的本义。

在马克思主义理论的原初意义上，教劳结合指的是"现代学校教育和教学同现代机器大工业的生产劳动相结合"，"通过这样的教育和结合，不仅能使受教育者掌握现代社会所必须的基本的综合技术素养，而且能使他们的精神情操受到陶冶，在知识和技能方面得到充实和提高，从而促进人的智力和体力的和谐发展"，所以，"现代教育同现代生产的结合，是提高社会生产的必然途径，同时，也是造就全面发展的人的根本方法"①。但在新中国成立后二三十年间，中国经济生

---

① 刘世峰：《中国教劳结合研究》，教育科学出版社，1996，第 10 页。

产方式仍以体力劳动和手工劳动为主，在这种情况下，如果生硬推行教劳结合、体脑结合，必然会冲击或拉低现代生产知识和技术教育的水平。所以，改革开放以后，党中央致力于重塑"尊重知识、尊重人才"的社会风气。

1981 年 6 月中国共产党第十一届六中全会通过《关于建国以来党的若干历史问题的决议》，明确提出"要坚决扫除长期间存在而在'文化大革命'期间登峰造极的那种轻视教育科学文化和歧视知识分子的完全错误的观念"，要"坚持德智体全面发展、又红又专、知识分子与工人农民相结合、脑力劳动与体力劳动相结合的教育方针"[①]。可见，随着"以经济建设为中心"的基本路线的确立，党的教育方针也做出了相应的调整。在新方针的表述中去掉了"必须为无产阶级政治服务"的说法，并用"脑力劳动和体力劳动相结合、知识分子与工人农民相结合"取代了以往"必须与生产劳动相结合"的提法。

第二，对是否以及如何坚持教育与劳动相结合的问题进行了深入的讨论。

1978 年 4 月，邓小平同志在全国教育工作会议上的讲话中特别指出，"为了培养社会主义建设需要的合格的人才，我们必须认真研究在新的条件下，如何更好地贯彻教育与生产劳动相结合的方针"，"各级各类学校对学生参加什么样的劳动，怎样下厂下乡，花多少时间，怎样同教学密切结合，都要有恰当的安排。更重要的是整个教育事业必须同国民经济发展的要求相适应"。"我们的国民经济是有计划按比例发展的，我们培养训练专门家和劳动后备军，也应该有与之相适应

---

① 何东昌主编《中华人民共和国重要教育文献（1976～1990）》，海南出版社，1998，第1952 页。

的周密的计划"①。显然，在邓小平看来，新时期坚持教育与生产劳动相结合主要不是学校教育内部加强劳动教育的问题了，而是宏观层面上整个教育事业必须与国民经济发展相适应。

同时，伴随教育上的拨乱反正，学术界也展开了对"两个必须"教育方针的质疑。萧宗六、潘益大等学者认为"两个必须"的教育方针"带有浓厚的阶级斗争色彩，基本上是阶级斗争为纲的产物"，"没有反映教育工作内在的固有规律，没有反映教育与生产力，与现代化建设的关系"，所以，需要修改、完善或更新②。这一意见反映在1985年《中共中央关于教育体制改革的决定》中，"教育必须为社会主义建设服务"的说法正式取代了"教育必须为无产阶级政治服务"的说法，成为我国教育方针的基本构成要素。同时，在1983~1989年间的中央文件和重要领导人讲话中也很少见到"教育必须与生产劳动相结合"的说法，常见的表述是"脑力劳动和体力劳动相结合、知识分子与工农群众相结合"。直到1993年《中国教育改革和发展纲要》中才再次确定了教育与生产劳动相结合的说法，明确将我国的教育方针表述为"教育必须为社会主义现代化建设服务，必须与生产劳动相结合，培养德、智、体全面发展的建设者和接班人"③。

对此，何东昌在《20年来我国教育思想的深刻变革》中曾做过阐释："1978年以后，教育界对1958年中央关于教育工作的指示中提出的教育方针，即教育为无产阶级政治服务，与生产劳动相结合的方针有不同的认识。曾经一段时间内缺乏一个简明、系统的关于教育方针

---

① 何东昌主编《中华人民共和国重要教育文献（1976~1990）》，海南出版社，1998，第1607页。
② 曹霞：《改革开放以来我国教育方针的嬗变及其研究》，硕士学位论文，浙江师范大学，2006，第18~19页。
③ 何东昌主编《中华人民共和国重要教育文献（1991~1997）》，海南出版社，1998，第3471页、2409页。

的表述。1989 年政治风波以后，更感到需要有这样的方针表述，以统一各方面认识。为此教育学会曾进行过一系列研讨，研讨的意见被吸收到《中国教育改革和发展纲要》中，后来又被列入了《教育法》。"①

第三，劳动教育被表述为全面发展教育的组成部分之一。

1986 年时任国务院副总理兼国家教委主任李鹏在第六届全国人民代表大会第四次会议上做了《关于中华人民共和国义务教育法（草案）的说明》，在贯彻党的教育方针方面提出"应当贯彻德、智、体、美全面发展的方针，适当进行劳动教育，使青少年儿童受到比较全面的基础教育"②。这里将劳动教育作为比较全面的基础教育中的一部分提了出来。同年 10 月，国家教委副主任彭珮云在中学德育大纲研讨会上的讲话中更明确地提出"把德育作为德、智、体、美、劳五育全面发展的一个有机组成部分，使五育互相配合、互相渗透"③，正式提出了"五育全面发展"的说法。此后，国家教委颁发的一系列文件——《国家教委、国家体委关于开展课余体育锻炼、提高学校体育运动技术水平的规划（1986 ~ 2000）》《全日制盲校小学教学计划（初稿）》《国家教委、共青团中央关于加强少年宫工作的意见》均出现过五育并举的表述。但 1993 年《中国教育改革和发展纲要》开始统一为"培养德、智、体全面发展的社会主义建设者和接班人"，1995 年颁发的《中华人民共和国教育法》则正式确定为"德、智、体等方面全面发展的社会主义建设者和接人"。

对"五育"变"三育"的原因，时任国务院副总理李岚清曾这样

---

① 何东昌主编《中华人民共和国重要教育文献（1998 ~ 2002）》，海南出版社，2003，第 203 页。

② 何东昌主编《中华人民共和国重要教育文献（1991 ~ 1997）》，海南出版社，1998，第 2409 页。

③ 何东昌主编《中华人民共和国重要教育文献（1976 ~ 1990）》，海南出版社，1998，第 2519 页、2046 页。

解释，"政治局讨论这个问题时认为，德、智、体全面发展的方针是属于我们党的重大方针，已坚持多年，在实践中证明是正确的，行之有效的，已为教育界，甚至全党全民普遍熟悉和认同，应该一以贯之。然而，这决不意味着可以忽视美育和劳育。德育的范围很广，应该包括美育，劳育也应当包括在德育和体育里面"，"因为，除德、智、体、美、劳，还有其他的，……但这些内容都可以归到德、智、体里面去，是广义的德、智、体"①。基于这些考虑，20 世纪 90 年代后，中央倾向于将劳动教育视为包含在广义的德育、智育和体育之内的要素，否定了其独立提出的必要性，从而恢复了德、智、体全面发展的传统说法。

在劳动教育实践方面，劳动技能素质作为素质教育的四大要素受到空前重视。1982 年教育部印发的《关于普通中学开设劳动技术教育课的试行意见》规定：中学劳动技术教育课，初中每学年 2 周，每天按 4 课时安排，三年共计 144 课时；高中每学年 4 周，每天按 6 课时安排。并对劳动技术教育的成绩考核提出了明确的要求，"每个学生都应该写劳动小结，学校应建立劳动档案。学年末要根据学生的劳动态度、劳动纪律及其掌握知识和技能的情况评定成绩。成绩可分为优、良、及格、不及格四等，计入学生成绩册。劳动态度和表现应作为学生操行评语的重要内容之一。劳动态度和表现不好的学生不能评选为三好学生"②。这是新中国成立以来国家教育文件中首次提出的劳动教育考核标准与要求。1987 年以后原国家教委又先后颁发了《全日制中学劳动技术课教学大纲（试行稿）》《全日制小学劳动课教学大纲试行

---

① 何东昌主编《中华人民共和国重要教育文献（1991～1997）》，海南出版社，1998，第 3629 页、3985 页。
② 何东昌主编《中华人民共和国重要教育文献（1976～1990）》，海南出版社，1998，第 2519 页、2046 页。

草案》《关于进一步加强中小学德育工作的几点意见》均强调学生参加劳动和社会实践的时间应纳入教学计划中，要不断制度化、规范化。1998 年，教育部办公厅出台《关于加强普通中学劳动技术教育管理的若干意见》，在明确中学劳动技术教育的组织领导责任和师资队伍建设要求的同时，明确要求"各级教育督导部门，在进行教育督导评估时，要把劳动技术教育纳入督导评估内容的指标体系"，"把是否开设劳动技术课，是否重视劳动技术教育，作为评选教育先进单位和先进学校的重要内容之一，并作为考核教育部门、学校、领导干部的重要内容之一"①。鉴于此，有研究者指出，"从 20 世纪 80 年代到新一轮基础教育课程改革以前，劳动教育在课程地位、学科地位上是'登堂入室'的，有课程课时保证，传授系统的劳动知识、技能、情感、态度、价值观，体现了党和国家教育方针的要求"②。

　　但从实际效果看，1986 年召开的全国中学劳动技术教育工作座谈会客观指出："从全国范围看，开设这门课的情况还很不平衡。目前，约有半数，甚至更多的学校没有开设劳动技术课。一些教育行政部门还没有把这门课列入议事日程，重视不够，领导不力。学校、社会对开设这门课的认识还有一定的差距。教学设备、场地、经费、师资严重不足。"会议还同时分析了出现上述问题的原因，"无论在教育界，还是在社会上片面追求升学率的现象严重地冲击了基础教育，使劳动技术课不能正常开设。由于劳动技术教育是一门新学科，又是一门综合性很强的学科，对场地、设备、师资的条件提出了不同于其他学科的新的要求，社会、家长、教师和学生对其重要性的认识还有待进一

---

① 何东昌主编《中华人民共和国重要教育文献（1998～2002）》，海南出版社，2003，第120 页。
② 徐长发：《劳动教育是人生的第一教育》，《中国农村教育》2015 年第 10 期。

步提高"①。可见，20 世纪 80 年代以后，尽管党中央在理念上对劳动教育的方针定位进行了慎重的调整，在实践中加强了对劳动教育的系统化建构，加大了推进的力度，但受各种内外部因素影响，劳动教育的实践效果并不理想。

四　全面建设小康社会以来（2000～2012 年）的劳动教育

从 21 世纪开始，我国进入了全面建设小康社会，加快推进社会主义现代化建设的新的发展阶段。党中央站在新的历史高度重新诠释了新时期劳动的内涵。一方面，劳动的创造价值高度彰显，劳动光荣、创造伟大成为时代强音。面对知识经济的来临、信息时代的到来，江泽民在十六大报告中深刻指出，创新是一个民族进步的灵魂，是一个国家兴旺发达的不竭动力，并将"尊重劳动、尊重知识、尊重人才、尊重创造"明确为党和国家的一项重大方针。从此以后，"四个尊重"写进了党的十七大、十八大报告，并在十九大以后写入新修订的《中国共产党章程》中。可以说，"四个尊重"是马克思主义"劳动创造一切"观点的延伸与发展，是邓小平"尊重知识、尊重人才"思想在新时代的进一步丰富与拓展。尊重创造，是尊重劳动的重要诉求，劳动贵在创造，没有创造，劳动只能是简单的重复；创造离不开劳动，没有劳动，创造只能是纸上谈兵。尊重劳动、尊重创造，又离不开尊重知识、尊重人才。可见，尊重知识、尊重人才、尊重创造与尊重劳动具有内在一致性，是现代社会尊重劳动的必然要求。

---

① 何东昌主编《中华人民共和国重要教育文献（1976～1990）》，海南出版社，1998，第 2486～2487 页。

另一方面，对劳动者的人本关怀成为新时期我党执政的重要价值取向。十六大报告中，江泽民创造性地提出"有益劳动"概念，明确"要尊重和保护一切有益于人民和社会的劳动"，"一切合法的劳动收入和合法的非劳动收入，都应该得到保护"。胡锦涛则在2010年全国劳动模范和先进工作者表彰大会上的讲话中重申了"劳动最光荣、劳动者最伟大"的思想，提出了"体面劳动"的概念，并在十七大和十八大报告中将改善民生作为社会建设的重点。

与新时期劳动的新内涵相适应，进入21世纪后，党的教育方针也做了相应的调整。1999年6月，江泽民在第三次全国教育工作会议上指出："必须全面贯彻党的教育方针，坚持教育为社会主义、为人民服务，坚持教育与社会实践相结合，以提高国民素质为根本宗旨，以培养学生的创新精神和实践能力为重点，努力造就'有理想、有道德、有文化、有纪律'的德育、智育、体育、美育等全面发展的社会主义事业建设者和接班人。"[1] 根据江泽民此次讲话和2000年《关于教育问题的谈话》精神，2001年国务院发布的《关于基础教育改革与发展的决定》中，将"坚持教育必须为社会主义现代化建设服务，为人民服务，必须与生产劳动和社会实践相结合，培养德智体美等全面发展的社会主义事业建设者和接班人"[2] 作为新世纪基础教育改革与发展的基本方针。这一表述既继承了我国教育方针的原有表述，又融入了国家领导人新时期的新思想，成为全面建设小康社会时期我国教育方针的新表述，被正式写入党的十六大报告和2015年12月27日修订发布的《中华人民共和国教育法》中。

---

① 何东昌主编《中华人民共和国重要教育文献（1998～2002）》，海南出版社，2003，第293页。

② 何东昌主编《中华人民共和国重要教育文献（1998～2002）》，海南出版社，2003，第887页。

新方针第一次将"为人民服务"纳入教育方针，充分体现了新时期我党"立党为公、执政为民"的人本理念。此外，新方针强调教育不仅要与生产劳动相结合，更要与社会实践相结合。"教育与生产劳动和社会实践相结合"是新时代"教育与生产劳动相结合"理念的进一步丰富和拓展，因为"社会实践更注重对知识的运用和创新。社会实践的过程就是对思想意识和知识的检验、运用和创新的过程"，而且社会实践的"含义更广更贴近时代和现实，在信息社会它不仅包括生产劳动、科学活动，同时还包括各种第三产业的社会活动"①，所以，它更能体现新时期劳动实践的多样性和劳动创造的无限空间。

在劳动教育的实践形态上，伴随信息社会与知识经济的来临，劳动教育的技术之维更加凸显。在 2001 启动的第八轮基础教育课程改革中，综合实践活动课作为劳动教育的新形式，成为从小学至高中的必修课，其内容主要包括：信息技术教育、研究性学习、社区服务与社会实践以及劳动与技术教育，"强调学生通过实践，增强探究和创新意识，学习科学研究的方法，发展综合运用知识的能力。增进学校与社会的密切联系，培养学生的社会责任感。在课程的实施过程中，加强信息技术教育，培养学生利用信息技术的意识和能力。了解必要的通用技术和职业分工，形成初步技术能力"。同时，要求在农村中学中"试行通过'绿色证书'教育及其他技术培训获得'双证'的做法。城市普通中学也要逐步开设职业技术课程"②。从《基础教育课程改革纲要（试行）》的相关描述中可以看出，关注技术、强调实践、追求创新是新时期劳动教育的新的实践导向。这与中央领导集体对新

① 罗建勤：《从"教育与生产劳动相结合"到"教育与社会实践相结合"》，《毛泽东思想研究》2001 年第 3 期。
② 何东昌主编《中华人民共和国重要教育文献（1998～2002）》，海南出版社，2003，第 908 页。

时期劳动创造价值的强调是一脉相承的。

进入 21 世纪以后，随着劳动时代内涵的不断丰富，劳动教育的外延也在不断拓展，从"教育与生产劳动相结合"拓展为"教育与生产劳动和社会实践相结合"，从劳动技术课拓展为包括信息技术、通用技术、生产技术、职业技术、社会服务与社会实践、研究性学习等内容庞杂的综合实践活动课。但这种外延的不断拓展也造成了劳动教育实质内涵日益模糊不清，并在实践中渐行渐远。多项研究表明，以综合实践活动取代劳动教育，实际上造成了劳动教育课程地位下降、课程目标不明、课时难以保障、课程设施与场地转作他用等问题。再加上对综合实践活动这种全新课程形态本身缺乏深入研究，对其内部四大学习领域是什么关系、从小学到高中贯彻十二年的课程体系如何相互衔接等问题都缺乏深入思考与设计，直接造成了劳动教育在实际执行时无名分无标准、无目标无根基①。《中小学综合实践活动课程指导纲要》在综合实践活动实施 17 年以后才得以颁发的事实，也从侧面反映出学者们的批评不无道理。

显然，对劳动者的人本关怀成为党越来越明确的执政理念，但 21 世纪劳动教育在关注技术之维的同时却有忽视人本之维的嫌疑。实际上，随着社会的进步与发展，体力劳动者可以变得越来越有文化，生活越来越丰富多彩，劳动的技术含量、收入、社会地位越来越高，但体力劳动永远不可能完全消失②。因此，教育广大青少年树立正确的劳动观，正确认识社会的劳动领域和劳动群体发展势态，由衷热爱与尊重体力劳动和体力劳动者，为建构一个所有"劳动者参与发展、分

———————

① 徐长发：《我国劳动技术教育的发展》，《教育研究》2004 年第 12 期；杜锐：《劳动技术教育的"三无"之痛》，《中国教育报》2014 年 11 月 26 日，第 7 版；陈静、黄忠敬：《从"体力教育"到"能力教育"——我国劳动教育政策的发展和变迁》，《中国德育》2015 年第 16 期。
② 杜作润：《劳动教育——这是一个值得思考的问题》，《现代大学教育》2016 年第 3 期。

享发展成果的"公平正义的社会而奋斗，也应成为当代劳动教育的重
要目的之一。

五　习近平新时代中国特色社会主义思想对劳动教育的创新发展

党的十八大以来，习近平总书记更是将"坚持社会公平正义，排
除阻碍劳动者参与发展、分享发展成果的障碍，努力让劳动者实现体
面劳动、全面发展"① 作为施政目标之一，将"人民日益增长的美好
生活需要和不平衡不充分的发展之间的矛盾"视为中国特色社会主义
进入新时代后我国社会的主要矛盾，强调"坚持以人民为中心的发展
思想，不断促进人的全面发展、全体人民共同富裕"②。习近平新时代
中国特色社会主义思想在充分继承的基础上，进一步发展了马克思主
义劳动观，开创了新时代中国特色社会主义劳动思想的新境界。习近
平新时代中国特色社会主义劳动思想回应了新时代的重大关切，包含
了"实干兴邦"的劳动实践观、"民族复兴"的劳动发展观、"崇尚劳
动"的劳动价值观、"热爱劳动"的劳动教育观等丰富内涵，成为推
动党和人民事业发展的强大思想武器和具体行动指南。

习近平总书记对广大青少年培养深厚的劳动情怀抱有殷切期待，
"要通过各种措施和方式，教育引导广大青少年牢固树立热爱劳动的
思想、牢固养成热爱劳动的习惯，为祖国培养一代又一代勤于劳动、
善于劳动的高素质劳动者"，"要教育孩子们从小热爱劳动、热爱创

---

① 《习近平在同全国劳动模范代表座谈时的讲话》，《人民日报》2013 年 4 月 29 日，第 2 版。
② 习近平：《决胜全面建成小康社会　夺取新时代中国特色社会主义伟大胜利——在中国共产党第十九次全国代表大会上的报告》，新华网，http://www.xinhuanet.com//2017 - 10/27/c_1121867529.htm。

造，通过劳动和创造播种希望、收获果实，也通过劳动和创造磨炼意志、提高自己"[①]。这些重要论述从劳动创造的功能角度强调了对孩子们自小开始进行劳动教育的必要性，但近年来，大中小学生的劳动教育受到较大程度的削弱，现状不容乐观。从学校来讲，劳动与技术课程经常被占用，师资、场地、经费缺乏，劳动教育无计划、无考核；有的把劳动当惩罚手段，劳动多教育少，忽视劳动观念和劳动习惯的培养。从家庭来讲，体力劳动和生产劳动在家庭教育中被忽视，家长往往只关心孩子的学业成绩，只要学习好，什么都不用干。从社会来讲，一夜暴富、不劳而获的思想有所蔓延，体力劳动和生产劳动被淡化。

切实加强劳动教育，努力把广大青少年培养成勤于劳动、善于劳动、热爱劳动的高素质劳动者，是新时代党和国家对教育的根本要求。2015 年 8 月，教育部联合共青团中央、全国少工委印发了《关于加强中小学劳动教育的意见》（以下简称《意见》），旨在通过劳动教育，提高广大中小学生的劳动素养，促进他们形成良好的劳动习惯和积极的劳动态度，克服不良的劳动价值观，培养他们勤奋学习、自觉劳动、勇于创造的精神，为他们终身发展和人生幸福奠定基础。2015 年 12 月 27 日，第十二届全国人大常委会第十八次会议表决通过了关于修改《教育法》《高等教育法》的决定，这意味着对施行了 21 年的《教育法》和 17 年的《高等教育法》同时做出修订。新《高等教育法》第四条新增了"为人民服务"、与"社会实践"相结合等内容；第五条关于高等教育任务表述中增加了"社会责任感"的要求。这一修订既是对高等教育发展改革进程中出现的矛盾和问题的制度回应，体现了

[①] 《庆祝"五一"国际劳动节暨表彰全国劳动模范和先进工作者大会隆重举行　习近平发表重要讲话》，《人民日报》2015 年 4 月 29 日，第 1 版。

立法需与时俱进的法治精神，更是对我国高等教育未来改革发展的制度引领，彰显了我国高等教育改革发展的价值取向。从这些法律条款的表述变化中，我们可以看出，高等教育作为国家教育事业的重要组成部分，不能仅仅满足于工具合理性追求，更要强调其价值合理性追求，这一价值追求就是为人民服务。

回顾新中国成立以来党的教育方针，虽然不同时期有不同的主题，但"劳动者""生产劳动""社会实践"这些概念词汇一直在我国教育方针的表述中有所体现，但实际上，学校层面的劳动教育还是不够的。在马克思看来，生产劳动同智育和体育相结合，它不仅是提高社会生产的一种方法，而且是造就全面发展的人的唯一方法。著名教育家陶行知也曾指出，"劳动教育的目的，在谋手脑相长，以增进自立之能力，获得事物之真知及了解劳动者之甘苦"①。正是因为劳动在育人中发挥着塑造健全人格、磨炼顽强意志、锤炼高尚品格的重要作用，习近平总书记在全国高校思想政治工作会议上进一步强调，要强化实践育人，坚持教育同生产劳动和社会实践相结合，让广大青少年在投身实践、亲身参与中认识国情、了解社会，在增长才干和磨炼意志中感受劳动所带来的收获和乐趣，进而形成尊重劳动、热爱劳动的真挚情感。

---

① 陶行知等：《生活教育文选》，四川教育出版社，1988，第6页。

第四章

他山之石：以创新创业教育为视角的
国际比较与借鉴

习近平总书记指出："创新是一个民族进步的灵魂，是一个国家兴旺发达的不竭源泉，也是中华民族最鲜明的民族禀赋。"① 自2008年国际金融危机爆发以来，我国经济遇到了外部需求不足和内部经济转型升级的双重压力，经济增长持续低位运行。党的十八大以来，以习近平同志为核心的党中央提出创新驱动发展的重大战略。"十三五"期间，我国将进一步激发创新创业活力，推动大众创业、万众创新，释放新需求，创造新供给，推动新技术、新产业、新业态蓬勃发展，加快实现发展动力转换。

大众创业、万众创新是动力之源、富民之道、强国之举、公平之计，首要在"创"，核心在"众"。大学生是实施创新驱动发展战略及推动大众创业、万众创新的生力军和后备军，其创新创业的素质和能力将决定全民族创新创业的高度和效益。当前，各高校普遍将创新创业作为素质教育的重要内容，开设了一系列创新创业课程。从国家层面到地方政府，再到各类高校都举办了主题鲜明、类型多重、形式多样的创新创业大赛，极大地激发了大学生参与创新创业的热情。但是，在实践中，由于存在思想认知不足、与专业教育脱节、课程体系不完善、师资力量短缺等现实问题，制约了创新创业教育的高质量、高水平推进。相对而言，发达国家的创新创业教育起步较早，在理论研究和社会实践方面积累了较为成熟的经验，可以为我们开展劳动教育提供有益借鉴。

一 创新创业教育与劳动教育

（一）创新创业教育的基本内涵、特征与意义

早期，创新教育和创业教育是两个独立的概念。2010年，在教育

---

① 《习近平谈治国理政》，外文出版社，2014，第59页。

部颁布的《关于大力推进高等学校创新创业教育和大学生自主创业工作的意见》中，将原来的两个概念合二为一，提出要在"高等院校积极开展创新创业教育，鼓励大学生自主创业"。创新教育旨在引导学生打破墨守成规的思维定式，培养创新意识、创新精神及创造性思维的一种教育理念和模式。创业教育旨在引导学生从事商业实践的教育模式，其目的是使学生从被动的求职者转换为岗位的创造者①。从字面上看，创新创业教育本是将"创新教育"和"创业教育"的词汇叠加，但实质上则是在理念和内容方面均完成了对传统创新和创业教育的超越，其核心价值取向是培养大学生的创新精神、创业意识以及创业能力，旨在培养具有创业精神和能力的创新型人才。创新创业教育在很多国家是适应经济社会发展和国家发展战略需要而产生并不断发展的，不同国家的创新创业教育的发展一定程度上反映着这个国家的经济发展脉络和发展特点，具有社会发展的时代性。它是面向全体学生的，需要高校、政府、社会共同参与，具有参与主体的广泛性。它的授课教师可以是专业课教师、就业指导教师，也可以是企业家、创业成功人士、专家学者，具有师资队伍的多元性。创新创业教育还需要从课程建设、师资队伍、实践载体、政策支撑等角度制定协同化的施教方案，才能确保取得实效，因此具有系统性。它一方面能引导学生将所学的专业知识或取得的研究成果转化为应用成果，创造市场价值；另一方面通过模拟实践、调研交流、创业项目孵化等多种形式的实践活动，及时发现理论学习或研究成果中存在的问题并加以完善，作为理论联系实际的有效桥梁，因此具有实践性。这是在对创新创业教育的理论研究和实践经验进行充分总结的基础上对其特征做出的具

① 施冠群等：《创新创业教育与创业型大学的创业网络构建——以斯坦福大学为例》，《外国教育研究》2009 年第 6 期，第 80 页。

体阐释，是对创新创业教育基本内涵更为具体的表述。

创新创业教育在大学生成长成才、初级社会化过程中起着十分重要的作用。一是有利于提高大学生综合素质，提升就业质量。大学生作为"天之骄子"，曾经是就业市场上的"香饽饽"，但随着我国高等教育从"精英化"走向"大众化"，大学生就业难的社会问题日渐突出。表面上看，大学生就业难的原因是供给过剩，但深层原因则是其综合素质难以适应和满足社会发展和用人单位的实际需求。而创新创业教育作为一种全新的教育理念，坚持以问题为导向、以社会需求为导向的基本原则，着眼于培养学生的创新意识、创造性思维以及运用专业知识解决现实问题的能力，有助于培养学生适应市场需求的综合素质，进而提升创业就业的质量和效益。

二是有利于促进高校人才培养模式转型，推动高等教育改革发展。长期以来，我国高校的人才培养模式是"重理论、轻实践""重知识传授、轻知识创造"，致使大学生普遍缺少批判性意识、创造性思维以及理论联系实际的能力。而创新创业教育则是强调实践导向，注重与企业的全方位对接与合作，能够为学生提供高质量的创新创业实践基地，并通过实践实训来实现对理论知识的检验与矫正。因此，通过创新创业教育可以倒逼高校人才培养模式的转型，并以此为突破口进一步深化高等教育体制机制改革。

三是有利于支撑创新驱动发展战略，促进经济转型升级。创新是引领发展的第一动力，而人是创新的主体，是创新创业活动中最为关键的因素，因此，创新驱动在本质上是人才驱动。高校作为高素质人才培养和创新创造的主阵地，在开展创新创业教育方面具有独特优势，在大众创新、万众创业时代理应肩负起历史使命，通过积极开展创新创业教育，培养大批创新创业人才，为创新驱动发展战略的有效实施提供强有力的智力支撑。

（二）劳动教育与创新创业教育的内在联系

劳动教育是人才培养体系的重要组成部分，是顺应新时代劳动发展趋势对学生进行系统的劳动思想教育、劳动技能培育与劳动实践锻炼，全面提高学生劳动素养的过程，其目的是引导学生在劳动创造中追求幸福感、获得创新灵感，培养具有社会责任感、创新精神和实践能力的高级专门人才。它通过系统设计由劳动价值观、劳动态度、劳动品德、劳动习惯、劳动知识与技能组成的劳动教育内容体系，对受教育主体的思想、心理、伦理、行为、能力进行教育，全面提升受教育主体的劳动素养。具体说来，劳动教育是致力于以下五个方面的教育，即在劳动价值观方面，让"劳动最光荣、劳动最崇高、劳动最伟大、劳动最美丽"的观念深入人心；在劳动态度方面，大力培植"热爱劳动""热爱创造"的真挚情感；在劳动品德方面，让"辛勤劳动、诚实劳动、创造性劳动"蔚然成风；在劳动习惯方面，让辛勤劳动、真抓实干、埋头苦干成为基本的生活方式；在劳动知识与技能方面，用系统的科学知识与技能的教育教学，为劳动者劳动素质的提升奠定坚实基础。劳动教育与创新创业教育在以下三个方面具有内在一致性。

一是具有实践导向一致性。创新创业教育和劳动教育都需要以实践作为重要支撑，都强调教育的实践性。创新创业教育通过模拟实践、项目孵化等路径扶持大学生实现自主创业，注重在实践中提升学生的创新精神和创业能力。劳动教育侧重于让学生在家庭参加家务劳动，在学校参加毕业实习、勤工助学、志愿服务，在社会中通过进社区、工厂、农村等参加社会实践，切身感受劳动所带来的收获和乐趣，形成尊重劳动、热爱劳动的真挚情感。二者都是通过多种形式和载体的实践教育来提升学生的能力和素养。

二是具有培养目标一致性。创新是引领发展的第一动力，人才是支撑发展的第一资源。创新创业教育和劳动教育都强调对受教育主体创造性能力的培养。创新创业教育是以培养具有创业基本素质和开创型个性的人才为目标，注重培养学生在创业过程中能够突破常规思维的界限，以超常规甚至反常规的方法、视角去认识和思考问题，从而产生新颖的、独到的、有社会意义的创业实施方案和创业成果。劳动教育，如前所述，强调对受教育主体"辛勤劳动、诚实劳动、创造性劳动"的培养，"创造性劳动"不只是靠激情、靠运气、靠蛮干，更要以扎实的学识和技能为其逻辑支点的创新劳动，是建立在"辛勤劳动"的苦干和"诚实劳动"的实干基础上的一种巧干。这种巧干，在具体的生产实践中能起到事半功倍的效果，在具体的创业过程中甚至能够产生以一当十的经济效益。鉴于此，劳动教育和创新创业教育在创造性能力的培养目标上具有高度一致性。

三是具有培养过程的一致性。二者都强调与其他教育相结合，并贯穿人才培养全过程。创新创业教育是在专业教育的基础上，以转变教育思想、更新教育观念为先导，以提升受教育主体的社会责任感、创新精神、创业意识和创业能力为核心，以改革人才培养模式和课程体系为重点来提高人才培养质量。劳动教育是通过与专业课、思想政治教育、社会实践、创新创业、产教融合、校园文化建设等相结合来融入人才培养全过程，让受教育主体树立正确的劳动价值观，具有积极的劳动态度，涵养优秀的劳动品德，养成良好的劳动习惯，具备扎实的劳动知识与技能。通过劳动教育，促进受教育主体积极就业，倡导在依靠自身劳动创造财富的过程中，更好地实现精神追求和自身价值。因此，可以说，在人才培养过程中，创新创业教育是劳动教育的有力支撑和有效载体。

二　发达国家创新创业教育的基本经验

国外创新创业教育起步较早，在实践中积累了丰富经验，已成为各国经济社会可持续发展的动力之源。相比之下，德国、美国、日本和新加坡的创新创业教育更为典型，在创新创业教育的指导理念、运作模式、课程体系以及多元主体合作等方面具有鲜明特点，可以为我国更好地开展劳动教育提供参考。

（一）德国的创新创业教育经验

德国是欧洲大学创业教育发展较早的国家之一。德国高校的创业教育仍保留着"洪堡理念"的传统，强调非功利性，创业教育是大学教育不可或缺的重要组成部分，贯穿于人才培养的各个环节。

1. 因材施教开展创新创业教育

德国的创新创业教育具有典型的因地制宜、因材施教的特点，各高校可根据自身办学定位和市场需求探索不同的创新创业教育模式，学生可以根据兴趣爱好和知识结构选择不同的学校，如职业培训中专学校、职业高等学校或者综合性大学。职业培训学校和职业高等学校旨在向学生传授专业技能，侧重于生存性创业教育，而综合性大学更强调创新精神和商业模式运营方面的培训，并对创业精英和高水平的创业课题给予重点扶持①。

2. 多方参与创新创业教育

首先，德国大学的创新创业教育得到政府和社会组织，特别是企业的鼎力扶持。如西门子、大众、拜耳等知名企业会通过定期举办形式多样的创新创意大赛，设立公司研究课题、社会公益创业项目等形式激发大学生参与创新创业的积极性，引导大学生关注前沿技术的革新状况和创新动态，为大学生搭建形式多样的创新创业平台。

其次，对于创业者最紧缺的资金问题，德国政府慷慨解囊给予支持。1999～2001年，德国政府累计投入4200万马克支持高校开展创

① 杨秋宁：《德国高校创业教育的特点及启示》，《人民论坛》2014年第11期，第235页。

新创业教育，同时高校在政府投资的引领下设立创业基金，创建创新公司。为了提高创新成果转化的效率和效益，洪堡大学于 2005 年自筹资金成立创业服务公司，截止到 2008 年其效益已高达 450 万欧元[①]。

最后，整合资源，完善创新创业教育网络。该网络并非由高校或私人部门主导，而主要由一个咨询委员会负责。创新创业教育网络的参与者要自愿签订协约，明确各主体的权利和责任，通过分工协作实现创新创业教育资源的整合优化。

3. 兼职导师是创新创业教育主体

德国高校的创新创业教育导师以兼职教师为主，他们大多是拥有丰富创业经历、商业管理经验和成功创业生涯的知名企业家，一般以讲师的身份给大学生授课[②]。与高校学院派导师相比，这些来自实业界的兼职导师能够更准确地把握创新创业的内涵和实质，将创新理论与创业实践有机结合，再根据学生的创新素养和创业志趣，给予更有针对性的指导与帮助。

（二）美国的创新创业教育经验

在美国，创新创业教育理论和实践兴起得最早，目前已经形成了较为完善的创新创业教育体系，不仅设立了专门的管理机构，配备了强大的师资队伍，而且创新创业教育课程体系日益完善，创新创业教育对经济社会发展的驱动作用日渐显现。

1. 政府制定创新创业教育的激励政策

在创新创业教育的过程中，美国政府制定和完善了一系列创新创业教育方面的法律法规，为创新创业教育的有序开展提供了法律遵循，同时制定一揽子金融、税收等方面的优惠政策以支持创业活动的

---

① 杨秋宁：《德国高校创业教育的特点及启示》，《人民论坛》2014 年第 11 期，第 236 页。
② 杨茂庆、袁琳：《基于德国经验的中国大学创业教育思考》，《职业技术教育》2011 年第 10 期，第 86 页。

进行，为相关主体推进创新创业教育提供便利的制度环境，并通过媒体舆论营造浓厚的创业文化氛围。20 世纪 80 年代，美国联邦教育部长 Terrell H. Bell 颁布了一项在职业教育中注重培养学生创新创业能力的政策，由此引发了职业教育的一系列变革，极大地推动了美国创新创业教育的发展壮大，闻名于世的"美国创业教育联盟"正是在此背景下成立的[①]。

2. 高校成为创新创业教育的实践主体

美国高校普遍将创新创业教育有机地融入人才培养目标，着力培养学生的创新意识和创造性思维，努力打造鼓励创新、宽容失败的文化氛围。创业本身是一项实践性很强的活动，但是高水平的创业离不开科学理论的支撑与指导。为此，美国多数高校都成立了创业研究中心，并聘请了专业研究人员，通过举办创业论坛、学术会议等形式开展创新创业教育理论研究。大多数高校开设了体系完整的创新创业教育课程，包括如何筹集创业资金、如何筹办公司、如何管理员工等系列必备知识，而且创业学习计划管理日趋规范。

3. 社会力量积极参与创新创业教育实践

社会力量的多方参与，既是美国创新创业教育的鲜明特点，又是其创新创业教育取得成功的重要保障。"美国创业教育联盟"就是多方参与、合作共赢的典范，其成员既包括高校、政府、企业等传统力量，也包括基金会、学生社团等新兴力量。该联盟的宗旨是通过发挥各自的比较优势，实现各主体间的资源共享[②]。特别是美国的一些大财团、基金会还有校友会在资金筹集、商业运营、创业实践等方面给予大力支持，如科尔曼基金会、考夫曼基金会、富兰克林·欧林基金

---

① 程贵林：《美国创业教育对我国高校的启示》，《中国成人教育》2015 年第 8 期，第 213 页。
② 黄兆信等：《美国创业教育中的合作：理念、模式及启示》，《高等教育研究》2010 年第 4 期，第 106 页。

会为大学生的创新创业实践提供了大量资金支持。

4. 将创新创业教育课程与专业课程有机融合

美国高校普遍在专业教育中融入创新创业教育内容，从而充分发挥专业教育的支撑强化作用。斯坦福大学在多年的创新创业教育实践中构建了完整的课程体系，其课程体系构建始终坚持三项基本原则，即文科与理科相结合、教学与研究相结合、专业教育与创新创业教育相结合[①]。将创新创业教育融入专业课程当中，在基础课方面，适当拓宽基础性课程，打破各专业之间的壁垒，把基础教育与专业教育有机结合，以强化学生的通识教育；在综合课程方面，加强文、理、工多学科相互渗透，增加综合性跨学科课程，支持学生选修跨学科跨领域课程。独立设置的创新创业教育课程，具备较完善的实践体系，注重培养学生的职业技能和创造性思维。

5. 建立终身接受创新创业教育的理念

美国创业教育协会明确指出，创新创业永无止境，需要确立终身学习的理念。在美国，从小学、初中、高中、大学乃至研究生，都普遍开设备有侧重的创新创业教育课程[②]。除此之外，美国的创新创业教育还强调与职业教育的有机结合，要求学生在不同阶段依据个人兴趣爱好，学习掌握必备的职业技能。

（三）日本的创新创业教育经验

日本的创新创业教育虽然起步较晚，但吸收了美国创新创业教育的精髓，并融合了欧洲创新创业教育的优点，形成了以培养"创业精神"为主要目标的日本模式，对于日本经济发展特别是先进制造业的崛起发挥了重要促进作用。

---

① 梁士朋：《美国创业教育的研究及启示》，《医学教育探索》2006 年第 5 期，第 495 页。
② 张琳琳、张桂春：《美国创业教育的经验及启示》，《中国职业技术教育》2004 年第 2 期，第 59 页。

1. 注重培养创新创业精神

日本在创新创业教育过程中特别强调创新意识和创业精神的养成，并根据学生不同阶段的成长规律进行区别化教育。日本的创新创业教育已形成了一个从小学到大学的连贯课程体系，在不同阶段，对学生开展不同形式、不同层次的创新创业教育。小学阶段侧重学生创业意识及创造性思维的培养；中学阶段开始接触企业经营管理方面的教育；大学阶段进一步强化企业经营管理方面的教育，同时开始接受更为实用的创业知识、创业技能教育。通过分阶段、分层次的创新创业教育课程，激发学生的创业意识，培养学生的创业精神，帮助学生掌握创业所必备的专业知识和职业技能，使学生想创业、会创业、能创业。

2. 形成多方协作开发创新创业教育课程的良性机制

日本的创新创业教育特别重视课程建设。日本的创新创业教育充分调动政府、高校、企业等相关主体共同参与，构建了"官产学"协同配合的社会支持体系，形成了独具特色的"整合型""多层次""差异性"的创新创业教育课程体系。"整合型"是指整合政府、企业、高校、中介机构、民间组织等各方资源，协同开发创新创业教育课程；"多层次"则关注创业者创业的全过程，使创新创业教育课程主动对接创业的不同阶段，使各阶段的创业活动都能获得专业指导；"差异性"主要考虑创业主体的多元化，为不同的创业主体设置个性化的创新创业教育课程①。

3. 打造类型多样的创新创业教育模式

日本的创新创业教育能够把学生的需求与自身办学优势相结合，

---

① 谢丽丽：《日本高校创业教育课程模式及典型个案分析》，《教育探索》2010年第10期，第148页。

逐步探索出了多元化的创新创业教育模式，主要包括企业家涵养型、创办企业者专门教育型、创办企业的技艺辅助专业型和经营技艺综合练习型。企业家涵养型主要面向全体在校学生，注重创业通识教育；创办企业者专门教育型主要面向有创业意愿和潜在创业能力的学生，侧重于创业专业知识的传授；创办企业的技艺辅助专业型主要面向拥有工科、医学专业背景的学生，把创新创业教育作为辅助课程；经营技艺综合练习型主要面向经济和商务学科的学生，注重商务策划能力的训练①。

（四）新加坡的创新创业教育经验

新加坡是亚太地区开展创新创业教育较早的国家，在创新创业教育实践方面也取得了显著成效。创新创业教育是新加坡教育体系的重要组成部分，并且纳入了新加坡完整的教育体系之中，形成了自身的教育特色。

1. 创业政策具有完善体系

早在 1959 年，新加坡政府就明确了"发展实用教育以配合工业化和经济发展需要"的指导思想，后来又制定了"教育必须配合经济发展"的指导原则，反对脱离社会实际需求或追求纯粹的学术研究而盲目发展高等教育。新加坡大学强调实用性，并根据经济社会发展面临的问题设置了一系列应用型学科和专业，这为创新创业教育的开展提供了良好的政策环境。近年来，新加坡政府每年拨款不少于 20 亿新币，用于风险投资、创新创业和技术转化。为降低创新创业教育成本，第一时间接触创新创业的前沿动态，新加坡政府每年派出一批大学生赴美国硅谷创业型公司进行为期一年的学习，目的在于将创业精神的

---

① 陈瑞英、顾征：《新世纪日本高校的创业教育：现状与课题》，《高等工程教育研究》2010 年第 2 期，第 24 页。

"种子"带回新加坡①。

2. 课程设置具有国际视野

在学科设置上，新加坡政府不搞小而全，不平均分配财力，而是着重发展那些与经济社会发展紧密相连的学科，凡是投资大、周期长、见效慢的基础学科，新加坡则实行"拿来主义"。为适应国际化的要求，新加坡高校对创新创业教育课程进行调整，实施更为灵活务实的学分制，并开设了国际化课程。如新加坡南洋理工大学为创业与创新管理硕士开设的创业运筹及融资、商业计划的执行、企业运营管理、可持续领导力与战略创新等课程，借以打造拥有国际眼光、国际交往能力、熟悉异域环境、掌握前沿知识的高水平复合型人才。

3. 教师队伍具有专业水平

高水平的师资队伍是创新创业教育得以成功的保证。新加坡高校普遍把拥有丰富的创业经历、担任企业的管理职务作为聘用创业导师的必备条件，这使得他们对当前的创业动态、未来的发展趋势，以及创新创业教育的潜在市场需求保持着敏锐的嗅觉和良好的把握。新加坡理工学院特别看重创业导师在企业任职的经历，着重建设"双师型"师资队伍，该校80%的创业导师曾是企业经理或业务骨干。为提升创新创业教育的专业化水平，新加坡的重点高校不惜重金在全球范围内公开招聘高水平教师。

4. 成果转化具有产业导向

新加坡的创新创业教育特别重视产学研的一体化，各高校普遍建立了一批专业的研究机构，承担国家的重大课题，直接服务于经济社会发展。新加坡国立大学特别重视创新成果的市场化，成立了"国大

---

① 李霆鸣：《新加坡创业教育的发展及其对我国高校的启示》，《职业技术教育》2008 年第 7 期，第 87 页。

开创网"和国大创业中心，旨在推动创新创业研究和创新创业教育，并支持创业团队根据创新成果设立公司，形成完整的科技创新产业链。

三　创新创业教育国际经验的启示

通过比较德、美、日、新的创新创业教育经验可以发现，四国的创新创业教育既各具特色，又具有诸多共性。"特色"主要表现为：德国的创业教育强调高校与企业的无缝对接，美国的创业教育强调社会力量的全程参与，日本的创业教育强调分类指导，新加坡的创业教育强调"拿来主义"。"共性"则主要表现为：各国高度重视创业教育在国民教育中的定位，并将其融入人才培养的全过程；妥善处理高校、政府与企业之间的利益关系，形成多元主体共同参与的创业教育联盟；重视建设具备丰富实践经验的复合型师资队伍；将创业教育与专业教育有机融合。特色是国情使然，而共性则是创业规律的客观反映。对于我国而言，要遵循创新创业的一般规律，从各国创业教育的共性中寻求更多启发。

（一）将创新创业教育融入人才培养目标，实现创新创业教育全程化

在发达国家，高校普遍把创新创业融入人才培养目标，将其作为衡量人才培养质量的基本标准。早在1989年，联合国教科文组织就提出加强创业能力的培养，要求把创业教育提升到与专业教育和职业教育同等的地位，并把创业能力称之为学习的"第三本护照"。但在中国的创新创业教育实践中，有观点认为创新创业教育只是应对大学生就业难的临时之策，而不是贯穿人才培养始终的长久之计；或把创新创业教育等同于就业指导课，认为应该由学生主管部门或辅导员负责，与专业课老师无关；甚至有人认为，我们学校就业形势很好，没

必要开展创新创业教育。对此，各相关主体必须强化思想认识，明确创新创业教育的性质定位，将其融入人才培养目标体系，全面覆盖从入学到毕业的各环节，实现创新创业教育的全程化。

（二）理顺高校与政府、企业之间的关系，实现创新创业教育协同化

创新创业教育是一项由高校、政府、企业以及社会组织共同参与的系统工程，各主体之间的职责分工是否明晰将从整体上决定创新创业教育的成败。在当前我国的创新创业教育实践中，各主体之间的关系不够明晰，突出表现为：政府的权力边界不明确，政策的行政色彩浓厚，高校、企业的积极性受到挫伤；高校脱离企业的市场需求，进行封闭化的人才培养；企业缺少参与创新创业教育的积极性，对高校创新创业教育的支撑不够。为此，应进一步明确各主体之间的职责分工。政府是创新创业教育的推动者，主要负责顶层设计、制度供给和政策支持，降低制度性交易成本，为创新创业教育的顺利开展提供有利的制度环境；高校是创新创业教育的主体，主要负责人才培养目标的制定与考核、专业教育以及实践实训等内容；企业是创新创业教育的重要参与者，主要负责提供高水平的实践基地，推动创新创业成果的转化。

（三）依托专业教育，实现创新创业教育专业化

我国高校的创新创业课程往往独立设置、自成体系，游离于系统的专业教育之外，由此导致的后果是大学生的创新创业水平整体偏低，呈现出"低水平、重复化"的倾向。为此，必须矫正认识误区，把创新创业教育融入系统的专业教育，依据人才培养目标的新要求，调整专业课程体系，充分挖掘专业课程的创新创业教育资源，使学生在学习专业知识的同时接受润物细无声的创新创业启蒙教育，同时在

创新创业实践中运用、检验并修正专业知识，实现专业教育和创新创业教育的无缝对接、有机融合。

（四）建设复合型师资队伍，实现创新创业教育高效化

师资队伍是影响教学水平和人才培养质量的关键因素。在当前的创新创业教育实践中，担任导师的往往是学生处的老师或辅导员，他们既没有专业知识作为支撑，也没有创新创业的实践经历，难以给予学生针对性的指导。反观西方国家，拥有丰富创业经历是成为导师的必备条件。为此，一方面要健全激励机制，吸引知名企业家、成功创业者及风险投资者到高校兼任导师，对学生的创新创业进行全程指导，实现高校与企业"合作育人"；另一方面也要加大对现有导师队伍的培训，鼓励其到企业挂职锻炼，实现高校与企业"合作育师"。

（五）坚持分类指导，实现创新创业教育多元化

借鉴发达国家经验，推进创新创业教育既需要统一谋划、整体推进，也需要因地制宜、分类指导。对于我们这样一个人口大国和教育大国来说，更需要赋予地方和高校更多的自主权，允许高校结合实际进行探索。不同层次、类型和地区的高校要结合自身办学定位、市场需求及当地经济社会发展面临的主要矛盾，制定合理的创新创业教育目标及切实可行的实施方案。

第五章

行胜于言：劳动教育对立德树人的功能支撑

2016 年 12 月 7 日，习近平在全国高校思想政治工作会议上强调："要坚持把立德树人作为中心环节，把思想政治工作贯穿教育教学全过程，实现全程育人、全方位育人，努力开创我国高等教育事业发展新局面。"① 2018 年 5 月 2 日，在同北京大学师生座谈时，他再次强调："要把立德树人的成效作为检验学校一切工作的根本标准，要把立德树人内化到大学建设和管理各领域、各方面、各环节，做到以树人为核心，以立德为根本。"② 2018 年 9 月 10 日，习近平在全国教育大会上深刻指出，"要努力构建德智体美劳全面培养的教育体系，形成更高水平的人才培养体系，培养德智体美劳全面发展的社会主义建设者和接班人"③。2019 年 3 月 18 日，习近平总书记在学校思想政治理论课教师座谈会上强调，新时代贯彻党的教育方针，要坚持马克思主义指导地位，贯彻新时代中国特色社会主义思想，坚持社会主义办学方向，落实立德树人的根本任务，坚持教育为人民服务、为中国共产党治国理政服务、为巩固和发展中国特色社会主义制度服务、为改革开放和社会主义现代化建设服务，扎根中国大地办教育，同生产劳动和社会实践相结合，加快推进教育现代化、建设教育强国、办好人民满意的教育，努力培养担当民族复兴大任的时代新人，培养德智体美劳全面发展的社会主义建设者和接班人④。这些重要论述，高扬了劳动教育的旗帜，丰富发展了党的教育方针，为新时代加强劳动教育指明了方

① 《习近平：把思想政治工作贯穿教育教学全过程》，新华网，http://www.xinhuanet.com/politics/2016-12/08/c_1120082577.htm。
② 习近平：《在北京大学师生座谈会上的讲话》，新华网，http://www.xinhuanet.com/2018-05/03/c_1122774230.htm。
③ 《习近平出席全国教育大会并发表重要讲话》，中央人民政府网站，http://www.gov.cn/xinwen/2018-09/10/content_5320835.htm。
④ 《习近平主持召开学校思想政治理论课教师座谈会强调 用新时代中国特色社会主义思想铸魂育人 贯彻党的教育方针落实立德树人根本任务》，《人民日报》2019 年 3 月 19 日，第一版。

向，提出了新任务、新课题。

一　劳动教育在人才培养体系中的独特地位

劳动是人类基本的实践活动和存在方式，是人类创造物质财富和精神财富的基本途径，也是人类生存和发展的最基本条件。"人世间的一切幸福都需要靠辛勤的劳动来创造。"[①] 在实现中华民族伟大复兴中国梦的征程中，当代大学生可谓生逢其时、适得其势，他们精力充沛、朝气蓬勃，是最富创新创业精神的群体，他们的"成才梦""创业梦""报国梦"必将为中华民族伟大复兴的中国梦不断注入活力。大学生的成长成才不仅需要依靠知识和智慧，还需要具有深厚的劳动情怀和正确的劳动价值观；高校肩负着人才培养、科学研究、社会服务、文化传承创新、国际交流合作的重要使命，在完成立德树人这一根本任务，培养又红又专、德才兼备、全面发展的中国特色社会主义合格建设者和可靠接班人的过程中，必须把强化大学生劳动情怀培育作为一项重要任务。

马克思主义劳动观是马克思主义唯物史观的核心内容。在马克思主义经典著作中，关于劳动的论述很多，从某种程度上讲，整个马克思的思想体系都是围绕着劳动问题展开的。《1844 年经济学哲学手稿》提出了"异化劳动"；《德意志意识形态》提出了"物质生产劳动"；《资本论》和很多手稿则是围绕"雇佣劳动""剩余劳动""自主劳动"等展开论述的。劳动是问题的核心和关键，是马克思时刻关注劳苦大众命运、追求人类解放的使命之所在。单就哲学和人类学意义上的劳动而言，"劳动是人按自己的意志与意识去改变世界的有目的的

[①] 《习近平谈治国理政》，外文出版社，2014，第4页。

活动，是人的目的不断对象化、对象世界不断人化的历史文化过程，是人在自由自觉的改变自然中既创造对象世界又创造人本身的社会过程，人之所以存在的依据"①。恩格斯在《劳动在从猿到人转变过程中的作用》中指出："劳动和自然界在一起才是一切财富的源泉，自然界为劳动提供材料，劳动把材料转变为财富。但是劳动的作用还远不止于此。劳动是整个人类生活的第一个基本条件，而达到这样的程度，以致我们在某种意义上不得不说：劳动创造人类本身。"② 劳动不仅创造了人类，也是人类的本质特征和存在方式，并推动着社会历史滚滚向前发展。也正因如此，"任何一个民族，如果停止劳动，不用说一年，就是几个星期，也要灭亡，这是每一个小孩子都知道的"③。所有物质财富和精神财富的生产都必须通过劳动来创造，正如习近平同志所指出的："人民创造历史，劳动开创未来。""实现我们的奋斗目标，开创我们的美好未来，必须紧紧依靠人民、始终为了人民，必须依靠辛勤劳动、诚实劳动、创造性劳动。"

教育事业培养的人才是德智体美劳全面发展的社会主义的接班人。苏霍姆林斯基认为，"离开劳动，不可能有真正的教育"。他倡导劳动教育要贯穿、渗透于一切学校教育之中④。劳动是培养人、塑造人的关键途径，甚至是最主要、最根本的手段。在教育体系中，学生只有通过劳动，才能充分发挥个人的才干和智力。"劳动是一种极为复杂的现象，它可以揭示人的思想、情感、智力、美感、心理状态、创造精神，揭示教育和自我教育的意义。人生育人，而劳动则把人造

① 姜锡润、马健：《劳动与人的规定性——对马克思"劳动观"的解读》，《马克思主义哲学研究》2008 年第 1 期。
② 《马克思恩格斯全集》，人民出版社，2012，第 988 页。
③ 《马克思恩格斯选集》（第 4 卷），人民出版社，2012，第 473 页。
④ 常蓉：《试论苏霍姆林斯基的劳动教育思想》，《湖南人文科技学院学报》2013 年第 2 期。

就成真正的人。"① 劳动与教育是密不可分的，不存在也不应该存在不含有劳动因素的教育。因此，劳动教育不是孤立存在的，是要和德育、智育、体育、美育互相交织、有机联系形成促进人的全面发展的现代人才培养体系。

劳动教育是全面教育体系的重要组成部分，劳动教育与德育、智育、体育、美育既密切联系又各有特点。劳动教育在整个学校的教育体系中处于最为突出的重要地位，它决定了劳动教育的自身课程体系建设应汲取德育、智育、体育、美育之精华，让学生在劳动教育的载体上以德育中塑造的世界观、人生观、价值观为指引，以体育中练就的顽强毅力和坚强体魄为基础，充分发挥在智育中培养的专业技能，呈现美育熏陶下的劳动成果，让学生在能够尽情发展其自身能力、展现其创造力的普遍性和连续性劳动中，真实体验劳动所带来的尊严感、幸福感和价值感。这体现了劳动可以树德、增智、强体、育美。但五育又各有侧重，不能彼此替代。德育侧重于解决学生"对世界怎么看"的问题，体现"善"的要求；智育侧重于开发学生"改造世界的能力"，体现"真"的要求；体育为学生"看世界、改造世界"提供身体机能支撑，体现"健"的要求；美育注重学生"看世界、改造世界"过程中的心灵塑造，体现"美"的要求；而劳动教育侧重于用系统的科学知识与技能的教育教学来加强对学生劳动知识与技能的教育，为培养学生的劳动态度、劳动习惯、劳动品德和劳动价值观奠定坚实基础，体现"实"的要求②。将劳动教育与德智体美教育并列，既是对劳动教育本身的有效加强，也是对德智体美教育的有力支撑，劳动教育应该独立为完善人才培养目标、支持德智体美教育的重要平台。

---

① 蔡汀等主编《苏霍姆林斯基选集》（第1卷），教育科学出版社，2017，第624页。
② 刘向兵：《新时代高校劳动教育的新内涵与新要求——基于习近平关于劳动的重要论述的探析》，《中国高教研究》2018年第11期。

劳动情怀是建立在对劳动正确认知的基础上，经过长期实践而逐步形成的、升华为个人价值观层面的、较为稳固的劳动态度、劳动情感、劳动品德、劳动习惯、劳动价值观等内容的总称。具体来说，劳动态度一般指一个人对劳动尊重热爱或是鄙视反感的直接心理倾向，往往直接体现于一个人的行为模式中。而劳动情感，则是指一个人基于感情满足需要的程度而形成的对劳动的良性心理体验和情感依赖关系。实践表明，只有具有正确劳动态度和丰富劳动情感的人，才能自觉积极地投入到劳动中去并享受劳动所带来的诸多乐趣。劳动品德往往是人们在劳动过程中所表现出来的对他人、社会的稳定的心理特征或倾向，具有社会性特征，一个人的劳动品德水平能够直接反映其整体道德品质。劳动习惯则是经过经常性的劳动训练之后而得以巩固的劳动行为方式。良好的劳动习惯是建立在端正的劳动态度基础之上，同时又促进优良劳动品德的形成[①]。劳动价值观是人们在实现个人愿望、满足自身需要时对劳动的价值定位，既反映自身心理诉求，也直接影响其本人的实践路径，还决定了其劳动价值的最终归属。在生产实践中，当端正的劳动态度、优良的劳动品德、良好的劳动习惯和从事劳动所必须具备的知识、技术、体能、智力等因素有机结合，就能将劳动技能转化为劳动效率，从而源源不断地创造财富、产生价值。

二　劳动教育支撑高校立德树人的逻辑维度

习近平在全国教育大会上强调："要在学生中弘扬劳动精神，教育引导学生崇尚劳动、尊重劳动，懂得劳动最光荣、劳动最崇高、劳

---

① 吴学东：《劳动教育是大学生圆梦的必修课》，《内蒙古农业大学学报》（社会科学版）2016 年第 4 期。

动最伟大、劳动最美丽的道理，长大后能够辛勤劳动、诚实劳动、创造性劳动。"① 高校加强劳动教育，发挥劳动教育在育人功能上的塑造健全人格、锤炼高尚品格、磨炼顽强意志的重要作用，才能培养德智体美劳全面发展的社会主义建设者和接班人。

（一）梦想实现维度

劳动教育发挥实现梦想的作用，有利于提高思想政治教育的实践性。通过劳动教育实现个人梦想，并为现实的政治任务、经济任务以及其他任务服务，是高校思想政治教育立德树人的基本要求。一方面，劳动教育是大学生实现梦想的必修课。习近平曾说过："有梦想，有机会，有奋斗，一切美好的东西都能够创造出来。"也就是说，即使梦想再美丽、机会再繁多，如果没有辛勤奋斗，一切都是徒劳的，梦想与实现之间隔着"奋斗"的距离。大学生正处于人生中最有活力、最富激情、最具闯劲的青年阶段，只有依靠勤奋不辍、持之以恒的劳动，才能把人生梦想变成现实。然而一部分高校大学生嘴里常挂"佛系、都行、没关系、可以"；公共课不愿意上，专业课不认真听，考试来临之际依靠"画重点、转锦鲤、拜考神"等法宝；心中虚构一番人生宏伟蓝图却整天在宿舍睡懒觉，梦想永远只停留在梦里。这些劳动观念淡薄、劳动价值模糊的现象应及时加以遏制，大学生要树立劳动是实现个人梦想的必要手段的正确价值观，坚持在课堂教学、实验实践、自我学习等教育环节上付出辛勤劳动；在体味艰辛和挥洒汗水中磨炼自己，历练成艰苦奋斗、顽强拼搏的意志；在劳动实践和刻苦学习中塑造自己，养成认真敬业、自信自律的心理素质，把自己打造成高等教育的"优质产品"。

---

① 《习近平出席全国教育大会并发表重要讲话》，中央人民政府网站，http://www.gov.cn/xinwen/2018 - 09/10/content_5320835. htm。

另一方面，大学生的个人梦想是中国梦的精彩音符。"近代以来，我国青年不懈追求的美好梦想，始终与振兴中华的历史进程紧密相连……中华民族伟大复兴终将在广大青年的接力奋斗中变为现实。"①当代大学生的"创业梦""成才梦""复兴梦"是中国梦的重要组成部分。"功崇惟志，业广惟勤"。大学生要在青年时代确立崇高的志向并为此终生奋斗和辛勤耕耘，梦想才会实现。今天，国际上中美贸易摩擦不断，国家对科技的依赖程度不断增强，实现中华民族伟大复兴的中国梦，很大程度上取决于科技创新能力的提高，取决于科研人员的素质。因此，大学生的刻苦学习、积极实践才为中国梦的实现提供牢固的现实基础和可靠的支撑力量。

（二）价值引导维度

劳动教育发挥价值引导的作用，有利于加强思想政治教育的针对性。培育正确的劳动价值观是高校思想政治教育亟须解决的核心问题。目前，在大学生从小到大的成长过程中一直相对缺乏培育劳动价值观的土壤。在社会文化传统方面，一直受"万般皆下品，唯有读书高""劳心者治人，劳力者治于人"等传统的劳动伦理思想的影响；在家庭教育方面，"90后"的大学生大多是独生子女，在生活中"饭来张口、衣来伸手"，从小劳动意识和劳动能力没有得到很好的培养；在学校教育方面，"90后"大学生大多是从幼儿园一路读到大学阶段，受高考指挥棒的影响，在应试教育下，长期脱离劳动实践，对劳动教育重视不够。这些因素就导致有相当一部分高校大学生对生活的认识和理解比较片面，心理素质差，不善于集体协作，考虑事情只会单纯地从"个体本位"思想的角度要求社会来满足其个人需要，而从未想过自己应该对社会应尽的义务。因此，在生活中遇到点挫折就会失望

---

① 《习近平在同各界优秀青年代表座谈时的讲话》，《人民日报》2013年5月5日。

和悲观，乃至对生活丧失信心。为了解决上述问题，必须重视劳动教育，培养大学生树立正确的劳动价值观。

习近平指出："青年的价值取向决定了未来整个社会的价值取向，而青年又处在价值观形成和确立的时期，抓好这一时期的价值观养成十分重要。"① 大学生正确的劳动价值观不仅直接影响在大学阶段的学习和生活，更关系到走向工作岗位以后的就业倾向、价值取向、社会责任等方面的精神特质。但是，在劳动教育中，正确的劳动价值观不是一朝一夕、短期努力就能培育出来，而是要通过持之以恒、日积月累才能沉淀下来并固化为价值观。黑格尔曾指出："通过劳动的实践教育首先在于使做事的需要和一般的勤劳习惯自然地产生；其次，在于限制人的活动，即一方面使其活动适应物质的性质，另一方面，而且是主要的，使其能适应别人的任性；最后，在于通过这种训练而产生客观活动的习惯和普遍有效的技能的习惯。"② 因此，大学生的劳动教育必须要培养他们的劳动态度、劳动习惯、劳动技能和劳动品德才能最终树立正确的劳动价值观，从而为其将来走向工作岗位奠定坚实的基础。

（三）实践育人维度

劳动教育发挥实践育人的作用，有利于拓宽思想政治教育的实现路径。思想政治教育不能仅通过理论说服人和书本教导人两种方式，还必须以实践为基础，通过实践来提高思想政治教育的有效度，增加思想政治教育的深度。劳动是联系知识与实际的纽带。劳动生活和劳动实践对于大学生来说，不但可以印证所学的课堂知识，把教科书的专业知识内化为个体认知，培育创新意识，而且还可以从具体的劳动

---

① 《习近平在北京大学考察时强调：青年要自觉践行社会主义核心价值观　与祖国和人民同行努力创造精彩人生》，《人民日报》2014 年 5 月 5 日。
② 黑格尔：《法哲学原理》，范杨等译，商务印刷馆，1961，第 209 页。

过程中体会劳动的意义和快乐，发现和感悟关于生命、人生、价值等层面的道理，从而实现人的自由全面发展。

通过劳动实践大学生可以印证所学的知识，还可以利用劳动实践中所获得的感性知识进一步加深对所学知识的理解，开阔自己的视野，激发自己学习的热情和创造力。毛泽东指出："现在这种教育制度，我很怀疑。从小学到大学，一共十六七年，二十多年看不见稻、菽、麦、稷，看不见工人怎样做工，看不见农民怎样种田，看不见商品怎样交换的，身体也搞坏了，真是害死人。"① 解决这个问题的唯一途径只有"上述两种人各自向自己缺乏的方向发展……使两种人相互结合。……知识分子劳动化，劳动人民知识化"②。单纯灌输式的专业课理论学习，容易使学生变得纸上谈兵，很难熟悉运用到实际工作中。大学生只有通过劳动实践，在手和脑的协调配合下，身和心对专业有了更深的体验领悟，在具体情境中创造性地分析问题、解决问题，不仅有利于培养创新意识、创新精神和创新能力，而且能够真正使在课堂上学习的显性知识转化为隐性知识，即在实践的过程中提高大学生个体的知识水平和能力素养。

（四）以文化人维度

劳动教育发挥以文化人的作用方式具有间接性和潜在性，有利于增强思想政治教育的吸引力。现阶段大学生大多是处于 18～22 岁的年龄阶段，世界观、人生观、价值观仍然处在一个不稳定的状态，容易受到身边具体环境的影响。马克思认为："人创造环境，同样，环境也创造人。"③ 大学生正确劳动观的形成是大学生自身与各种社会、自然环境共同作用的结果。大学生会不知不觉地受到身边社会环境和物

---

① 何东昌主编《中华人民共和国重要教育文献》，海南出版社，1998，第 1383 页。
② 《毛泽东选集》（第 3 卷），人民出版社，1991，第 818 页。
③ 《马克思恩格斯选集》（第 1 卷），人民出版社，1995，第 92 页。

质环境的感染和熏陶。他们大学的大部分时光都是在学校里度过，因此高校重视劳动教育具有非常重要的价值，它不仅能够使劳动观教育贴近学生实际，增强学生的劳动认同，而且一定程度上还可以使学生在校园活动过程中受到潜移默化的教育。

目前，在劳动教育发挥以文化人作用的具体实施层面，大体上是"以理服人、以情感人、以行带人"的传统思路。所谓以理服人，就是教师"晓之以理"，做传道"经师"，用讲道理和摆事实的方法向学生进行劳动价值观的传递，解决受教育者的思想认识问题。同时还做立德"人师"，引导学生树立正确的劳动价值观。所谓以情感人，就是对学生"动之以情"，用真正为学生谋福利的情感去打动人的方法。比如，在学校管理上向学生倾斜，教育引导大学生培育劳动情怀。如高校在勤工助学、校园绿化、图书管理，以及助教、助管、助研岗位设置上给予大学生勤工俭学机会，让学生不仅能够培养良好的劳动习惯，而且能够实现劳有所得。这个方法的关键在于教育者能够真正地使受教育者感受到关心和关怀。所谓以行带人，就是"导之以行"，是通过各种传播途径用榜样的事迹感染人的一种方法，如大学生身边的榜样引领——大学校园里艰苦奋斗的励志传奇、向上向善的动人故事、刻苦努力的勤奋模范；通过"大国工匠进校园"等活动形式，传播社会大力宣传的劳模故事，宣传大国工匠，让大学生能够近距离感受工匠精神和劳模精神，这种方式的关键就在于用模范优秀的劳动品格去影响人。目前，高校多角度、多层次地渗透劳动光荣、劳动伟大精神的校园文化建设已经成为新时期劳动教育的有效载体。

三　劳动教育在高校立德树人中的功能整合

劳动教育不是一蹴而就的，而是融于青少年成长成才的全过程。

劳动教育具有鲜明的实践性特征，因此，劳动教育的有效开展既需要与人才培养体系有机匹配，又必须在现实行动中予以实施，从而实现对立德树人的支撑。

（一）道德素养与日常实践结合

20世纪20年代，陶行知先生提出"社会即教育，生活即教育"①的思想，现在这个教育理念依然适用。大学生正处于世界观、价值观和人生观形成的重要时期，生活阅历缺乏，基本生活技能欠缺，尚未完全形成对人生的深刻体验和感悟。劳动作为沟通主观与客观的中介，有助于大学生的道德素养获得全面成长。现在的大学生很多都是"不知稼穑之艰难，乃逸乃谚"，即没有体验过农民"面朝黄土背朝天"的艰辛，生活上就会放纵和荒唐。只有亲身参与了日常劳动，才会深刻感受到生活的艰难，加深对劳动环节的认识，产生刻骨铭心的劳动印记。"一屋不扫，何以扫天下"，大学生的主业是学习，没有大块的时间去田野中劳动实践，因此，必须在日常的学习生活中引导和强化。一是加强学生的自我管理和自我服务能力培养。当代大学生大多缺乏独立生活的锻炼，自理能力较差，仍然过着"饭来张口，衣来伸手"的生活。在生活自理能力教育中，通过从洗衣、刷碗、拖地、擦黑板等简单自我服务劳动，和进行宿舍卫生评比、校园草坪劳动体验等集体性劳动，在日常生活实践中体验人自身的力量，领悟到主体的自我价值和社会价值，从而能在实践中提升自己各方面的道德素养。二是通过勤工俭学、公益劳动等日常管理进行劳动教育，让学生积极参与到劳动中去，提高道德素养。中国无产阶级教育家徐特立曾说过，"勤工俭学的意义还在于它能够培养和发挥青年的创造性和才能。如果我们给青年安排一条轻便的道路，他们只需饭来张嘴，上课

---

① 虞伟庚主编《陶行知劳动教育思想概论》，武汉大学出版社，2012，第1页。

就念书，什么也不管，这样我们就会害了青年，会使聪明人也变成傻瓜"[1]。现在有些高校开设一项学生管理工作改革，投入专项经费设置勤工助学岗位，让学生负责校园环境卫生，去食堂做帮工，去打扫宿舍楼卫生，其中包括厕所卫生。让学生在参与美化和净化学校的劳动过程中，亲身体验"一粥一饭之不易，一丝一缕之艰辛"，学会懂得劳动的艰辛，尊重劳动价值，尊重别人的劳动付出，养成吃苦耐劳的品格，培养良好的劳动习惯，获得一定的劳动技能，增强集体荣誉感。

（二）专业学习与社会实践结合

雨果指出，未来将属于两种人：思想的人和劳动的人。由于思想属于脑力劳动，这两种人本质上是一种人。因此，在劳动教育的培育目标上要把握好专业学习和社会实践的结合，培养社会主义的建设者和接班人。一方面，劳动教育要渗透到专业课程中。在高校的专业课上，到处都有劳动教育的资源。在具体涉及劳动教育内容的相关文科课程中引导学生培育劳动情怀，树立正确的劳动价值取向。如在马克思主义基本原理课上，任课教师不仅讲述马克思主义哲学中对劳动的论述，还会讲述中国哲学中对劳动的论述，让学生从哲学层面品味劳动。在文学通史课上，有许多诗歌、散文、小说等形式的文学作品是关于劳动的描绘。任课教师在对作品的讲解过程中不仅要提高学生对作品的鉴赏能力，而且还要把劳动教育渗透进去，让学生感受到劳动教育的魅力；在没有具体涉及相关劳动教育内容的理科专业学习中，可以从发现某一原理或者探索某一实验的过程中，传递坚持不懈、吃苦耐劳、勇于探索真理的劳动情怀和劳动精神。另一方面，劳动教育要渗透到社会实践中。在马克思看来，"生产劳动同智育和体育相结合，它不仅是提高社会生产的一种方法，而且是造就全面发展的人的

---

① 王树人：《革命老人徐特立》，《党史天地》2008 年第 12 期。

唯一方法"①。实践出真知，劳动教育必须超脱黑板上的教育，转化为行动教育。高校在劳动教育中，要加大对劳动情怀的培育，可以通过建设教学与科研紧密结合的实践教学基地以及学校与社会密切合作的校企办学等途径，增加实验实践教学课时，利用暑假和寒假的时间，组织学生参加社会实践活动，使学生在深入基层一线的过程中，懂得劳动光荣、劳动伟大的道理。如酒店管理专业的学生可以去实训酒店担任服务生、管理员，学习运作管理一家酒店，通过参加具体的劳动实践，让大学生切身体会劳动的艰辛，增长社会阅历，增加社会体验，增强社会竞争力。

（三）创业就业与价值实现结合

大学生要顺应时代发展的要求，不仅要勤于学习，敏于求知，还要善于实践，勇于创新探索，在就业或创业的过程中，实现人生价值。一方面，树立正确的择业观，增大就业满意概率，实现人生价值。择业观在很大程度上受劳动观影响。也可以说，有什么样的劳动观，就会有什么样的择业观。反过来，择业观的正确确立一定程度上也会促进正确劳动观的形成。目前，高校毕业生的人数不断攀升，就业创业工作面临严峻形势。与此相对应的是，一部分同学在择业时只盯着舒适型工作，漠视社会需求量大且服务性较强的行业以及制造业等一线工作；一部分同学在择业时存在功利主义倾向，把金钱作为衡量自身价值的首选标准；一部分同学宁愿在家"啃老"也不愿意去就业；还有一部分同学诚信意识匮乏，出现"频繁跳槽"和"随意毁约"现象。因此，大学生必须通过劳动教育，树立正确的劳动价值观，形成自主多元的积极就业观，在实践中经风雨、见世面，在平凡岗位上创造不平凡的业绩。另一方面，创业是一种创造性劳动，是一个从无到

---

① 《马克思恩格斯选集》（第 2 卷），人民出版社，1995，第 212 页。

有、从理念到行动、从不知到可知的劳动过程。在这个过程中，不仅需要了解新情况、解决新问题，而且需要苦干实干、勇于创新的激情和魄力。正如习近平总书记所说，"生活从不眷顾因循守旧、满足现状者，从不等待不思进取、坐享其成者，而是将更多机遇留给善于和勇于创新的人们。青年是社会上最富活力、最具创造性的群体，理应走在创新创造前列"①。大学生正处在最富活力、最富创造力的人生阶段，他们理应成为创新的主体。我们要坚持创新创业教育，弘扬创造性劳动光荣的良好风气，保护并培养年轻人的批判思维，引导大学生敢于并善于打破常规，在实践中推陈出新、在就业创业上开创局面，在价值实现的过程中凝聚成促进社会发展、国家进步的强大动力。

（四）锤炼品格与艰苦锻炼结合

大学生在艰苦锻炼的实践过程中不断锤炼品格，通过亲身感受和体验，不仅加深对主观世界和客观世界的认知，而且提升对未来人生规划中的主动性和创造性。一方面，劳动是锤炼品格、砥砺青春的"磨刀石"。劳动可以磨炼人的意志，增强人的自信，促进人的全面自由发展。习近平在谈及知青插队生活的经历时说过："我当农民，学会了全套农活，是村里最好的劳动力之一。这段经历培养了我的意志和自信，使我感受到人世间没有受不了的罪，认为自己在逆境中能干出来、活出来。"② 人只有在劳动中能动地发挥聪明才智，才能真正地认识自己。通过劳动，特别是集体劳动和一些富有创造性的劳动，有助于培养和激发人的集体意识、责任意识和担当意识。同时，大学生也要在日常生活、学习中落实好敢于吃苦、勇于奋斗的精神。在生活上，提倡勤俭节约、艰苦朴素、反对铺张浪费的生活作风；在学习上，

① 《习近平在同各界优秀青年代表座谈时的讲话》，《人民日报》2013年5月5日。
② 孟翔风：《做有志气有作为的一代——习仲勋之子习近平访谈录》，《家长》1997年第2期。

刻苦钻研、奋发图强，孜孜不倦地学习专业知识。另一方面，艰苦锻炼铸就干事的历史担当。正如习近平总书记回顾插队经历时所说："7年上山下乡的艰苦生活对我的锻炼很大，后来遇到什么困难，就想起那个时候在那样的困难条件下还可以干事，现在干嘛不干？你再难都没有难到那个程度。"① 在恶劣的自然条件下，繁重的劳动生活能够磨炼其顽强拼搏的奋斗精神、坚毅刚强的意志品质和勇于担当的品格风范。作为大学生来说也同样适用，在创业就业的初始阶段都是艰辛的，只有拥有吃苦耐劳的拼搏、艰苦卓绝的努力，才有可能实现人生价值。而这些都需要树立正确的劳动观，展现热爱劳动、磨炼劳动意志的精神，拥有推陈出新的魄力和勇气，提起劳动意志克服一道道难关，真正承担起为中华民族的伟大复兴而奋斗的历史担当。

---

① 中央党校采访实录编辑室主编《习近平的七年知青岁月》，中共中央党校出版社，2017，第 442 页。

第六章

劳获之间：新时代大学生劳动价值观
调查与思考（上）

2014年5月4日，习近平总书记在同北京大学师生座谈时指出："青年的价值取向决定了未来整个社会的价值取向，而青年又处在价值观形成和确立的时期，抓好这一时期的价值观养成十分重要。这就像穿衣服扣扣子一样，如果第一粒扣子扣错了，剩余的扣子都会扣错。人生的扣子从一开始就要扣好。"劳动价值观是一个社会成员人生观、世界观、价值观的重要组成部分。大学生正值人生韶华，处于"三观"树立的关键时期，深入了解大学生的劳动价值观现状，既有利于准确把握新时代大学生思想状态，又能够为新时代高校加强劳动教育提供支撑。自2017年以来，笔者以"当代大学生劳动价值观调查"为题，先后获得中国劳动关系学院院级科研项目、北京市教工委思政课题立项支持。围绕这一研究课题，课题组从梳理文献入手，通过广泛研读相关研究成果，了解了研究现状，逐步加深了对这一问题的认识。之后，我们又开始着手调查研究工作，根据获得的一手资料，对受访群体的问卷进行了统计分析，课题组形成了一些关于新时代大学生劳动价值观现状的研判，在此基础上，对新时代大学生劳动价值观存在的问题及原因进行了深入分析。

一　研究背景与研究过程

大学生的劳动价值观直接影响着大学生的学习态度、生活态度、社会实践、就业创业、奋斗目标等，准确了解和把握新时代大学生劳动价值观状况，是新时代高校加强思想政治工作和劳动教育的基本前提。笔者通过采用调查研究的方式，对中国劳动关系学院2019届毕业生进行了问卷调查，通过对1448份有效问卷统计分析，获得了高信度、高效度的一手数据，为课题研究奠定了坚实基础。

（一）研究背景

习近平总书记对广大青少年寄予殷切期待，党的十八大以来，多次就加强劳动教育提出要求，"要通过各种措施和方式，教育引导广大青少年牢固树立热爱劳动的思想、牢固养成热爱劳动的习惯，为祖国发展培养一代又一代勤于劳动、善于劳动的高素质劳动者"，"要教育孩子们从小热爱劳动、热爱创造，通过劳动和创造播种希望、收获果实，也通过劳动和创造磨炼意志、提高自己"。2015 年 4 月 28 日，习近平总书记在"五一"国际劳动节暨表彰全国劳动模范和先进工作者大会讲话中指出，"要弘扬劳模精神、劳动精神，让劳动最光荣、劳动最崇高、劳动最伟大、劳动最美丽蔚然成风"，"在我们社会主义国家，一切劳动，无论是体力劳动还是脑力劳动，都值得尊重和鼓励；一切创造，无论是个人创造还是集体创造，也都是值得尊重和鼓励的"。习近平总书记的这些论述具有重要的现实价值和时代意义。2018 年 9 月 10 日召开的全国教育大会，更是将"劳育"写入了党的教育方针，吹响了新时代加强劳动教育的号角。

劳动价值观是劳动者的人生观、价值观、世界观在劳动过程和择业过程中的生动体现，是劳动者对劳动的根本看法和态度，决定了人们对劳动的价值判断和价值选择。一些学者研究表明，当前大学生劳动价值观方面存在的主要问题有以下几个方面：一是劳动意识淡薄，不喜欢劳动，甚至厌恶和逃避劳动，缺乏对劳动人民的质朴感情；二是价值取向具有功利性，过度地看重劳动报酬、工作条件、福利待遇以及享有的社会地位；三是价值判断多元化，有的大学生存在个人主义、拜金主义的现象；四是大学生价值主体的个体本位性，追求自我为中心和自我本位，为社会尽义务的观念淡薄。这些问题，既是劳动教育虚化、弱化、软化的直接体现，又同时影响着高校立德树人根本任务的完成。

从理论意义上讲，劳动价值观是人们对劳动的根本看法和态度，决定了人们劳动的价值判断和行为取向。高校肩负着人才培养、科学研究、社会服务、文化传承创新、国际交流合作的重要使命，高等教育发展水平是一个国家发展水平和发展潜力的重要标志，为国家培养现代化建设所需要的高素质人才是高校的首要任务。大学生劳动价值观是否正确不仅影响大学生的成长、成才，同时也影响着我国培养社会主义劳动者和建设者这一育人目标的实现。围绕当代大学生劳动价值观进行深入调查研究，对于探索培养大学生正确劳动价值观的路径有重要理论意义：一是劳动价值观作为大学生"三观"的重要组成内容，准确把握当代大学生劳动价值观，有利于从劳动视角把握大学生的劳动态度、价值取向、就业倾向、社会责任等方面的精神特质，为实现高校立德树人的根本任务提供理论依据；二是大学生劳动价值观是在初级社会化过程中逐步形成的，离不开家庭、学校、社会等环境因素的影响，本课题从相关利益主体出发，多角度了解大学生劳动价值观的特点及形成过程，有利于掌握大学生劳动价值观形成的一般规律，进而为做好高校思想政治教育工作提供有益借鉴；三是伴随着改革开放的深入，社会利益格局产生深刻变化，对当代大学生的价值观，包括劳动价值观产生了深刻影响。通过问卷调查，获取大量一手数据，能够从整体上分析把握新时代大学生群体的劳动价值观状况。

从实用角度来看，了解大学生劳动价值观的现状是加强大学生劳动教育、引导大学生树立正确劳动价值观的前提，对于引导大学生树立正确的劳动价值观具有现实意义：一是了解大学生劳动价值观的现状，有利于找准高校思政教育的重点、难点和薄弱点，为丰富高校思想政治工作内容、创新思想政治工作手段机制提供有力支撑；二是有利于准确把握大学生的需求，有利于调整教学计划、优化课程设置，特别是在开展实验实践教学和社会实践时，便于使课程设置、教学计划等符合大学生的特点；三是有利于引导大学生树立正确的劳动价值观，进而为就业创业做好充分的心理准备和思想准备，为做好高校就业创业教育提供有益指导。

（二）研究过程

一项研究的开展一般包括方法论选择、研究方式确定和具体研究方法的使用。根据大学生劳动价值观的研究内容，笔者选择了实证主义方法论，研究方式以调查研究为主，并根据实际情况综合运用了相关研究方法。

1. 方法论选择

就本研究的主要内容而言，这类调查属于观念性、主观性的描述性研究；就研究范式而言，人们在进行描述性研究的时候，习惯采用调查研究的方式，通过问卷调查法等定量的方式收集资料。从文献综述情况来看，近年来，国内学者对大学生劳动价值观的研究主要分布在两种学术脉络上：一种是侧重于理论阐述，回顾马克思主义的劳动价值观，阐述习近平总书记对于劳动的重要论述，在经典文献的基础上建构新的表述逻辑，形成系列观点；另一种是通过问卷调查等定量研究方法，分析大学生劳动价值观的现状，并探讨大学生劳动价值观意识淡薄的原因及其对策等内容。对于后者而言，常常看不到资料收集过程、样本规模、样本结构等支撑信息，因此，一些结论具有较强的局限性，难以从深层次揭示大学生劳动价值观的现状，难以从受教育主体的角度探讨正确劳动价值观的培育过程。

根据本研究的研究思路和研究内容，笔者选择了实证主义方法论作为指导，通过规范、统一的调查问卷，通过足够大的样本量进行调查，依据问卷调查获得的一手资料，再辅以文献法和结构式访谈法，进行深入的研究分析，从而得出结论。

2. 研究方法

确定研究思路和研究内容之后，在研究方法上，本研究主要通过自填式问卷进行一手资料的收集。为确保一手数据获得的规范性、有效性，课题组进行了认真详细的研究设计，并扎扎实实推进，确保研究过程的严谨规范。现将几个细节说明如下。

关于问卷设计。在充分参考其他学者研究成果的基础上，课题组开始着手设计《大学生劳动价值观调查问卷》。笔者根据自己的研究关切，先使用框图法，列出了问卷的基本结构。同时，课题组向学校部分辅导员进行了问题征集，请他们根据日常工作实践，围绕大学生劳动价值观这一主题进行问卷设计；安全工程系辅导员罗广、经济管理系辅导员王熙两位辅导员结合本人工作实际认真设计了一些调查问题；根据他们的反馈，我们又用卡片法将这些问题归类。通过框图法和卡片法，基本完成了调查问卷的初稿，之后开始进入问卷修改完善阶段，回头来看这个过程是复杂的，也是煎熬的。中国科协创新发展战略研究院高晓巍副研究员给出了认真细致的反馈意见，提出了很有价值的操作性建议；中国人民大学马克思主义学院邱吉教授，抽出宝贵时间，审读了问卷初稿，并进行了专业指导，帮助设计了一些可观测的调查问题；环球时报舆情调查中心的邓成英老师对研究框架和问卷修改进行了有针对性的指导和帮助。问卷定稿以后，又做了30个样本的试调查，根据预调查反馈的情况，最后确定了正式调查版本。

关于研究对象和样本规模的确定。在最早做研究设计的时候，拟对不同学校不同年级的学生进行问卷调查，样本规模控制在2000以内。但随着研究的推进，越来越发现这一想法具有相当大的结构性缺陷，具体体现在两个方面：一是样本的代表性差。显然，样本总量设定为2000，乍一看还是科学的，有较强的代表性，但分布在不同学校（五所左右）、不同年级（本科四个年级）以后，同一个学校或同一个年级的样本量就很有限了，也就失去了代表的准确性，更何况学校怎么确定、年级怎么确定、专业怎么确定等，都是一系列挑战。二是研究对象不聚焦。显然，同样的调查问题，由不同年级的学生来回答，结果自然具有一定的差异性。那么，哪个年级的学生作为大学生群体代表最合适呢？按照社会化理论，对于大学生群体而言，无论是本科还是专科，都属于初期社会化阶段，正是人生观、世界观、价值观形成的关键时期，低年级同学，大部分刚刚离开高中阶段，处于过渡转型状态，而高年级同学，尤其是毕业生的思想状态则逐步趋向稳定，并开始谋划未来，一些同学也着手为自己迈向职业生涯做各种准备。基于此，本课题组将毕业生作为研究对象。接下来的问题就是样本确定多少为合适呢？有同仁提出，与其泛泛调查，不如集中精力做一次普遍性调查。经过课题组反复研讨，既要避开学校选择、专业选择的不确定性，又要确保问卷回收率和填答的有效性，课题组最后决定，发挥自身优势，将中国劳动关系学院 2019 级全体本、专科毕业生列为调查对象，做一次规范的普遍性调查。

关于资料收集和数据分析。按照传统的资料收集方法，需要完成印制问卷、发放问卷、回收问卷、整理问卷、编码录入、建立数据库、统计分析等一系列工作流程。经邓成英老师启发，我们借助问卷调查系统，设计了问卷电子版，通过在线填答完成了问卷回收工作。这一技术革新让我们节约了大量精力和成本，并大大提高了问卷调查的效率。对于在线调查，最大的挑战就是如何提高问卷填答的规范性和有效性。考虑到本次调查是普遍调查，又是通过在线系统完成的，我们课题组通过化整为零的方法，扎实做好问卷的发放与回收。2018 年 9 月，我们先从学校教务处拿到全体毕业生班级的课程表，仔细研究了各院系毕业生的上课时间分布。从 2018 年 9 月 17 日开始，课题组成员刘瑶瑶老师在辅导员的协助下，带着问卷的二维码，穿梭于各个教室之间，利用大课间休息或课后到毕业生课堂上组织问卷填答。每到一个班级，刘老师先对同学们做出说明，既讲清楚课题组调查的背景及意义，又讲清楚填答的规则和要求，由同学们现场填答，填答时间在 10 分钟左右。为激励同学们认真填答的积极性，还在问卷调查系统设计了抽奖环节，以增强问卷填答的趣味性。由于部分院系、部分专业的毕业生在涿州校区，还有一些毕业班级没有回到北京等原因，不能全部通过现场填答的方式来完成资料收集，只好委托辅导员将电子问卷链接发到班级群里，限时进行填答。截至2018年9月30日下午6时，顺利完成了问卷填答和回收工作。总体来看，现场填答率达到七成左右，有三成左右的同学通过非现场的方式在线填答了问卷。由于此次调查借助专业的调查系统，直接省去了发放、回收、整理、录入等环节，问卷填答以后，直接在后台生成了数据库，为后续的统计分析奠定了坚实基础。

（三）调查样本情况

在设计调查问卷时，为研究样本内部的差异性，结合大学生群体的实际情况，我们将受访对象的所学专业、政治面貌、是否为学生干部、性别、是否为独生子女、家庭月收入、父母职业、家乡所在地等设定为自变量，从而为进行交叉分析、回归分析等深入研究奠定基础。2018年9月18～30日，课题组对中国劳动关系学院2019届本、专科毕业生进行了问卷调查，回收有效样本1448份。本科和专科受访者均占该校实际毕业生的70%以上，能较好地代表该校毕业生学历结构，其中，本科生占64.8%（939位），专科生占35.2%（509位）。经统计检验，Cronbach's Alpha系数为0.858，信度较高，满足了信度需求；KMO系数为0.912，效度偏高，满足了效度需求，能够为进一步统计分析提供有力支撑。

1. 专业分布情况

统计结果显示，受访的1448名大学生的专业样本中超过100个样本的有酒店管理、工学结合项目、安全工程和法学等4个专业（见表6-1）。

表 6 - 1   受访大学生分布情况（分专业和学历）

单位：个，%

	样本			比例		
	四年	三年	总体	四年	三年	总体
酒店管理	89	231	320	9.5	45.4	22.1
工学结合项目		140	140		27.5	9.7
安全工程	115		115	12.2		7.9
法学	108		108	11.5		7.5
社会工作	85		85	9.1		5.9
戏剧影视文学	75		75	8.0		5.2
劳动与社会保障	69		69	7.3		4.8
旅游管理		68	68		13.4	4.7
新闻学	62		62	6.6		4.3
汉语言文学	57		57	6.1		3.9
旅游英语		57	57		11.2	3.9
财务管理	53		53	5.6		3.7
工商管理	39		39	4.2		2.7
行政管理	37		37	3.9		2.6
人力资源管理	35		35	3.7		2.4
经济学	34		34	3.6		2.3
政治学与行政学	31		31	3.3		2.1
劳动关系	29		29	3.1		2.0
行政管理（企事业行政文化建设方向）	21		21	2.2		1.5
中外合作办学		13	13		2.6	0.9
总计	939	509	1448	100.0	100.0	100.0

注：$N = 1448$。

2. 政治面貌和学生干部情况

以政治面貌为变量，在1448名受访大学生中，中共党员（含预备党员）占6.6%，非党员占93.4%。从本科生和专科生的党员比例来看，两个群体的党员（含预备党员）均低于7.0%，且差别不大（见图6-1）。

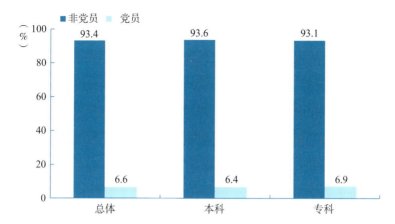

图 6 - 1　受访大学生本专科党员和非党员占比情况（N = 1448）

一些研究表明，担任学生干部是大学生成长历练的一个重要途径，有利于大学生在完成学业的同时，提高综合协调、人际沟通、公文写作等能力，也会在评优评先、社会实践、自我展示等方面得到更多机会。从调查情况看，45.8% 的大学生未当学生干部，27.6% 的大学生当班级干部，22.0% 的大学生当院/系学生会干部。其中，13.1% 的大学生当过二类学生干部，同时担任班级和院系级干部的比例较高；2.8% 的大学生当过三类学生干部，还有 0.7% 的大学生有四类干部的实践经历（见图 6 - 2）。

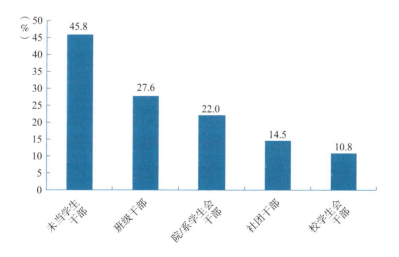

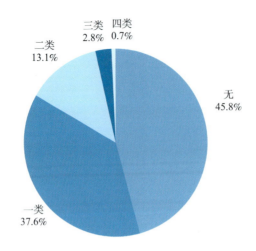

图 6 – 2　受访大学生学生干部占比情况（N = 1448）

3. 性别结构、是否为独生子女和家庭月收入情况

在 1448 位受访者中，从性别角度来看，女生约占七成（69.8%），男生约占三成（30.2%）（见图 6 – 3）。这一性别比例结构既反映了毕业生的性别分布情况，也与全校学生的男女学生比例相吻合。

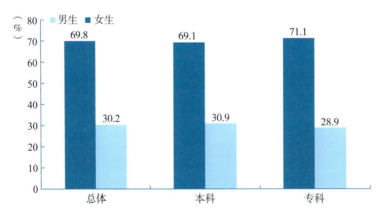

图 6 – 3　受访大学生性别占比情况（N = 1448）

很多研究表明，是否为独生子女是研究"80 后"（1980 年以后出生）、"90 后"（1990 年以后出生）、"00 后"（2000 年以后出生）等青少年群体的一个重要变量，也有学者专门研究过独生子女问题。在

本课题的 1448 位受访者中，独生子女和非独生子女约各占一半（见图 6-4）。这一分布为做交叉分析提供了很好的样本支撑。

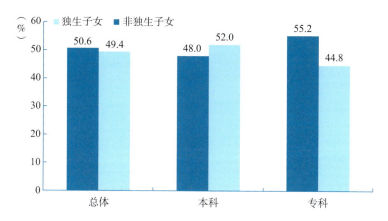

图 6-4　受访大学生独生子女和非独生子女占比情况（$N=1448$）

随着经济的发展，传统的平均分配模式被打破，我国居民的收入差距开始显现并出现逐步扩大的趋势。与之相应，我国高等教育也进入大众化阶段，高等教育招生覆盖面不断扩大，大学生所在家庭收入差距问题也日益显现。家庭收入高低对大学生学业、职业以及劳动观念都有很大影响。在本课题的 1448 位受访者中，父母家庭月总收入在 2000 元以下的占 11.4%，2001～5000 元的占 26.0%，月总收入在 5000 元以下的中低收入家庭占比达 37.4%；父母家庭月总收入在 15001～20000 元的占 7.5%，20000 元以上的占 11.9%，15000 元以上的高收入家庭占比合计为 19.4%（见表 6-2）。

表 6-2　受访大学生父母家庭月总收入分布情况

单位：个，%

		总体	本科	专科
2000 元以下	样本	165	85	80
	占比	11.4	9.1	15.7

续表

		总体	本科	专科
2001～5000 元	样本	376	222	154
	占比	26.0	23.6	30.3
5001～7000 元	样本	268	183	85
	占比	18.5	19.5	16.7
7001～10000 元	样本	222	156	66
	占比	15.3	16.6	13.0
10001～15000 元	样本	135	102	33
	占比	9.3	10.9	6.5
15001～20000 元	样本	109	72	37
	占比	7.5	7.7	7.3
20000 元以上	样本	173	119	54
	占比	11.9	12.7	10.6
总计	样本	1448	939	509
	占比	100.0	100.0	100.0

注：$N = 1448$。

此外，从受访男生和女生家庭收入差距看，男生高收入家庭和低收入家庭占比都高于女生。父母家庭月总收入在 2000 元以下的男生低收入家庭占受访男生家庭的 15.8%，父母家庭月总收入在 2000 元以下的女生低收入家庭占受访女生家庭的 9.5%；父母家庭月总收入在 20000 元以上的男生高收入家庭占受访男生家庭的 13.0%，父母家庭月总收入在 20000 元以上的女生高收入家庭占受访女生家庭的 11.5%（见图 6-5）。

4. 受访大学生的父母职业情况

应该说，父母既是大学生最亲近的社会关系，也是大学生未走出校门之前最重要的社会资本，对孩子学业、职业等影响很大。鉴于此，我们在调查问卷中将父母职业作为测量变量之一，列出 15 种情况供受访大学生选择。从调查结果来看，大学生父母职业在所有情况上都有

图 6 - 5　受访大学生中男女生父母家庭月收入分布情况（N = 1448）

分布，而占比在 10.0% 以上的职业为：自由职业、政府/事业单位/国企员工、个体工商户和农业劳动者等职业。值得关注的是，一部分大学生的母亲处于未就业状态，选择母亲为"家庭主妇"的比例为 12.2%（见图 6 - 6）。

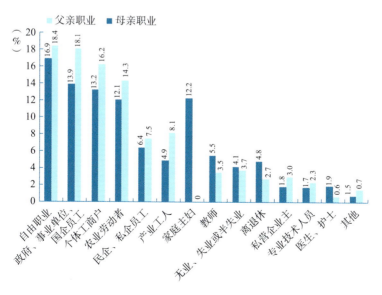

图 6 - 6　受访大学生父母亲的职业分布情况（N = 1448）

5. 受访大学生的家乡所在地分布情况

法国哲学家爱尔维修有句名言叫作"人是环境的产物"，用我国的俗语来讲，就是"一方水土养一方人"。从宏观角度来讲，人的成长环境，往往在历史文化、社会习俗、风土人情等方面对社会成员产生深刻影响。一般而言，大学生在进入大学之前，已经在家乡生活了近 20 年，家乡的很多元素都在大学生的初步社会化过程中留下了烙印。在 1448 位受访者中，44.5% 的大学生来自城市，17.7% 的大学生来自县城，10.1% 的大学生来自乡镇，还有 27.7% 的大学生来自农村（见图 6 - 7）。

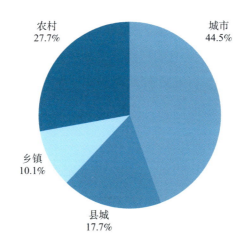

图 6 - 7　受访大学生家乡所在地分布情况

注：总样本 $N = 1448$，其中，城市 $N = 645$，县城 $N = 256$，乡镇 $N = 146$，农村 $N = 401$。

统计结果显示，从大的区域划分来看，受访大学生主要来自华北、华东，分别占 30.7% 和 24.3%（见图 6 - 8）。从省（自治区、直辖市）来看，受访大学生主要来自北京、河南、山东、河北、山西和安徽，其中，来自北京的大学生遥遥领先（167 位），来自河南、山东、河北的受访者也超过 100 位（见图 6 - 9）。若以受访大学生所在城市级别为变量，受访大学生来自一线城市的比例为 13.7%，来自二线城市的比例为 19.6%，来自三线城市的比例为 21.2%，而来自四线城市的受访者最多，占比为 29.6%，还有 15.9% 的大学生来自四线城市以下地方（见图 6－10）。需要说明的是，由于部分受访者填答时疏漏，一些受访者的家乡所在地信息缺失，致使出现与总样本不一致的情况。

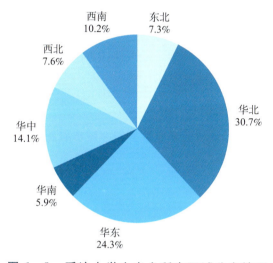

图 6－8　受访大学生家乡所在区域分布情况

注：总样本 $N = 1435$，其中，华北 $N = 440$，华东 $N = 348$，华中 $N = 202$，西南 $N = 147$，西北 $N = 109$，东北 $N = 105$，华南 $N = 84$。由于大学生所在省和城市是开放题，少数大学生未填写或只填写了省未填写城市，所以区域分布、省份分布和城市分布样本不足 1448。

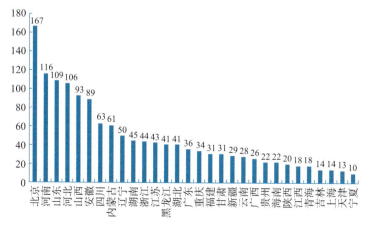

图 6－9　受访大学生家乡所在省份分布情况（$N = 1434$）

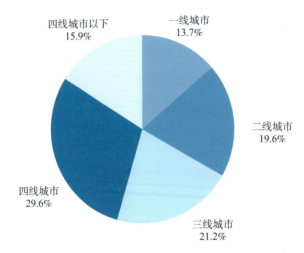

图 6 - 10　受访大学生家乡所在城市级别分布情况

注：总样本 $N = 1286$，其中，一线城市 $N = 176$，二线城市 $N = 252$，三线城市 $N = 273$，四线城市 $N = 381$，四线城市以下 $N = 204$。

二　新时代大学生的劳动认知

青年一代是推动国家经济发展和民族进步的重要力量，是国家未来和民族希望的承担者和践行者，这既是时代赋予大学生的光荣使命，也是历史和社会发展的必然选择。劳动价值观深刻影响着大学生的成长和发展，通过问卷调查的方式对当前大学生劳动价值观现状进行了解，及时发现存在的问题，认真研究有效的举措，对于加强新时代劳动教育具有重要的意义。

（一）新时代大学生对劳动文化的认同

文化是民族的血脉，是一个国家得以繁荣昌盛的根源，劳动文化是劳动价值观形成的重要源泉，积极向上的劳动文化能够激发一代又一代劳动者的潜能，不断推进生产力的发展和社会的进步。此次问卷调查首先从新时代大学生对劳动文化的认知着手，探寻劳动文化对劳动价值观的重要影响。

1. 对传统劳动文化的认同情况

传统劳动文化源远流长、博大精深，凝聚着中华民族的道德情感，蕴藏着中华民族的历史文化，是几千年以来中华民族劳动智慧的结晶。但是也不可否认，在传统劳动文化中存在着一些消极的劳动文化和价值观。当代大学生如何看待传统劳动文化，这些传统劳动文化对他们又有着怎样的影响，我们在问卷中设计了相关问题，并对其进行了分析。

九成大学生对优秀劳动文化持认同态度。在调查问卷中，我们列出了传统文化中一些与劳动相关的经典语句，分"非常认同""比较认同""一般""不太认同""非常不认同"五个选项供调查对象选择，以测量大学生对这些表述的认同程度。统计结果显示，94.9%的大学生认同"一粥一饭当思来之不易，一丝一缕恒念物力维艰"（珍惜劳动成果的维度），94.9%的大学生认同"人生在勤，不索何获"（勤奋的维度），91.6%的大学生对"宝剑锋从磨砺出，梅花香自苦寒来"（砥砺磨炼的维度）持认同态度，88.2%的调查对象认同"庖丁解牛，技进乎道"（钻研精神的维度）（见图6-11）。从这些数据来看，大学生对优秀的传统劳动文化持积极态度。

经过五千多年的文明发展进程，中华民族创造了博大精深的灿烂文化，积淀着中华民族最深沉的精神追求，是中华民族生生不息、发展壮大的丰厚滋养，是我们文化自信的坚强基石。中华民族是具有伟大奋斗精神的民族，这些充分彰显奋斗精神的文化精髓不仅在国家层面成为主流价值导向，也成为每一个社会成员辛勤奋斗的精神动力。近年来国家对传统文化教育日益重视，家庭、学校、社会普遍加强了对青少年传统文化的教育，优秀传统文化成为青少年重要的学习内容。从调查数据来看，新时代大学生能够正确认知这些优秀的传统文化经典。

大部分受访大学生对一些消极的传统劳动文化能够正确认识，但

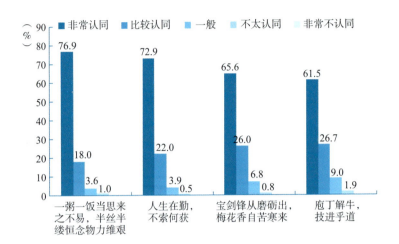

图 6 – 11　受访大学生对优秀传统劳动文化的认同情况（N = 1448）

也有少数大学生对消极劳动文化尚不能正确辨识。问卷中，我们列出了一些常见的、反映消极劳动文化的语句供大学生选择。数据显示，50.4%的调查对象认为"万般皆下品，唯有读书高"不正确，21.1%的大学生认为这句话是正确的；73.8%的大学生认为"学而优则仕"不正确，仅有6.2%的调查对象认为是正确的；80.7%的大学生认为"劳心者治人，劳力者治于人"是错误的，仅有4.8%的大学生认为这句话是正确的（见图6–12）。

我国的传统文化主要是在农耕文明中形成的，这些关于劳动的语句作为儒家思想的经典表述，影响着一代又一代国人的劳动价值判断。但是，近现代以来，我国的经济社会持续发生着深刻变革，尤其是自改革开放以来，我国以城市化和工业化为主要内容的现代化进程日益加快，经济社会结构的转型引发了人们社会价值观的多元化。在新时代背景下，社会分工体系日益细化，社会流动的机会明显增多，社会治理体系更富弹性，社会成员自我价值实现的路径不再局限于"学而优则仕"这一"独木桥"式的社会发展通道。对于人们而言，不仅可以务农，还可以从工、从商、从政、从学；对于大学生而言，

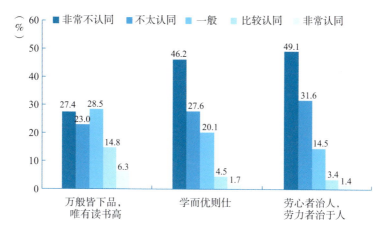

图 6 - 12　受访大学生对消极传统劳动文化的认知情况　($N = 1448$)

毕业的去向也不再仅仅靠做公务员来体现个人价值，还可以通过治学、创业等途径来实现梦想。在此背景下，这些基于农业文明的传统表述已经不能充分反映人们的价值追求，这些消极的文化基因已经逐步被人们所摒弃。但是，我们也要看到，仍有少数大学生，或者因为家庭教育的偏差，或者基于个人有限的社会实践认知，对这些消极的劳动文化仍然持一定的认同态度，尚未形成正确的判断。

2. 对新时代劳动文化的认同情况

大学生作为劳动教育的特殊群体，是新时代劳动教育的践行者和国家兴旺发达的接班人。新时代劳动文化能为大学生提供强大的精神力量、丰润的道德滋养，也是促进其形成积极向上的就业创业观、提升抗挫折心理素质、培养社会责任感的重要基础，因此了解大学生对新时代劳动文化的认同是必要的，也是有意义的。

九成左右的受访大学生认同新时代劳动价值导向。调查问卷中，我们选取了"全社会应树立辛勤劳动、诚实劳动、创造性劳动的理念"（劳动理念的维度）、"劳动最美丽、劳动最光荣、劳动最伟大、劳动最崇高"（劳动价值的维度）、"劳动可以磨炼人的意志品德"

（劳动功能的维度）、"劳动是财富的源泉，也是幸福的源泉"（劳动属性的维度）四句话作为测量指标，由受访对象从"非常认同""比较认同""一般""不太认同""非常不认同"五个选项中做出选择。统计结果显示，92.6%的大学生认同"全社会应树立辛勤劳动、诚实劳动、创造性劳动的理念"这一表述，92.3%的大学生认同"劳动可以磨炼人的意志品德"，88.2%的大学生认同"劳动是财富的源泉，也是幸福的源泉"，87.2%的大学生认同"劳动最美丽、最光荣、最伟大、最崇高"（见表6-3）。

表6-3　受访大学生对新时代劳动价值导向的认同情况

单位：%

	非常认同	比较认同	一般	不太认同	非常不认同
全社会应树立辛勤劳动、诚实劳动、创造性劳动的理念	67.3	25.3	6.1	1.0	0.3
劳动可以磨炼人的意志品德	64.9	27.4	6.6	0.7	0.3
劳动是财富的源泉，也是幸福的源泉	58.6	29.6	9.9	1.3	0.6
劳动最美丽、最光荣、最伟大、最崇高	60.0	27.2	10.8	1.6	0.4

注：$N = 1448$。

这些数据表明，受访大学生对新时代劳动价值导向是充分认同的。党的十八大提出"富强、民主、文明、和谐、自由、平等、公正、法治、爱国、敬业、诚信、友善"的社会主义核心价值观，从国家、社会和个人三个层面概括和凝练出了社会主义核心价值的目标，是社会主义核心价值体系的高度凝练和集中表达，它传承着中国优秀传统文化基因，寄托着近代以来中国人民上下求索、历经千辛万苦确立的理想和信念，也承载着每个人的美好愿景。一方面，全社会持续加强社会主义核心价值观教育，这些价值理念日益深入人心；另一方面，党的十八大以来，与"劳动"相关的表述在社会主流话语体系中的地位日益凸显，越来越成为人们的共识。尤其是在 2018 年 9 月召开的全国教育大会上，提出要培养德智体美劳全面发展的社会主义建设者和接班人，"劳"字首次被写入党的教育方针，成为新时代教育事业的根本遵循。在马克思主义思想体系中，劳动占有重要地位，因此，马克思主义劳动观也是大学生思想政治教育的重要内容。在这样的背景下，绝大多数大学生能够熟悉并认同这些与劳动相关的话语表述，就是顺理成章的事了。

受访大学生群体内部对新时代劳动文化认同存在一定的差异性。在调查中，我们发现大学生父母家庭月收入与"全社会应树立辛勤劳动、诚实劳动、创造性劳动的理念"正确认知关系比较复杂，呈非简单线性相关关系。父母家庭月收入在 10001～15000 元和 2000 元以下的大学生选择"非常认同"的比例偏高；父母家庭月收入在 15001～20000 元的大学生选择"非常认同"的比例最低，仅为 55.0%（见图 6 - 13）。

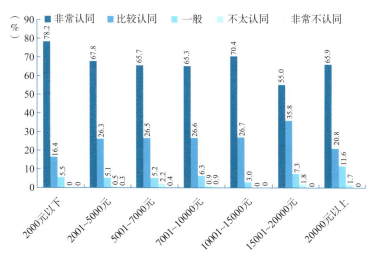

图 6 - 13　受访大学生对"全社会应树立辛勤劳动、诚实劳动、
创造性劳动的理念"的认同情况（N = 1448）

　　以受访大学生家乡所在城市为变量，大学生家乡所在城市的级别与认同度之间呈现反向相关关系。在"劳动最美丽、最光荣、最伟大、最崇高"的认同度上，统计数据表明，来自一线城市、二线城市、三线及以下城市的大学生，选择"非常认同"的比例分别为 51.7%、59.1% 和 61.4%（见图 6－14）。

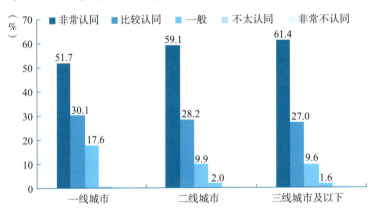

图 6－14　受访大学生对"劳动最美丽、最光荣、最伟大、最崇高"的认同情况（$N = 1448$）

　　在"劳动可以磨炼人的意志品德"方面也呈现同样趋势，来自一线城市、二线城市和三线及以下城市的大学生，选择"非常认同"的比例分别为 59.1%、62.3% 和 66.8%（见图 6－15）。

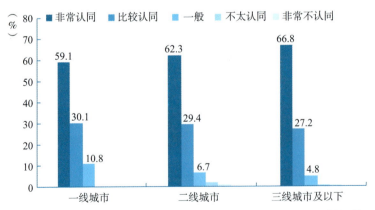

图 6－15　受访大学生对"劳动可以磨炼人的意志品德"的认同情况（$N = 1448$）

"劳动是财富的源泉，也是幸福的源泉"认同度情况也是如此，来自一线城市、二线城市和三线及以下城市的大学生，选择"非常认同"的比例分别为50.0%、55.6%和60.7%（见图6-16）。

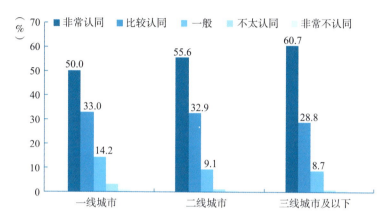

图6-16 受访大学生对"劳动是财富的源泉，也是幸福的源泉"的认同情况（$N = 1448$）

从这些数据来看，来自不同城市的大学生在价值认同方面存在差异性。伴随着我国城市化进程的加快，城市人口比例不断提高，城市总体发展水平不断加快，同时由于区位优势不同、资源投入等因素的影响，城市之间的差异性也在加大。一线、二线城市在公共设施、公共服务、社会保障等方面，明显优于三线及以下城市。对于在不同环境下成长起来的大学生而言，他们的受教育经历、社会认知、信息获取等相应存在差异性。

3. 对劳模精神、工匠精神的认同情况

党的十八大以来，习近平总书记在充分继承马克思主义劳动观和中华民族优秀传统文化的基础上，多次围绕中国梦、劳模精神、工匠精神等内容进行深刻阐述，内涵丰富，思想深邃。当代大学生作为建设中国特色社会主义现代化强国的中坚力量，怎样认识劳模精神、工匠精神对实现中华民族伟大复兴的中国梦意义重大。

　　袁隆平、王进喜、郭明义是最为受访大学生所熟知的劳动模范（大国工匠）。问卷中，我们让大学生在无提示的情况下写出至少一位劳动模范或者大国工匠的名字来了解大学生对劳动模范、大国工匠的认知，数据显示，76.2％的大学生能够写出至少1位劳动模范或者大国工匠的名字（见图6-17）。其中，袁隆平、王进喜、郭明义的知名度居前三位（见图6-18）。这些数据表明，新时代大学生在日常学习与生活中对劳动模范和大国工匠有一定的认知。这与党和国家一直以来高度重视劳动模范的事迹宣传密不可分。袁隆平是"杂交水稻"之父，杂交水稻研究的每一个发展阶段、每一项重大创新，都离不开他所起到的关键作用；2000年他获得国家最高科学技术奖，2018年12月被党中央、国务院授予"改革先锋"称号，颁授"改革先锋"奖章，获评"杂交水稻研究的开创者"。王进喜出身于一个贫苦家庭，在石油工人的岗位上，因用自己的身体制伏井喷而家喻户晓；2000年被评为百年中国十大人物，2009年被评为100位新中国成立以来感动中国人物。郭明义是践行"雷锋精神"的优秀代表，从部队到鞍钢，在每一个岗位上都兢兢业业，任劳任怨，干一行爱一行，钻一行精一行，同时还积极参与希望工程、无偿献血、捐献造血干细胞、捐献遗体器官等志愿活动；于2010年荣获感动中国人物，2018年12月被党中央、国务院授予"改革先锋"称号，颁授"改革先锋"奖章。他们身体力行，践行劳模精神、工匠精神的先进事迹受到了党和国家的充分肯定和高度赞扬，为新时代大学生树立正确的劳动价值观起到了重要的引领和示范作用。但遗憾的是，仍有23.8％的受访大学生写不出1位劳动模范（大国工匠），仅有1.3％的受访大学生能写出4位及以上劳动模范（大国工匠），一定程度上反映了部分大学生从小到大对劳动模范（大国工匠）及其事迹接触得不多、了解得不够的现实。

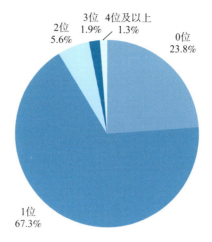

图 6 - 17　受访大学生知道劳模或大国工匠名字的
情况（开放题，$N = 1448$）

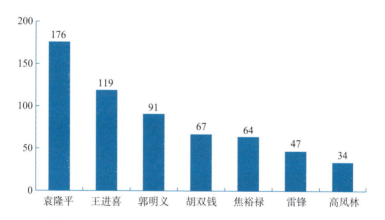

图 6 - 18　最为受访大学生了解的劳模或大国工匠（开放题，只列举了
提及人数在 34 位及以上的劳模或大国工匠）

　　七成以上的受访大学生认为劳模精神距离自己的日常生活不遥远。问卷中，我们让大学生针对"劳模精神距离自己的日常生活是否遥远"在"就在身边""不太遥远""一般""比较遥远""非常遥远"五个选项中做出选择，74.8% 的大学生认为劳模精神离自己的生活并不遥远（见图 6 - 19）。这一结果与样本有一定的关系，参加问卷调查的 1448 名受访者来自中国劳动关系学院，该校坚持举办劳模本科教育

26 年，积极发挥"劳动模范在校园，大国工匠在身边"的独特优势，将劳动教育有机融入普通本、专科教育中，推动劳模精神、劳动精神、工匠精神进教材、进课堂、入脑入心，逐步建构起德智体美劳全面发展的高素质应用型人才培养体系，这也为新时代其他高校加强劳动教育，弘扬劳模精神、工匠精神，营造向上向善的校园文化提供了有益的借鉴。相比之下，在很多高校教育体系中，劳动模范的身影在课堂中并不常见，除了通过现代媒体、通信手段获知以外，其他路径的信息传播与交流仍然是欠缺的。

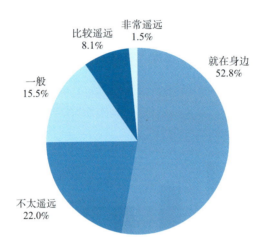

图 6 – 19　受访大学生对"劳模精神距离自己的日常生活是否遥远"的认知情况（N = 1448）

近九成受访大学生认为工匠精神对自身成长很重要。问卷中，我们让大学生针对"工匠精神是一种追求极致、精益求精的精神，在您看来，劳模精神、工匠精神对学习或工作重要与否"这一问题，在"非常重要""比较重要""一般""比较不重要""非常不重要"五个选项中做出选择。调查结果显示，88.5%的大学生认为工匠精神对自己的学习或工作是重要的（见图 6 – 20）。以"非常重要"这一指标为测量依据，从受访者的学历来看，专科生认为工匠精神对自己的学

习或工作"非常重要"的比例为59.7%，而本科生仅为49.1%；从受
访大学生家乡所在城市来看，来自一线、二线城市的大学生认为工匠
精神对自身影响"非常重要"的比例略低于来自三线及以下城市的大
学生，一线城市、二线城市和三线及以下城市的大学生认为"非常重
要"的比例分别为47.2%、49.2%和54.5%（见图6-21）。

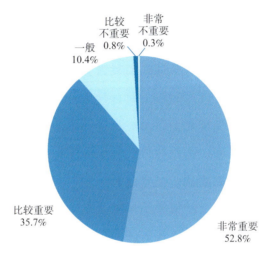

图6-20　受访大学生对"工匠精神对自己的学习或
工作的重要性"的认知情况（*N* = 1448）

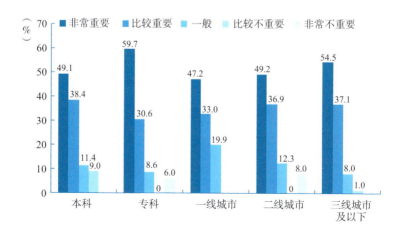

图6-21　分科别和城市级别的受访大学生对"工匠精神对自己的
学习或工作的重要性"的认知情况（*N* = 1448）

　　这些数据表明绝大多数大学生能够认识到工匠精神对自身学习和工作的重要性。当前国家在培育和弘扬工匠精神方面实行的营造尊重匠人的社会氛围、产教学深度融合、工匠技能认证制度等重要举措和保障制度得到了有效贯彻落实，使大学生能够认识到只有时刻追求精益求精，不断强化自身运用专业知识的实践能力，努力提升自身的职业水平，才能够得到社会的认可和尊重，进而实现人生价值。专科生认为"非常重要"的比例比本科生高出 10.6 个百分点，一方面反映了本科与专科之间在人才培养目标上对大学生专业技能的培养存在差异性，另一方面也反映出人们对工匠精神的认识存在一定误区，认为工匠精神更侧重于一线技能型劳动。从本质上讲，工匠精神是一种职业精神，它是职业道德、职业能力、职业品质的体现，是从业者的一种职业价值取向和行为表现，主要包括敬业、精益、专注、创新等方面的内容。当今社会，工匠精神不局限于技能型劳动，各行各业都需要践行工匠精神。另外，需要我们注意的是，受访大学生家乡所在城市级别与认同工匠精神对自身成长的重要性呈现负相关关系，这在一定程度上表明，由于城市间教育资源分配、教育发展水平不均衡，来自越不发达城市的大学生越需要通过付出比来自发达城市的大学生更多的努力来实现自身的人生理想，因此，他们更认同工匠精神对自身发展的重要性。

　　八成受访大学生认同大国工匠是国家和民族的骄傲。在问卷中，我们设计了"中央电视台曾播出了五季《大国工匠》专题片，对这些大国工匠，您怎么看？"来测试大学生对大国工匠的看法，列出"非常了不起，是国家和民族的骄傲""行业内的精英群体""还行吧，那是他们的本职工作""没有什么特别的感觉""其他"供受访者多选，数据显示，80.8% 的大学生认为"大国工匠非常了不起，是国家和民族的骄傲"，42.7% 的大学生认为他们是"行业内的精英群体"（见图 6-22）。

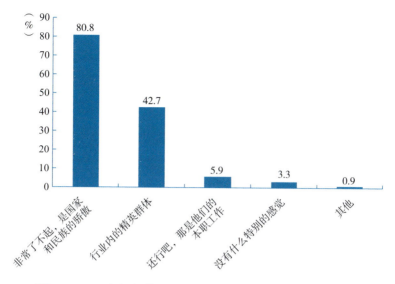

图 6 – 22　受访大学生对专题片《大国工匠》中播出的
大国工匠的认知情况（N = 1448）

　　大国工匠是这样一个群体，他们有着"不平凡劳动者的成功之路，不是进名牌大学、拿耀眼文凭，而是默默坚守，孜孜以求，在平凡岗位上，追求职业技能的完美和极致，最终脱颖而出，跻身'国宝级'技工行列，成为一个领域不可或缺的人才"[①]。国家创新宣传形式和载体，将各行各业大国工匠在工作中潜心钻研的事迹生动地呈现在电视屏幕上，走进大学生的视野，增强了工匠精神的感染力和号召力，潜移默化地影响了大学生对大国工匠的认同。

　　八成受访大学生表示愿意践行劳模精神。我们在问卷中设计了"你对自己在日常学习生活中践行劳模精神的态度是什么"，列出"非常愿意""比较愿意""一般""比较不愿意""非常不愿意"供其选择。80.2%的大学生愿意在日常学习生活中践行劳模精神（见图 6 – 23）。

---

　　①　《大国工匠的成功之源》，光明网，http://news.gmw.cn/newspaper/2015 – 05/10/content_106497758.htm。

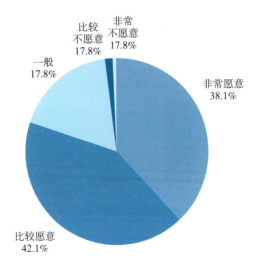

图 6 - 23   受访大学生对自己在日常学习生活中践行
劳模精神的态度 ($N = 1448$)

　　劳模精神受生产力发展水平影响，在不同的时代背景下有着不同的阐释。新时代劳模精神可以概括为"爱岗敬业、争创一流，艰苦奋斗、勇于创新，淡泊名利、甘于奉献"，它是对社会主义核心价值观的生动诠释，也是承载社会主义先进文化的重要载体。从现实功能上讲，劳动者践行劳模精神能够激发其内在的自主性、创造性和先进性，激发其用自己的辛勤劳动、诚实劳动和创造性劳动去实现人生梦想和推动社会发展。调查数据一定程度上表明绝大多数新时代大学生能够认识到劳模精神之于个人成长的意义，之于奋斗的意义，之于梦想的意义。

　　九成以上的受访大学生认为工匠精神在推动国家迈向制造强国方面起着至关重要的作用。针对"工匠精神对中国迈向制造强国的重要性"这一问题，我们让受访大学生在问卷中做出"非常重要""比较重要""一般""比较不重要""非常不重要"的评价，93.4%的受访大学生认为工匠精神对中国从制造大国向制造强国转变有重要作用

（见图6-24）。以"非常重要"为测量依据，家乡所在地为一线城市的大学生认为"非常重要"的比例为63.6%，家乡所在地在四线以下城市的大学生认为"非常重要"的比例为78.9%，相差15.3个百分点（见图6-25）。

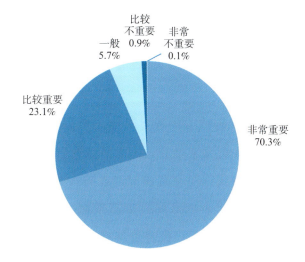

图 6-24　受访大学生对"工匠精神对中国迈向制造强国的重要性"的认知情况（N=1448）

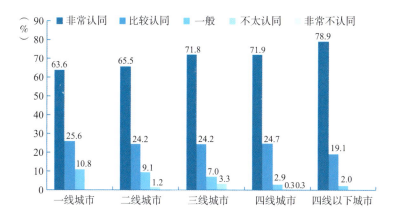

图 6-25　分城市级别的受访大学生对"工匠精神对中国迈向制造强国的重要性"的认知情况（N=1448）

工匠精神是中国特色社会主义文化中的宝贵财富，对经济转型升级起着重要支撑作用。《中国制造 2025》提出，"到 2025 年，制造业重点领域全面实现智能化"。当下大数据、人工智能的快速崛起，生产的高度自动化和智能化推动了现代制造业的深刻变革，大大降低了企业对一线劳动岗位和管理岗位需求的同时，也相应大幅度增加了对数据分析、工业软件开发、系统集成、用户互动设计、设备调试运维等智能制造装备及服务领域专业性、高素质人才的需求。而大国工匠身上所蕴含的"热爱、专注、极致、坚守、神功、担当"的工匠精神，是推进中国制造在新时代背景下成功实现结构调整、转型升级、跨越性转变的关键。从调查结果看，绝大多数新时代大学生能够充分认识到工匠精神对推动我国向制造强国迈进的重要作用。但是，由于当前我国城乡二元结构以及区域间发展不平衡、不协调等问题存在，一线城市的交通、通信、卫生、教育等基础设施、公共服务建设以及经济发展比四线以下城市发达，使得一线城市推动国家向制造强国转变的精神力量呈现出更为多元化的合力，比如工匠精神与企业家精神相结合、工匠精神与创新精神相结合等，一定程度上会使来自一线城市的受访大学生相对弱化对工匠精神重要性的认同。

（二）新时代大学生对劳动的认知

习近平总书记在党的十九大报告中指出，"要坚持就业优先战略和积极就业政策，实现更高质量和更充分就业"，"在幼有所育、学有所教、劳有所得、病有所医、老有所养、住有所居、弱有所扶上不断取得新进展"。"劳有所得"是社会公平的重要体现，也是社会良性循环发展的重要保障。然而，当下由于各种主、客观因素的影响，导致劳动与收获不匹配的现象仍然存在，新时代大学生怎样看待"付出"与"收获"的关系，我们在问卷中做了相关调查。

1. 在劳动与收获方面的认知

近九成受访大学生接受"有付出，有收获"的逻辑，近三成受访大学生对"有付出，没收获"的情况表示"无法接受"。为深入了解大学生对"付出与收获关系"的认知情况，在调查问卷中，我们列出了"有付出，有收获""没付出，有收获""有付出，没收获""没付出，没收获"四种情况，然后请调查对象在"乐于接受""还能接受""无所谓""勉强接受""无法接受"五个选项中做出选择，以测量大学生对"劳""获"关系的接受度。统计结果显示，87.4%的受访大学生乐于接受"有付出，有收获"；而对于"有付出，没收获"的情况，则有27.0%的受访大学生表示"无法接受"（见表6-4）。

表6-4 受访大学生对"有付出，有收获"和
"有付出，没收获"的认同情况

单位：%

	乐于接受	还能接受	无所谓	勉强接受	无法接受
有付出，有收获	87.4	10.6	1.5	0.4	0.1
有付出，没收获	8.9	24.7	9.6	29.8	27.0

注：$N = 1448$。

从传统文化来看，"人生在勤，不索何获？""书山有路勤为径，学海无涯苦作舟""千淘万漉虽辛苦，吹尽狂沙始到金""只要功夫深，铁杵磨成针""业精于勤而荒于嬉，行成于思而毁于随"这些经典表述早已深入人心，成为我国优秀传统文化的重要组成部分，影响着一代又一代人；从社会常识而言，"一分耕耘，一分收获""天上不会掉馅饼"，这些理念也成为人们耳熟能详的话语；关于"勤奋""奋斗""耕耘"等激励人们积极付出的名言警句，在古今中外的文化中比比皆是，已成为文化交流的共识。"有付出，有收获"既是一种反映事物发展规律的常理，也是人们所期待的、乐见其成的理想状况，指导着人们的日常实践。正因为如此，绝大部分受访大学生愿意接受这样的逻辑，这既表明大学生的认知是正确的，能够认同自身收获多少与自己付出多少呈正相关关系。这种认知可以有效促使大学生通过自己的勤奋努力去实现自己追求的梦想目标，同时这一认知也让大学生对这一常理产生理性期待，从而强化"付出必然要得到回报"的线性思维，如此一来，一些大学生在期待"劳而有获"的同时，更担心"劳而无获"的情况发生在自己身上。但是从另一种常识看，在社会运行当中，尤其在职场上，由于受错综复杂因素的影响，在具体的个体层面，往往会出现"有付出，没收获"的情况。一旦自己的付出没有得到回报，或者是看到有人没有付出却得到了更多回报，在这种不甚理想的情况下，人们就会认为对自己不公平，容易产生心理不平衡，如果经历若干次类似情况以后，不仅加剧了这种不平衡心态，而且还可能会动摇自己原来所坚守的正确理念。在个别情况下，有的人还可能会投机取巧，甚至铤而走险。在本次对1448名毕业大学生的调查中，有27.0%的人表示不能接受"有付出，没收获"的情况，即是这种心理的一种例证。那么，如何正确对待这种可能的不合理情况就成为他们未来人生中的一种考验，也是学校应着力加强引导的重点所在。

六成左右的受访大学生愿意接受"没付出，有收获"的逻辑，两成以上的受访大学生表示无法接受"没付出，没收获"的情况。调查数据显示，在"没付出，有收获"的情况下，35.8%的受访大学生乐于接受，26.7%的受访大学生还能接受，而21.8%的受访大学生表示无法接受"没付出，没收获"的情况（见表6-5）。这些数据直接反映出一些大学生还存在"不劳而获"的思想误区。

表 6 – 5 受访大学生对"没付出，有收获"的接受情况

单位：%

	乐于接受	还能接受	无所谓	勉强接受	无法接受
没付出，有收获	35.8	26.7	12.7	11.4	13.4
没付出，没收获	36.4	19.8	16.5	5.5	21.8

注：$N = 1448$。

按照社会化理论，在走向工作岗位以前，大学生仍处于初级社会化阶段，由于尚未进入社会，对责任和担当还没有切身的体会，仅凭看到的一些表象，就错误地认为"没付出，也是可以有收获的"。比如，有的大学生看到舞台上演员们精彩的表演，很少会想到他们"台上十分钟，台下十年功"的汗水；有的大学生过惯了"衣来伸手，饭来张口"的日子，不会切身去体会父母在工作中的压力和艰辛；有的大学生只看到了一些同学取得优异成绩后的外在光鲜，却忽略了别人背后认真刻苦付出的努力。这与大学生自身的成长学习环境和较为单一的社会阅历有关。加之宏观经济层面实体经济后劲不足，高房价引发炒房，网络经济、金融业态等虚拟经济虚火旺盛等，国家宏观经济调控政策对微观主体作用的复杂性和延迟性；一些"网红"靠刷脸日进斗金，一些女生宣扬"宁愿在宝马车里哭，也不愿在自行车上笑"等不良社会氛围，一定程度上使一些大学生产生了投机心理和冒险心理，认为别人可以"没付出，有收获"，自己为什么不能够坐享其成，导致无法接受"没付出，没收获"。在内外因的共同作用下，产生了上述调查结果。值得我们关注的是，劳动本身就是付出，是拼搏和奋斗的具体表现，是一个艰苦磨炼的过程。大学生正处在世界观、人生观、价值观形成的关键时期，如果他们自身对劳动之于人生梦想、之于推动社会发展的重大意义在认识上是模糊的，再受他们误以为的"不劳而获"误导和现实世界中存在的享乐主义、拜金主义、投机主

义等不良思潮的影响，出现"不愿意参加艰苦劳动，接受'没付出，有收获'"的情况就不足为奇了。因此，加强大学生劳动教育，引导其正确认识劳动，走出误区，摒弃不良影响意义重大。

2. 在劳动与消费方面的认知

为进一步了解大学生的消费观念，我们对受访大学生的每月花费进行了调查，他们给出了不同的答案。受访大学生平均月消费 1784.4元；消费段以 1000～1499 元最多，占 36.7%，其次为 1500～1999 元，占 24.9%；74.7% 的受访大学生月消费在 2000 元以下（见图 6 - 26）。这些数据反映出新时代大学生的生活消费水平在合理区间内，同时也能够保持合理适度消费。

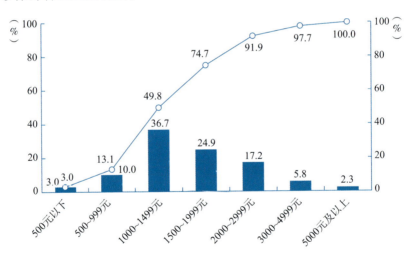

图 6 - 26　受访大学生大学期间月均消费情况（N = 1448）

在当月生活费花完之后，受访大学生获取金钱的途径呈明显差异。对此，我们设计了"大学期间，如果当月生活费已经花完，还不到父母给下一个月生活费的期间，您常通过哪种途径度过"这一问题，61.5% 的受访大学生选择通过兼职的方式赚钱，41.2% 的受访大学生让父母再给钱，16.3% 的受访大学生向亲朋好友（同学）借钱（见图 6 - 27）。一方面，大学生想要通过兼职的方式赚钱表明其有自我解决问题的能力，并开始有了独立意识；另一方面，大学生作为没有收入来源的特殊群体，父母也是其解决生活、学习等各方面问题的主要支撑。

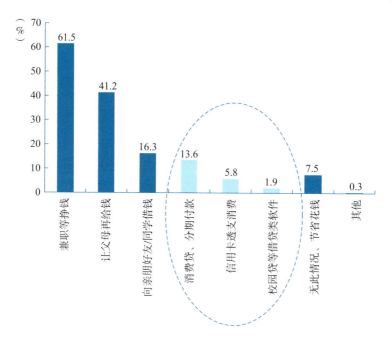

图 6 - 27　受访大学生对"大学期间，如果当月生活费已经花完，
还不到父母给下一个月生活费的期间，您常通过
哪种途径度过"问题的看法　（N = 1448）

3. 在劳动与学习方面的认知

近八成受访大学生能够正确认识劳动与学习的关系。针对"劳动会耽误学习"这一问题，表示"非常不认同"和"不太认同"的比例分别为 49.6% 和 26.9%，不认同比例达到 76.5%。12.5% 的受访大学生对此认知不正确，对此表示认同，其中"非常认同"和"比较认同"各占 7.4% 和 5.1%。家乡所在地为城市的受访大学生对"劳动会耽误学习"的认知正确率为 46.4%，低于县城、乡镇和农村的 50.0%以上。受访大学生家乡所在城市级别越低，对"劳动会耽误学习"认知越正确，一线城市、二线城市和三线及以下城市非常不认同此观点

的比例分别为 37.5% 、48.4% 和 53.8% （见图 6 – 28）。

图 6 – 28　受访大学生对"劳动会耽误学习"的认知情况（N = 1448）

当下，劳动教育已经成为学校教育的重要组成部分，因此认可劳动、认同劳动文化是新时代大学生应该共有的价值观。然而从数据中我们也看到存在一部分受访大学生认为劳动会耽误学习，这部分大学生将劳动和学习区分开来，将劳动视为具体的劳动行为，劳动不是学习的范畴，认为劳动会占用学习的时间和精力，因此产生了"劳动耽误学习"的错误认知。而家乡所在地为县城、乡镇、农村的同学要比城市的同学对这一问题的认知更趋向正确，这是因为在经济条件越发达的城市，物质生活条件越优越，对劳动的体验和锻炼越少。相反，在经济条件越欠发达的城市，对劳动的体验和锻炼越多，因此产生了不同地区的认知差异。

（三）新时代大学生的劳动品德状况

为了解新时代大学生劳动品德的现状，我们选择从"珍惜劳动成果""公益劳动""内在动力""劳获关系认知"这四个方面来设计具体问题，开展问卷调查。

1. 对传统美德的认同情况

珍惜劳动成果得到近八成受访大学生的认同。在问卷中，我们列出"我崇尚每日光盘行动，节约粮食"的表述，分"非常认同""比较认同""一般""不太认同""非常不认同"五个选项供受访大学生选择，以测量他们对珍惜劳动成果的认同度。统计结果表明，78.3%的受访大学生认同此论述，其中，对此表示"非常认同"和"比较认同"的比例分别为42.8%和35.5%。19.2%的受访大学生表示"一般"。2.5%的受访大学生对此表示不认同，其中"非常不认同"和"不太认同"各占0.7%和1.8%（见图6-29）。

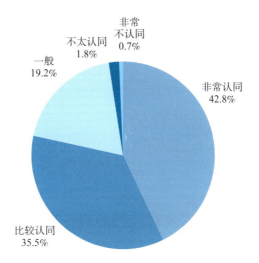

图6-29　受访大学生对"我崇尚每日光盘行动，节约粮食"
问题的认知情况（$N = 1448$）

从性别上来看，50.6%的男生非常认同这一表述，女生认同比例为39.5%，在这一点上男生非常认同的比例要比女生高11.1个百分点（见图6-30）。这与我们传统的养育观念和社会文化是密不可分的。自古以来我们就形成了"穷养儿富养女"的认知，认为将来男孩子走上社会，要承担社会责任与家庭责任，所以要穷养磨炼其意志。而女孩子就要从小多给予疼爱，适度满足其物质需求，因此不同的养育观念和社会文化导致男女生在面对节约粮食这一问题时产生了不同的态度。

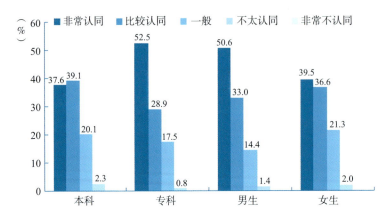

图 6 – 30　分科别和性别的受访大学生对"我崇尚每日光盘行动，
节约粮食"问题的认知情况 （$N = 1448$）

从调查数据来看，受访大学生群体在珍惜劳动成果这一点上认同
度还是比较高的。劳动成果是劳动者用汗水换来的财富，凝结着劳动
人民的勤劳和智慧。珍惜劳动成果、艰苦朴素是中华民族的传统美德。
珍惜劳动成果，就是尊重劳动、尊重劳动人民的具体表现。

2. 珍惜劳动成果情况

超四成受访大学生对别人浪费食物的行为持"这是别人的权利，
我无权干涉"态度。针对大学生劳动责任担当这一方面我们在调查中
选择典型情景"在学校食堂里，当看到有同学浪费食物，您倾向于怎
么处理"，给受访大学生提供"无所谓，没什么感觉""这是别人的权
利，我无权干涉""我自己也有浪费现象发生，情有可原""浪费食物
可耻，在心中鄙视他/她""上前提醒一下同学别浪费食物""浪费严
重时，向相关老师或管理人员反映" "其他"七个选项供其选择。
41.6% 的受访大学生认为"这是别人的权利，我无权干涉"，14.1%
的受访大学生认为"我自己也有浪费现象发生，情有可原"，16.2%
的受访大学生认为"浪费食物可耻，在心中鄙视他（她）"，14.6% 的
受访大学生会"上前提醒一下同学别浪费食物"（见图 6 – 31）。

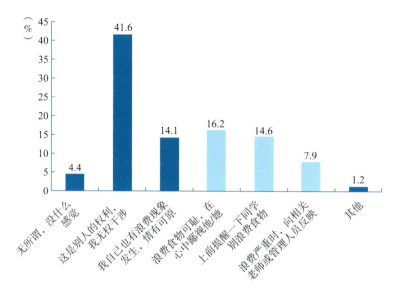

图 6 - 31　受访大学生对"在学校食堂里，当看到有同学浪费食物，您倾向于怎么处理"问题的认知情况（N = 1448）

现如今，随着经济发展水平的日益提高，人们物质生活越来越丰富，不会因浪费粮食而饿肚子、受责怪了。于是一些人便对浪费食物、浪费资源的行为不以为意。在高校餐厅，就餐学生浪费粮食的理由有饭菜不可口、吃腻了、分量太大、想多吃几样菜等。很多大学生没有将浪费粮食视为一件可耻之事，思想中缺少一个高度的认识和理解，因此在对于浪费粮食没有了"路人侧目、人人喊打"的社会环境中，丧失了羞耻之心，浪费起来也就心安理得了，责任感也随之下降。不可否认的是，当前社会公德也出现了一定的滑坡现象，一部分大学生对社会公德规范在思想认识上不重视，在行动遵守上不自觉。

近八成受访大学生具有一定的公共责任意识。对此我们设计了"学校宿舍、教室、食堂水龙头坏了，水哗哗外流，我会及时报告/寻找相关人员修理"这一问题，在问卷中我们列出了"非常认同""比较认同""一般""不太认同""非常不认同"五个选项供受访大学生选择，76.9%的受访大学生认同此论述。其中，非常认同占比 44.4%，比较认同占比 32.5%，20% 的受访大学生表示"一般"，2.6% 的受访大学生表示不太认同，0.6% 的受访大学生表示非常不认同（见图 6-32）。

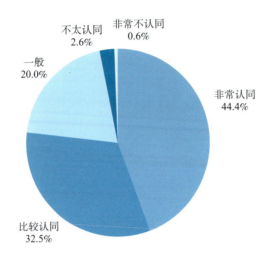

图 6-32   受访大学生对"学校宿舍、教室、食堂水龙头坏了，
水哗哗外流，我会及时报告/寻找相关人员
修理"问题的认知情况（$N = 1448$）

3. 参加公益劳动情况

近七成受访大学生经常参加力所能及的公益劳动。调查问卷中，我们针对"大学生是否经常参加力所能及的公益劳动"设置了"非常认同""比较认同""一般""不太认同""非常不认同"五个选项供调查对象选择。69.3% 的受访大学生认同此论述，其中，对此表示"非常认同"和"比较认同"的比例分别为 35.7% 和 33.6%；26.0% 的受访大学生表示"一般"；4.7% 的受访大学生对此表示不认同，其中，"非常不认同"和"不太认同"各占 0.6% 和 4.1%（见图 6-33）。

公益劳动是指服务于公益事业、不取报酬的劳动。大学生参加公益劳动是学校劳动教育和学生参加社会实践的重要内容。习近平总书记曾指出，"生活靠劳动创造，人生也靠劳动创造"，"自己的事自己做，他人的事帮着做，公益的事争着做"。公益劳动作为一种特殊的

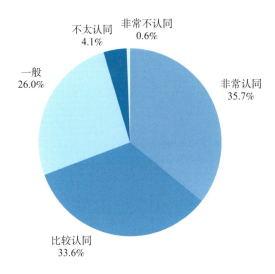

**图 6 – 33　受访大学生对"是否经常参加力所能及的
公益劳动"的认同情况（N = 1448）**

载体，作为思想品德教育重要途径之一，对提升大学生思想道德素质
有着深远的作用和影响。公益劳动不仅可以提高学生的社会实践能
力，培养学生吃苦耐劳的精神，让学生切身体会劳动人民的艰辛和劳
动成果的来之不易，从而树立"劳动最光荣、劳动最崇高、劳动最伟
大、劳动最美丽"的价值观，同时也可以增强大学生适应社会的能
力。目前，很多高校已经建构了完善的思想道德体系和公益劳动服务
平台，除了主动引导大学生积极参与公益活动以外，还针对学生的专
业优势、兴趣爱好为学生提供了多元化选择，极大地提高了大学生参
加公益劳动的主动性和兴趣性。

第七章

行不及义：新时代大学生劳动价值观
调查与思考（下）

　　坚持教育与生产实践相结合是我党的一项优良传统，也是一贯的教育方针。新中国成立以来，我国的劳动教育积累了丰富的经验；新时代加强劳动教育，不是新中国成立初期劳动教育的简单"回归"，更不是要回到一度淡化课堂教学去学工、学农、种地的模式，而是要在深刻理解习近平新时代中国特色社会主义思想前提下，系统设计由劳动价值观、劳动态度、劳动品德、劳动习惯、劳动与知识技能有机组成的劳动教育内容体系，强化劳动教育的实践意义，推动劳动教育理念落地生根。

一　新时代大学生的劳动践行

　　在前一章中，我们对大学生关于劳动的"知"的情况进行了研究，本章主要对大学生与劳动相关的"行"的情况进行分析，包括大学生劳动实践和劳动就业两大部分内容。劳动实践主要从大学生日常劳动习惯和大学社会实践这两个方面进行了解，劳动就业主要从大学生对大学与就业关系的认知、就业观认同情况、就业预期、职业类型和择业影响因素 5 个方面展开。

（一）劳动实践

　　当前，我国正处于中国特色社会主义事业发展的重要战略机遇期，亟需有着良好思想道德素质和较强实践能力的大学生投身到国家建设中。高校不仅要重视对大学生的专业知识教育，更要强化对大学生劳动情怀和实践能力的培养。此次调研我们从大学生的劳动习惯、参加社会实践情况两方面对其劳动实践现状进行了了解。

1. 劳动习惯

　　在劳动习惯这一指标中，我们通过受访大学生"寒暑假平均每天做家务劳动的时长""大学生在校期间如何处理脏衣服""当大学生发现寝室里很乱，但又没轮到大学生值日时的处理方式"三个方面来考量。

　　针对"寒暑假平均每天做家务劳动的时长"这一问题，近九成受访大学生寒暑假在家都做家务，七成受访大学生做家务时间在半小时以上。调查问卷中，我们分"2小时以上""1小时~2小时""半小时~1小时""10分钟~半小时""10分钟以内""不做"六个选项供受访大学生选择。受访大学生平均每天劳动时间段以"半小时~1小时"最多，占31.2%，其次为"10分钟~半小时""1小时~2小时""2小时以上"，分别约占两成。完全不做的仅占2.3%（见图7-1）。

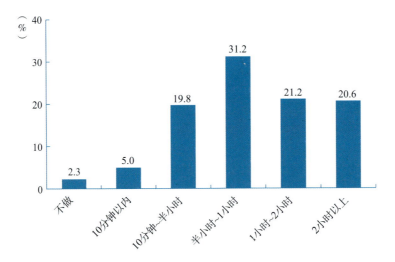

图7-1　受访大学生"寒暑假平均每天做家务劳动的时长"
情况（$N=1448$）

　　家庭教育是整个人生教育过程的起点。教育家马卡连柯曾指出："在教育自己儿童的工作中，父母永远不应该忘记劳动的原则……正是家庭的劳动锻炼，对于人们未来的熟练技术具有十分重要的意义。在家庭里获得了正确劳动教育的儿童，以后就会很顺利地完成自己的专门教育。"[1] 家庭是子女劳动习惯培养方面的起点，大学生的劳动习

————————
　　[1]　马卡连柯：《马卡连柯教育文集》（下卷），人民教育出版社，2004，第31页。

惯的养成与自身所在的家庭环境有着千丝万缕的联系，而且这种影响具有深刻性和持久性。在今天的家庭教育中，越来越重视劳动意识的培养，重视劳动习惯的养成。

针对"大学生在校期间如何处理脏衣服"这一问题，近九成受访大学生表示在校期间自己动手洗衣服。调查中，我们列出"自己手洗""用校园的洗衣机洗""到专业洗衣店洗""攒一起带回家洗""请别人帮忙洗""寄回家洗""从来不洗"七个选项供受访大学生选择。数据显示，87.6%的受访大学生自己手洗衣服，64.4%的受访大学生用校园的洗衣机洗，7.0%的受访大学生到专业洗衣店洗。值得注意的是，攒一起带回家洗、请别人帮忙洗、寄回家洗和从来不洗都有不同程度的存在，分别占4.0%、1.3%、1.2%、0.5%（见图7－2）。

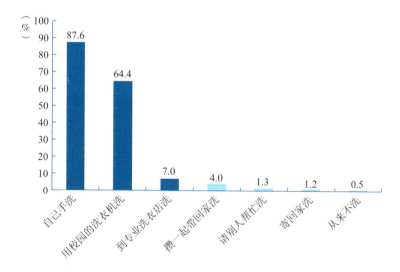

图7－2　受访大学生针对"在校期间如何处理脏衣服"的
问题情况（*N* = 1448）

家乡在一线城市的受访大学生自己手洗和用校园洗衣机洗的比例低于其他城市，攒一起带回家洗、寄回家洗、请别人帮忙洗和到专业洗衣店洗的比例高于其他城市（见表7－1）。大学是青年走向独立的开始，脱离了家长的庇佑，是实现自我管理的一个过程。在此期间，从家庭、学校到老师开始不断引导大学生对学习生活做新的规划引导和帮助，辅助大学生在大学期间实现自我独立，形成正确的人生观、价值观和世界观，养成良好的学习生活习惯。

表7-1　分城市级别的受访大学生针对"在校期间如何处理
脏衣服"的问题情况

单位：个，%

		一线城市	二线城市	三线城市	四线城市	四线以下城市
自己手洗	样本	137	221	239	348	190
	占比	77.8	87.7	87.5	91.3	93.1
用校园的洗衣机洗	样本	97	178	171	242	145
	占比	55.1	70.6	62.6	63.5	71.1
到专业洗衣店洗	样本	19	13	20	22	19
	占比	10.8	5.2	7.3	5.8	9.3
攒一起带回家洗	样本	32	6	3	12	1
	占比	18.2	2.4	1.1	3.1	0.5
请别人帮忙洗	样本	5	3	3	2	1
	占比	2.8	1.2	1.1	0.5	0.5
寄回家洗	样本	6	4	1	0	2
	占比	3.4	1.6	0.4	0.0	1.0

注：$N = 1448$。

针对"当大学生发现寝室里很乱，但又没轮到自己值日时，如何处理"这一问题，近六成受访大学生表示自己能够主动打扫寝室。对于这一问题我们在问卷中设置了场景，对此列出"自己主动打扫""邀请室友一起打扫""提醒值日同学打扫""视而不见""其他""发牢骚、抱怨"六个内容供受访大学生选择。调查发现，58.1%的受访大学生选择自己主动打扫，20.2％的受访大学生选择邀请室友一起打扫，15.5％的受访大学生提醒值日同学打扫，4.4％的受访大学生视而不见（见图7-3）。

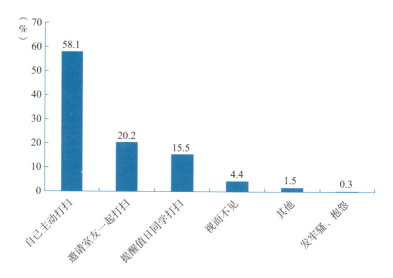

图7-3　受访大学生对"当发现寝室里很乱，但又没轮到自己值日时，如何处理"这一问题的处理方式（N＝1448）

调查中也有同学指出，在宿舍卫生问题上要避免老实或勤快人吃亏现象，个人卫生很重要，但这是自己的事，有选择主动帮忙打扫过，但是长期以来不能被珍惜，所以最终选择做好自己的。进入大学以后，大学生要适应集体新生活，在这个过程中良好的集体意识和劳动习惯很重要，也是决定其能否适应大学宿舍生活的关键内容，绝大部分学生能够较好地适应，但是也存在个别学生出现劳动意识比较落后的问题。

2. 社会实践

社会实践是一门综合性很强的课程，它不仅与大学生的学习生活紧密联系，也同社会密切相联，具有其他普通专业课程学习不可替代的育人功能，也是培养大学生劳动精神和实践能力的重要路径。

为了进一步了解大学生在校期间的劳动实践情况，我们选择从大学生实践内容和实践意义两个方面来考察大学生对劳动实践的认识和思考。

兼职打工、志愿服务（公益性活动）、公司（单位实习）是受访大学生参加社会实践活动的主要内容。针对大学生大学期间，学习之余还参加了哪些社会实践活动，我们在问卷中列出了"兼职打工""志愿服务/公益性活动""公司/单位实习""勤工俭学""社会调查""创业实践""生产劳动""三下乡""其他"九个选项供受访者选择。统计数据表明，对于不同的实践内容大学生都有参与，其中60.9%的受访大学生参加兼职打工，56.6%的受访大学生参加志愿服务/公益性活动，45.4%的受访大学生参加公司/单位实习（见图7-4）。

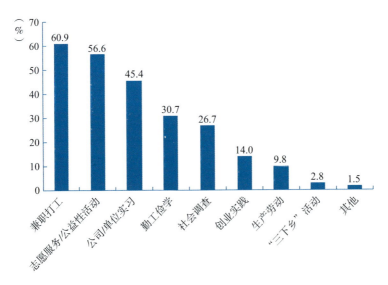

图7-4 受访大学生大学期间参加社会实践活动情况（N = 1448）

高校在大学生社会实践活动方面发挥着举足轻重的作用，不仅是大学生社会实践活动的主要组织者，同时也是大学生开展社会实践活动有力的推动者。在高等教育发展的过程中，大学生已经意识到社会实践已经成为大学学习生活的重要组成部分，而且学校将教学实际和学生发展需求相结合，积极主动创新大学生社会实践内容，为学生提供了多元化的选择，进一步调动了大学生的积极性和主动性，让大学生在实践中接受教育，真正做到德智体美劳全面发展，从思想教育和实践教育中帮助大学生成长。

大学生参加实践活动有助于帮助他们成长。针对这一内容，我们提出了"大学生认为在大学期间参加社会实践活动的主要意义"这一问题，在问卷中我们列出了"积累工作经验""多一种生活体验""丰富课余生活""扩大社交范围""能赚点生活费/零花钱""能够学以致用""培养吃苦耐劳精神""实现个人价值""完成学校的学分或实习任务""好玩，打发时间"十个选项供受访者选择。统计数据表明，63.8%的受访大学生认为社会实践的意义在于积累工作经验，61.5%的受访大学生认为可以多一种生活体验，54.5%的受访大学生认为可以丰富课余生活（见图7-5）。

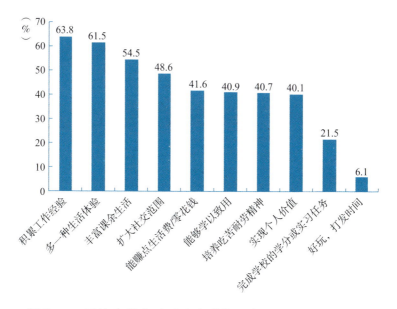

图7-5 受访大学生对"在大学期间参加社会实践活动的
主要意义"的认知情况 （$N = 1448$）

大学生社会实践活动不仅是大学生学习的需要，也是引导大学生提前走出校门、接触社会、了解国情、开启职业生涯的第一步，更是让大学生将理论所学与工作实践相结合的良好形式。大学生通过参加社会实践活动收获了不一样的经历，了解到了与课堂不同的内容，获得了对社会实践活动良好的认知和了解，这不仅给大学生提供了多元的学习文化，同时也是学校开展社会实践活动的目标和意义所在。

但是在这其中需要引起我们注意的是，也有 21.5% 的受访大学生认为参加大学实践活动的主要意义是为了完成学校的学分或实习任务。

（二）劳动就业

马克思认为："劳动不仅是谋生的手段，更是通向客观世界与主观世界的媒介，也是实现人性至善至美，彻底自由的必由之路。"① 大学生的就业观是其劳动价值观的直接反映，为深入了解当代大学生的劳动价值观现状，我们在问卷中对大学生的就业情况进行了了解。

1. 大学生对就业的认知

八成受访大学生认为大学的学习和生活对自身成长很重要。在问卷中，我们设计了"大学几年的学习和生活对我未来的发展很有帮助"这一问题，要求大学生在"非常认同""比较认同""一般""不太认同""非常不认同"中进行选择。80.2% 的受访大学生认为大学的学习和生活对未来发展很有帮助（见图 7-6）。其中，在不同性别和学历之间也呈现出差异性。男生选择"非常认同"的比例为50.3%，女生选择"非常认同"的比例仅为 39.9%，男生比女生高出

---

① 《马克思恩格斯选集》（第三卷），人民出版社，2012，第365页。

10.4 个百分点；专科生选择"非常认同"的比例为 48.9%，本科生选择"非常认同"的比例为 39.8%，专科生比本科生高出 9.1 个百分点（见图 7 - 7）。

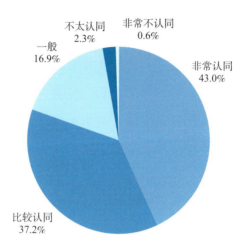

图 7 - 6　受访大学生对"大学几年的学习和生活对我未来的发展很有帮助"问题的认知情况（N = 1448）

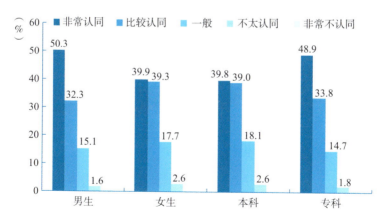

图 7 - 7　分科别和性别的受访大学生对"大学几年的学习和生活对我未来的发展很有帮助"问题的认知情况（N = 1448）

大学教育在大学生初级社会化阶段起着关键作用，直接影响着其步入社会后的发展。绝大多数大学生能够认识到这一点。但是从性别来看，女生对这一问题的认同度低于男生，表明更多的男生重视通过大学的学习和生活来提升自己创造未来的能力，部分女生可能更倾向于通过大学的学习来丰富自己的知识素养，对于未来的发展目标没有男生明确。从学历来看，专科生与本科生对该问题在"非常认同"这一选项上的差异反映了当前就业市场上"唯学历论"还在一定范围内存在，专科生比本科生面临更大的就业压力，比本科生更加希望通过大学的学习来改变自己未来发展的命运。但是，仍有近两成的大学生不能够正确认识大学的学习和生活对其未来发展的重要影响，这是受我国长期以来在基础教育阶段受应试教育导向影响，以及过去一段时期以来高等教育追求规模化办学而忽视教学质量等原因，导致一些大学生存在"进入大学就告别吃苦"的错误认识，以及高校"水课"的存在使得大学生不能正确认识大学学习和生活对今后人生的意义。这在一定程度上也说明高校人才培养要更加注重与市场需求相结合，尤其在对大学生劳动技能和实践能力的培养方面要进一步强化，不断提升大学生与社会需求的匹配度。

2. 大学生就业观

九成左右的受访大学生能够持正确的劳动就业观，且六成以上的受访大学生对未来职业发展充满信心。此次问卷调查，我们列出"职业不分高低贵贱，无论是体力劳动还是脑力劳动，都值得尊重和鼓励""大学生毕业后不工作，啃老可耻""三百六十行，行行出状元"来调查大学生对就业的看法，91.6%的受访大学生认为职业不分贵贱，89.1%的受访大学生认为行行都能出状元，83.9%的受访大学生认为毕业后"啃老可耻"（见表7-2）。这些数据反映了绝大多数大学生能够平等看待就业群体和就业行业，能够在毕业后自力更生，是正确劳动价值观的具体体现。

表7-2　受访大学生就业认同度评价情况

单位:%

	非常认同	比较认同	一般	不太认同	非常不认同
职业不分高低贵贱，无论是体力劳动还是脑力劳动，都值得尊重和鼓励	65.4	26.2	6.1	1.5	0.8
大学生毕业后不工作，啃老可耻	60.3	23.6	8.1	1.7	6.2
三百六十行，行行出状元	54.9	34.2	8.6	1.9	0.4
我对未来职业发展充满信心	32.6	35.2	26.9	4.5	0.8
我肯定能找到一份满意的工作	28.2	36.0	29.6	5.7	0.5
将来即使做不了精英，我也甘愿当普通人	25.8	30.7	26.3	12.8	4.4
我愿意去农村或偏远的基层工作	14.4	19.1	34.0	21.5	10.8
在不久的未来（10~20年），我将从事的行业/职业会因为人工智能而出现大面积失业	13.2	17.5	32.9	24.9	11.5
毕业5年内我会创业	12.2	15.8	31.9	30.0	10.1

注：$N = 1448$。

我们还在问卷中设计了"我对未来职业发展充满信心""我肯定能找到一份满意的工作"两个问题来考察即将毕业的大学生对劳动就业的信心。67.8%的受访大学生对未来职业发展充满信心（见图7-8），64.2%的受访大学生坚信自己能够找到一份满意的工作（见图7-9），而不同区域的大学生对未来职业的发展信心存在差异（见图7-10）。

从大学生家乡所在地来看，来自华北、华东、东北、西北、西南、华中、华南各区域大学生的职业发展信心依次为72.9%、69.0%、65.7%、65.1%、64.6%、61.9%、58.3%，最高的来自华北地区的大学生的就业信心比来自最低的华南地区的大学生高出近15个百分点。这些数据表明，多数受访大学生对未来就业发展是踌躇满志、信

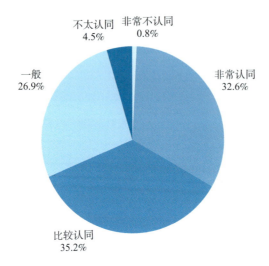

图 7 - 8　受访大学生对"我对未来职业发展充满
信心"的认同情况（$N = 1448$）

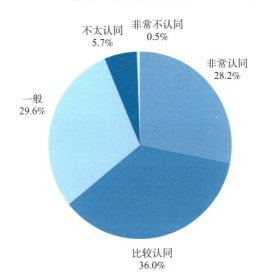

图 7 - 9　受访大学生对"我肯定能找到一份满意的
工作"的认同情况（$N = 1448$）

心满满的，但也有为数不少的受访大学生在即将步入职场时，其内心
是不确定，甚至是迷茫的。稳定就业是国家宏观经济政策重要目标之
一，大学生充分就业更是社会稳定发展的重要内容。当前我国经济发

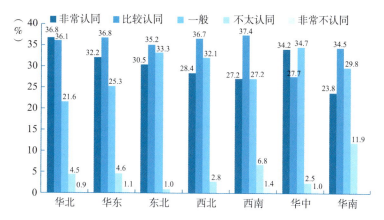

图 7 - 10　分地区的受访大学生对"我对未来职业发展的充满信心"认同情况（N = 1448）

展正处于重要的转型期，坚持以供给侧结构性改革为主线，扎实落实减税降费政策，整体就业环境和就业趋势是向好的。而且近年来为了推动就业，国家在持续推进区域协调发展战略，着力构建更加完善的人才流动机制，创造公正平等的就业环境等方面不断出台相关措施，高校也在不断加强就业指导并更加注重分类引导，来帮助大学生树立正确的就业择业观，相信未来大学生的就业信心会有较大提升。

3. 大学生就业预期

半数以上的受访大学生能够认同在无法成为"精英"的情况下，甘愿当"普通人"。我们在问卷中设置了"将来即使做不了精英，我也甘愿当普通人"的问题，56.5%的受访大学生持认同态度（见图 7 - 11）。这表明多数大学生能够放下身段，表现出积极就业的心态。根据教育部的统计数据，1978 年，中国的高等教育毛入学率只有 1.55%，但到了 2018 年，这个数字达到45.7%。而国际上通常认为，高等教育毛入学率在 15% 以下时属于精英教育阶段，15% ~ 50% 为高等教育大众化阶段。由此可见，中国的高等教育已经进入了大众化阶段。调查结果一定程度上反映出"不愿放下身段""动手能力太差却心比天高""愿意到机关事业单位，不愿到中小企业""愿意到大城市，不愿到基层"
"想当白领，不愿当蓝领"等这些过去导致大学生就业难的主观因素
在一定程度上有所缓解。另外，随着我国各领域改革不断深化，市场
在资源配置中的决定性作用发挥得愈加充分，国家鼓励、支持、引导
非公有制经济发展，实行各类减税降费等优惠政策大力推进创新创
业，使得大学生就业选择更加丰富和多元，社会优质资源不再仅限于
"精英"阶层，而是惠及更多普通劳动者，普通劳动者的价值愈加凸
显，这是中国特色社会主义制度的本质特征，也是其优越性的具体
体现。

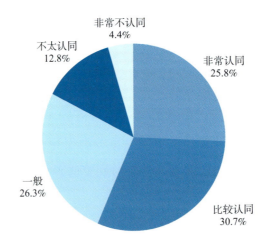

图 7 – 11　受访大学生对"将来即使做不了精英，我也甘愿
当普通人"的认同情况（$N = 1448$）

　　仅三成受访大学生愿意去艰苦地区工作。对"我愿意去农村或偏
远的基层工作"这一问题，33.5% 的受访大学生表示认同，34.0% 的
受访大学生表示"一般"，32.3% 的受访大学生表示不认同，其中
"非常不认同"和"不太认同"的比例分别为 10.8% 和 21.5%（见
图 7 – 12）。在"非常认同"的受访者中，男生比女生高出 17 个百分
点（见图 7 – 13），这一方面与传统的职业观和社会对男女"社会角

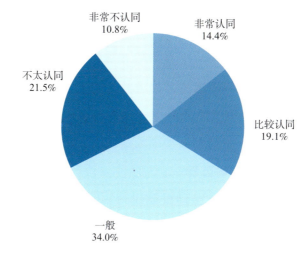

图 7－12　受访大学生对"我愿意去农村或偏远的
基层工作"的认同情况（N = 1448）

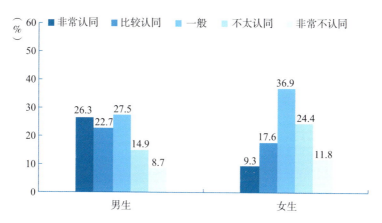

图 7－13　受访大学生对"我愿意去农村或偏远的
基层工作"的认同情况（N = 1448）

色"期望的差异，以及生理特征差别造成职业的限制有关；另一方面
也在一定程度上说明男生比女生更能吃苦。2013 年习近平总书记在同
各界优秀青年代表座谈时强调，"广大青年要牢记'空谈误国、实干
兴邦'，立足本职，埋头苦干，从自身做起，从点滴做起，用勤劳的
双手、一流的业绩成就属于自己的人生精彩。要不怕困难、攻坚克难，

勇于到条件艰苦的基层、国家建设的一线、项目攻关的前沿，经受锻炼，增长才干"[1]。大学生作为未来劳动者大军的重要组成部分，应牢记习近平总书记的殷殷嘱托，要选择到艰苦的基层去、到祖国最需要的地方去，磨炼意志，只有这样才能成长为栋梁之材。但是目前来看，由于当前劳动教育体制机制不健全，大学生还不能够正视工作中的磨炼和吃苦，对去农村或偏远的基层不太认同。

4. 大学生择业的影响因素

不低于六成的受访者把劳动报酬作为影响其择业的主要因素。我们在问卷中列出了"劳动报酬（工资待遇）""是否符合个人兴趣或发挥个人专长""升职空间""公司/单位的实力""公司/单位所在城市""福利制度（是否有五险一金等）""工作是否轻松（是否双休、加班等）""是否体面、社会地位高""培训体系是否健全""能否解决北京户口"10 个因素对影响大学生就业选择的主要因素进行分析，让大学生从中选择 3 个主要影响因素。调查结果显示，影响大学生就业选择的三大主要因素是"劳动报酬（工资待遇）""是否符合个人兴趣或发挥个人专长""升职空间"，比例分别为 62.9%、52.0% 和 41.0%（见图 7 - 14）。这些数据表明，受访大学生在择业时首先比较看重劳动报酬，其次是个人兴趣或专长的发挥，再者是升职空间。这一方面反映出大学生在即将步入社会时，希望尽快通过自身努力实现经济独立，这与前面提到的近九成大学生认为"啃老可耻"相印证；另一方面需要我们注意的是，家庭、学校、社会要正确引导大学生对于薪酬的认识，不能让大学生过度注重工资待遇，从而忽视个人价值与社会价值的有机结合。

---

① 习近平：《习近平谈治国理政》，外文出版社，2014，第 52 页。

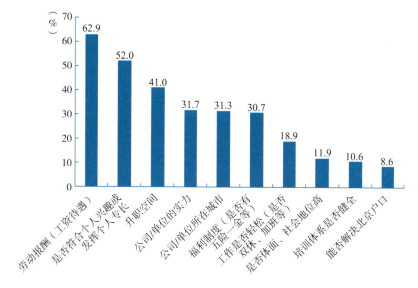

图 7 - 14　影响大学生就业选择的主要因素（$N = 1448$）

半数大学生表示毕业后会选择继续深造且动机多为个人学业追求和增加就业筹码。在问卷中，我们问及"毕业后，您打算参加工作还是继续深造"，并列出"继续深造""参加工作""现在还比较迷茫，没有明确打算""创业""其他"五个选项供其选择。50.5%的受访大学生毕业后打算继续深造，35.2%的受访大学生打算参加工作，10.5%的受访大学生还比较迷茫，3.5%的受访大学生选择创业（见图 7 - 15）。当问及"继续深造的理由"时，76.3%的受访大学生表示是为了个人学业追求，52.6%的受访大学生表示是为了增加就业筹码（见图 7 - 16）。根据调研结果，我们可以看出半数大学生会为了更好地就业而选择继续深造。这表明随着我国经济转型升级，国家对高素质人才的需求逐步上升，这一市场需求导向促使大学生继续深造，不断提升自身能力，从而能在市场竞争中脱颖而出，找到合适的工作。

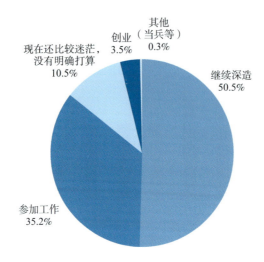

图 7 - 15　受访大学生对"毕业后，您打算参加工作还是继续深造"问题的选择情况（$N = 1448$）

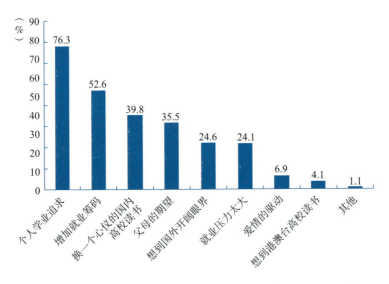

图 7 - 16　受访大学生继续深造的主要理由（$N = 1448$）

5. 大学生向往的职业类型

受访大学生最向往的职业类型是自我实现型、自由型和稳定型。我们在问卷中列出"自我实现型（发挥个性、特长）""自由型（时间和环境自由）""稳定型（职业稳定、风险小）""支配型/权力型

（政府及企事业单位领导等）""技术型（工作与专业对口）"等 9 个
类型让受访者从中选择一个，位居前三的选项分别是"自我实现型
（发挥个性、特长）""自由型（时间和环境自由）""稳定型（职业稳
定、风险小）"，比例分别为 28.7%、20.4% 和 16.4%（见图 7 - 17）。
这些数据反映了受访大学生最向往的职业类型呈现多元化的趋势，同
时更加注重在时间和空间相对自由的环境中实现自我价值。这与当下
信息技术迅速发展，"互联网 +"新经济形态渗透到各行各业密不可
分，大学生可供选择的职业类型也越来越多。结合 30.7% 的受访大学
生认为"在不久的将来（10~20 年），我将从事的行业/职业会因为人
工智能而出现大面积失业"来看（见图 7 - 18），说明一定数量的大学
生已经认识到未来人工智能取代一些领域人力劳动的趋势，这会间接
影响大学生的职业类型选择。

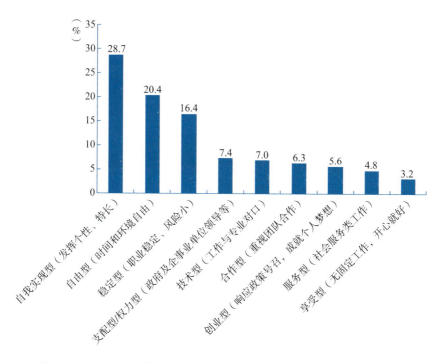

图 7 - 17　受访大学生最向往的职业类型排序情况（N = 1448）

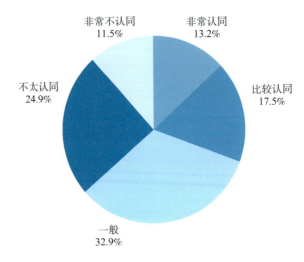

**图 7-18   受访大学生对"在不久的未来（10~20年），我将从事的
行业/职业会因为人工智能而出现大面积失业"
问题的认知情况（N = 1448）**

近五成受访大学生会勉强接受以体力劳动为主、报酬一般的工作岗位。在问卷中，我们设计了"假如毕业时，暂时还没有找到理想工作，现在有一份以体力劳动为主、报酬一般的工作岗位，您也符合招录条件，您的态度"的问题，28.5%的受访大学生选择"乐于接受，踏踏实实地干"；48.1%的受访大学生"勉强接受，先干着再找其他工作机会"；3.2%的受访大学生"不能接受，继续找工作"；10.1%的受访大学生"不能接受，不找工作了，准备考研、考公务员或考证等"；8.7%的受访大学生"不能接受，不找工作了，创业或为创业做准备"；仅有0.5%的极少数受访大学生"不能接受，不找工作了，在家陪父母"（见图7-19），与前面提及的7.9%的受访大学生认为"大学生毕业后不工作，啃老可耻"相呼应。这些数据一定程度上说明大学生对于体力劳动的正确认识有待进一步强化，家庭、学校、社会需要在大学生择业时进行正确引导。

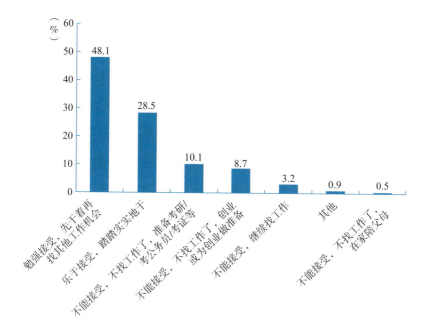

图 7 - 19 受访大学生对"假如毕业时，暂时还没有找到理想工作，
现在有一份以体力劳动为主、报酬一般的工作岗位，
您也符合招录条件"问题的态度（*N* = 1448）

个人实力、机遇运气、就业行情是受访大学生认为对就业起决定作用的前三大影响因素。我们列出"家庭背景""老师推荐""个人实力""学校名气""机遇运气""就业行情""同学或朋友帮助""专业背景""其他"9 个选项，让大学生选出对其就业起决定性作用的三大因素，84.3% 的受访大学生选择"个人实力"，54.7% 的受访大学生选择"机遇运气"，51.9% 的受访大学生选择"就业行情"（见图 7 - 20）。调查数据一方面说明绝大多数大学生认为"个人实力"在就业过程中起到了决定性作用，能够认识到自身的内因直接影响着就业结果；另一方面也表明半数大学生能够认识到"机遇运气""就业行情"等外因对其就业的重要影响。

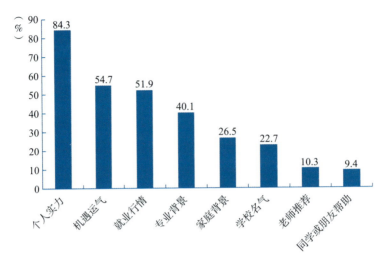

图 7 - 20　受访大学生认为对就业起到决定性影响的
因素的排序情况 （N = 1448）

二　新时代大学生劳动价值观存在的问题及原因

2017 年 5 月 3 日习近平总书记在中国政法大学考察时指出："中国的未来属于青年，中华民族的未来也属于青年。青年一代的理想信念、精神状态、综合素质，是一个国家发展活力的重要体现，也是一个国家核心竞争力的重要因素。"随着人民物质生活水平日益提高，大学生中劳动认知错误、劳动观念淡薄、劳动态度消极等不良问题仍旧存在。接下来，我们将深入分析调查问卷中发现的受访大学生在劳动价值观方面存在的问题，并进一步剖析其产生的原因。

（一）大学生思想认识方面存在偏差

1. 仍有部分大学生认同消极劳动文化

大学生对劳动认知的对错、认同感的高低，直接关系到自己人生理想的实现和中华民族的兴旺发达。依托于问卷调查，我们发现在大学生群体中仍然存在劳动认同感不强、劳动认知有偏差甚至错误的现象。4.8%的受访大学生认同"劳心者治人，劳力者治于人"，6.2%的受访大学生认同"学而优则仕"，21.1%的受访大学生认同"万般皆下品，唯有读书高"（见表7-3），12.5%的受访大学生认同"劳动会耽误学习"。当问及大学生对"有钱了，就不用劳动了"这种表述的态度时，有22.0%的受访大学生认同这一观点。当问及"假如毕业时，暂时还没有找到理想工作，现在有一份以体力劳动为主、报酬一般的工作岗位，大学生是否愿意接受时"，有23.4%的大学生表示不能接受。

表7-3　受访大学生对"万般皆下品，唯有读书高"等观点的认知情况

单位：%

	非常认同	比较认同	一般	不太认同	非常不认同
万般皆下品，唯有读书高	6.3	14.8	28.5	23.0	27.4
学而优则仕	1.7	4.5	20.1	27.6	46.2
劳心者治人，劳力者治于人	1.4	3.4	14.5	31.6	49.1

注：$N=1448$。

从调查数据可以看出，许多大学生仍存在不认可体力劳动，甚至轻视体力劳动的问题。不可否认，传统观念对当代大学生的影响是根深蒂固的，轻视体力劳动、唯读书论等在一定程度上仍存在于今天的大学生群体中。同一调查在不同城市和不同性别之间的差异也比较大，数据表明大学生家乡所在城市级别越高，对劳动的认知越容易出现偏差。究其原因，主要是传统文化的消极影响与现代高等教育中劳动教育的缺位。我国有两千多年的封建社会历史，在以小农经济为基础的文化价值体系中，劳动伦理方面存在一定的缺陷。以儒家思想为主体的中国传统文化，对于劳动特别是体力劳动多持有轻视和否定的态度。此外，传统文化中的等级观念、尊卑文化、小农意识等也在一定程度上对现代家庭和大学生产生了消极影响。许多家庭受到传统消

极劳动观念的影响，形成了错误的劳动认知，轻视劳动，看不起劳动人民。子女长期在这种错误观念的认知环境中，自然而然也就形成了错误的认识，讨厌劳动，轻视劳动，看不到劳动的光荣与伟大。

当前在我国的高等教育体系中，普遍呈现一种"重智育、轻德育"的现象。一方面，学校更加侧重于科学文化知识传授，已有的劳动教育目前还都仅停留在单纯的观念式教育层面，劳动教育课程中的很多内容存在表面化、虚化的问题，并没有建立起实质性的劳动评价体系，学生从中很难获得有效的信息和内容。以学校的思想政治教育课为例，很多学校在具体的课程策划安排中，往往只是选择求职就业、心理辅导、情绪减压等内容，未能将思政教育与劳动教育充分结合，从而不能充分发挥课堂应有的积极作用。另一方面，高校劳动教育师资极度缺乏，社会中从事劳动技能的人员占少数，相关方面的专业教育资源更是少之又少，很多学校找不到可以专门进行劳动教育授课的教师。因此，对大学生的劳动教育还远远不够。

2015 年习近平总书记在全国劳模大会上的讲话中强调："在我们社会主义国家里，一切劳动，无论是体力劳动还是脑力劳动，都值得尊重和鼓励，全社会都要以辛勤劳动为荣、以好逸恶劳为耻，任何时候任何人都不能看不起普通劳动者，都不能贪图不劳而获的生活。"劳动认知的建立是整个劳动教育体系中的第一环，因此我们必须要加强对大学生的劳动认知引导的重视度，加大力度改进学校劳动教育体系，加强劳动认知的培养的长效性和实效性，帮助大学生树立起正确的价值观与劳动认知。

2. 对艰苦奋斗精神的认识还不够深刻

艰苦奋斗精神自古就有，然而随着时代的改革和发展，人们生活水平的提高，人们的价值观渐有改变，很多人认为在当下这样一个物质生活充裕和精神生活丰富的多元化时代，艰苦奋斗精神已经过时了。2018 年"五一"国际劳动节前夕，习近平总书记给中国劳动关系学院劳模本科班学员的回信中这样写道："社会主义是干出来的，新时代也是干出来的。希望你们珍惜荣誉、努力学习，在各自岗位上继续拼搏、再创佳绩，用你们的干劲、闯劲、钻劲鼓舞更多的人，激励广大劳动群众争做新时代的奋斗者。"新时代更加需要艰苦奋斗精神，这个时代的艰苦奋斗精神，不仅指在物质层面我们要坚持艰苦朴素、勤俭节约的生活作风，更强调我们在精神层面要保持着战胜一切艰难险阻、一往无前的思想态度。在问卷中，我们基于受访大学生的经历和认知，让其选择"你认为当代大学生在劳动价值观方面有哪些突出问题"时，位居前三的选项是"奋斗目标不明确，荒废时光""独生子女娇生惯养，抗挫折能力差""缺乏艰苦奋斗精神"，占比分别为44.2%、38.8%和37.1%（见图7-21）。这些问题都与不能正确认知新时代艰苦奋斗精神有关。

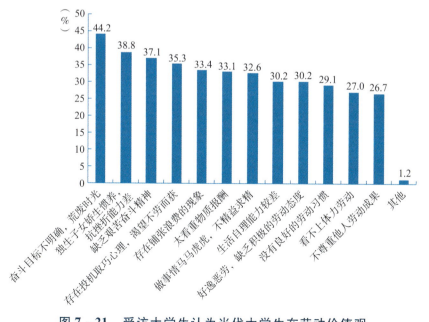

图 7 - 21　受访大学生认为当代大学生在劳动价值观
方面存在的突出问题（*N* = 1448）

究其原因，一方面，与当代大学生的自身经历有关，半数左右的受访大学生是在独生子女家庭中成长起来的，或即便不是独生子女的成长环境，"95 后"的大学生也告别了过去父辈们物质生活贫乏的艰苦时代，父母出自本能的关心和爱护，使他们过着衣食无忧的生活，他们缺少抗压能力和抗挫能力，缺少面对困难时独自解决问题的能力。加之一些大学生，甚至不少家长和学校老师持"只需要学习课本知识能够顺利升学（毕业）就够了"的片面观点，导致大学生从小就欠缺鼓励劳动、亲身参加劳动的环境，进而"不会劳动"；很少感受劳动带来的收获的喜悦，进而"不爱劳动"；不能深刻体会劳动的艰辛，进而"不珍惜劳动成果"；也直接导致一些大学生认为艰苦奋斗精神在自己的学习和生活中是可有可无的。学习是大学生的天职，没有扎实的专业知识作为支撑，大学生在就业时就会寸步难行；但缺少实践历练的大学生，将无法把专业知识有效转化为工作中的生产力，最后只能变成"纸上谈兵"。另一方面，也与大学生受到多元社会价值观的影响有关。当今世界，信息技术革命日新月异；当代中国，互联网事业发展如火如荼。20 多年来，中国网民数量迅猛增长，规模已经超过 8 亿。根据中国互联网络信息中心（CNNIC）发布的第 42 次《中国互联网络发展状况统计报告》，我国网民以青少年、青年和中年群体为主。截至 2018 年 6 月，10～39 岁群体占总体网民的 70.8%。其中 20～29 岁年龄段的网民占比最高，达 27.9%[1]，当代大学生已经成为真正意义上的"网络原住民"。互联网不但对大学生的表层生活造成了较大改变，更是在根本上为青年群体营造起了新的"拟态环境"。整个网络社会中弥漫着急功近利的气息，充斥在一些网络文化

①　《CNNIC：20～29 岁年龄段网民占比最高　网民中学生群体最多》，人民网，http://media.people.com.cn/n1/2018/0820/c14677-30239533.html。

中的拜金主义、享乐主义等负向劳动价值观，使青年群体陷入现实与虚拟的价值冲突中，无法正确认知新时代赋予的艰苦奋斗精神的新内涵。

3. 部分大学生对待劳动成果的态度不够端正

2014年5月4日习近平总书记在北京大学师生座谈会上的讲话中指出："道德之于个人、之于社会，都具有基础性意义，做人做事第一位的是崇德修身。这就是我们的用人标准为什么是德才兼备、以德为先，因为德是首要、是方向，一个人只有明大德、守公德、严私德，其才方能用得其所。"因此，德是大学生首要的第一品德，也是学校育人的第一方向指引。在调查中我们发现，吃苦耐劳、勤俭节约、无私奉献等优良品质在大学生中普遍缺乏。在品德指标测试中，我们选择对大学生珍惜劳动成果这一项进行调查，调查中我们发现有21.7%的受访大学生不认同"我崇尚每日光盘行动，节约粮食"，认为光盘行动和节约粮食与自己无关。针对别人浪费食物的情形，更有41.6%的受访大学生认为"这是别人的权利，我无权干涉"，14.1%的受访大学生认为"自己也有浪费发生，情有可原"。相比之下，在今天中国许多偏远山区，仍有许多地方的学生和居民因为温饱问题而苦恼。2018年发布的《中国城市餐饮食物浪费报告》显示，我国每年在餐桌上的浪费约为12%，大型聚会浪费则达38%，而学生盒饭有1/3被扔掉，可见在今天，不仅是大学生，还有很多国人尚未形成节约意识。此外，21.3%的受访大学生认同"新时代不需要弘扬艰苦奋斗精神了"，有13.5%的受访大学生认同"过生日时即使我钱不够，我也会借钱请客"。可见在今天的劳动教育中，品德教育仍需要进一步纠正与强化。具体来看，主要表现在以下两个方面：一方面，大学生对劳动品德缺乏正确理解，很多大学生提到勤俭节约、艰苦奋斗就想到吃剩饭、穿补丁衣等情景，认为在今天经济飞速发展、人民生活水平显著提高的情况下，已经不再需要勤俭节约、艰苦奋斗的精神；另一方面，现在的大学生大多是"90后"或者"00后"，在经济方面父母对孩子是有求必应，很少过问如何花费，在富裕环境中成长起来的学生既缺乏对艰苦生活的锻炼，也缺乏对生活逆境的体验，没有接受挫折的思想准备和承受能力，很难正确理解新时期艰苦奋斗、勤俭节约精神的时代内涵。

在大学生消费调查中，我们也看到有21.3%的受访大学生会选择提前透支、超前消费，其中，选择消费贷/分期付款的占13.6%，选择信用卡透支消费的占5.8%，选择校园贷等借贷类软件的占1.9%，这也反映出消费方式不断更新的现代生活对大学生也产生了重要影响。近两年，不断有媒体报道"校园裸贷""学生因为偿还不起贷款而跳楼自杀""704校花"等负面新闻，一些不良商家借助各种名目比如提供兼职等方式变相向大学生提供贷款，虽然国家屡屡禁止，但此类问题仍然层出不穷，贷款消费的现象在大学生群体当中依然是一个需要重视的问题。建议学校进行适当宣传教育，引导大学生进行合理的超前消费，树立正确的消费观，让大学生多了解校园贷等规则，避免陷入债务缠身的窘境。这也反映出大学生消费观念存在误区。《2018中国大学生网络生态和消费行为报告》从消费状况、消费行为、消费心态对大学生的消费情况进行了解读分析，大学生消费结构整体合理但存在不均衡的状况，消费欲望比较强和消费能力比较弱是一个比较突出的矛盾，线上消费和大学生发展不匹配①。在大学生群体中，以自我为中心、好逸恶劳、追求个性等心理行为不同程度地存在着。同学之间不比学习、不比实干，而是攀比享乐、争相浮夸，或是个别

① 《2018中国大学生网络生态和消费趋势峰会举行》，中国青年网，http://qnzz.youth.cn/qckc/201810/t20181020_11759674.htm。

同学炫耀不劳而获。这些都对同学产生误导，同时对崇尚劳动、刻苦努力的学生也会逐渐产生冲击，使得很多学生动摇自己本来正确的价值观念。

（二）部分大学生在劳动实践上面临挑战

1. 部分大学生还未养成良好的日常劳动习惯

劳动是大学生成长发展的需要，也是 21 世纪人才培养的要求。良好的劳动习惯对于大学生性格的塑造、责任感的培养、品质的磨炼都是有意义的。而在针对大学生劳动习惯的调查中，我们通过对受访大学生寒暑假平均每天做家务劳动时长来看，27.1% 的受访大学生做家务时间都在半小时以内，有的甚至完全不做家务。有 15.6% 的受访大学生认同"家务活是家长的事，不需要孩子插手"。对于大学生在校期间对脏衣服的处理问题上，有 71.4% 的受访大学生采用洗衣机或者送到专业洗衣店洗，还有 7% 的受访大学生选择攒一起带回家洗、寄回家洗或者请别人帮忙洗，甚至存在一些大学生从来不洗的情况。而家乡在一线城市的大学生攒一起带回家洗、寄回家洗、请别人帮忙洗和到专业洗衣店洗的比例高于一线以下城市。

家庭是孩子人生的第一所学校，父母是孩子的第一任老师。现代家庭多为独生子女家庭，这些学生从小就在宠爱甚至溺爱的环境中成长起来。一方面，家长们担心孩子会感到劳累或受到伤害，因此主动承担了一切可能的家务劳动，让孩子失去了很多学习锻炼的机会，导致很多学生养成了"衣来伸手，饭来张口"的习惯，养成了懒惰自私、怕苦怕累，对他人依赖，独立自理能力严重不足，在学校里班级卫生、宿舍卫生从来不愿意主动参与，甚至连自己的衣服都要攒着带回家洗或者请别人洗，劳动习惯严重缺失。这种对孩子的溺爱导致了劳动教育在家庭教育中的缺位，使得劳动最美丽、劳动最光荣的价值观念彻底被弱化，学生丧失了辛勤劳动、自力更生的品质。久而久之，家长不关注劳动习惯的培养，也不给孩子劳动的机会，学生本身对此也缺乏关注，因此劳动意识缺乏，也就出现了一些大学生不会劳动、不爱劳动的现象。另一方面，一些家长把孩子的主业定义为读书学习，只关注孩子的学习成绩和名次，家庭事务方面不让孩子参与，目的就是让孩子能够"一心只读圣贤书"，以考高分为目标。进入大学校园之后，孩子与家长被迫分离开。在大学以前，很多大学生都没有做过最常见的家务劳动，离开父母的照顾与家庭的保护，生活不能自理成为一些大学生面临的问题，出现了衣不会洗、地不会扫的尴尬情况，甚至有的学生懒惰成性，宁愿在宿舍里睡懒觉也不愿意做清洁，寝室中乱七八糟，擦黑板、拖地之类的事情更觉得与自己无关。在这种环境下，大学生劳动习惯的缺失显得尤为明显。

2. 大学生对自己的就业较为迷茫

调查问卷中有多个问题涉及对大学生就业信心的测试，根据前文大学生劳动价值观现状中提及的情况，我们发现有两成左右的大学生对未来就业的信心不是很确定，有一成的大学生甚至是迷茫、不知所措的。当前，就业已告别了过去计划经济体制下"包分配"的局面，双向选择、自主择业的市场经济就业格局已经形成，给大学生就业提供了更多的选择和更大的灵活性，但也直接导致了一些大学生由于缺少明确的职业规划和一定市场竞争力的专业技能，必然会在就业时感到迷茫。当然，这也与前文提到的近四成的独生子女大学生从小娇生惯养、抗挫能力差有一定的关系。因为就业竞争的存在，大学生需要不断地将自己的求职意向与市场需求在一次次的笔试、面试等选拔中进行充分匹配和调整，最后经过双向选择，确定自己未来的职业发展方向。就业很少一次就能够成功，就业信心需要在一次次的失败中不断增强，这对部分受挫能力差的大学生而言确实是一个挑战。

（三）劳动教育缺失的表现

1. 家庭在劳动教育方面缺乏正确的理念

当我们在问卷中问及"在您看来，家庭在劳动价值观教育方面存在的主要问题"时，59.9%的受访大学生选择"在家长眼里，学习是天职，成绩是第一位的，干不干家务无所谓"，50.4%的受访大学生选择"家长缺乏正确的劳动教育理念"，38.5%的受访大学生选择"家长对我的成长干预过多，甚至是包办"，38.1%的受访大学生选择"家长很忙，没时间、没精力教育我"，35.7%的受访大学生选择"家长没有起到榜样示范作用"，26.4%的受访大学生选择"家庭结构不完善（父母离婚等，没有良好的成长环境）"，16.1%的受访大学生选择"从小没有与父母一起生活，没人有效引导我"，5.2%的受访大学生选择了"其他"（见图7-22）。这些数据表明，在大学生看来，家庭对他们劳动价值观形成起到了重要作用，大学生之所以会存在"不爱劳动、不会劳动、不珍惜劳动成果"的问题，与从小家庭教育有着密不可分的关系。一些家长过于重视对孩子脑力劳动能力的培养，割裂了脑力劳动与体力劳动的关系，致使出现前面现状分析中提到的"不到半数的大学生会勉强接受以体力劳动为主、报酬一般的工作岗位"的问题。这与多年来国家对学生评价体系的构建过度强调应试、忽视对劳动教育成果的评价有关。一直以来流传的"学好数理化，走遍天下都不怕"等观念的存在使家长们觉得只要孩子学习好，就能有光明的未来这样错误的想法，直接导致家庭中劳动教育的缺失或不健全。同时，家长榜样示范的缺失和不完整的家庭环境也是造成大学生劳动价值观存在偏差的重要因素，家长的劳动价值观对孩子劳动价值观的形成起着潜移默化的作用，而完整和谐的家庭环境更是形成良好劳动价值观的基本载体，这两大因素在引导孩子树立正确的劳动价值观方面所起的作用不容忽视。

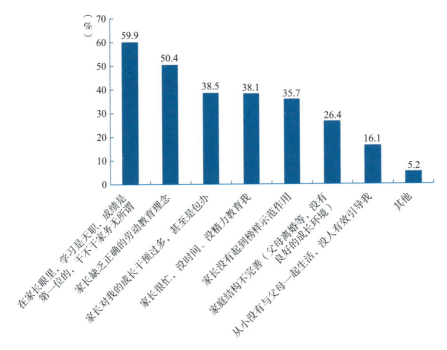

图 7 - 22　受访大学生认为家庭在劳动价值观教育
方面存在的主要问题（N = 1448）

2. 学校劳动教育的供给未能充分满足大学生的需求

为了了解大学生眼中学校劳动教育存在的问题，我们在问卷中设计了"在您看来，学校在劳动价值观教育方面存在的主要问题"，57.5%的受访大学生认为"有的学生靠投机取巧实现了不劳而获"，53.3%的受访大学生认为"关于劳动教育方面的实践课程太少"，45.2%的受访大学生认为"校园文化中缺乏劳动教育的相关内容"，44.3%的受访大学生认为有的学生靠家长等关系得到更多机会，37.2%的受访大学生认为"有的学生违反了劳动纪律并没有受到惩罚"，35.8%的受访大学生认为"老师在劳动教育方面的引导和示范不够"，23.3%的受访大学生认为"学校不重视劳动教育"，3.2%的受访大学生选择了"其他"（见图 7 - 23）。被调查的对象都是在校大学生，他们都是经过刻苦努力学习、取得较好成绩以后才得以选拔到高等学府深造的，因此，他们中的绝大多数不仅认同劳动创造价值的观点，也认同自身收获的多少与自己付出多少呈正相关关系。这种认知一方面可以促使大学生通过自己的勤奋努力实现自己所追求的目标，这可以从现状分析中的有关数据得知，但另一方面也容易形成付出必然要得到应有回报的线性思维。然而，任何事物的发展都是螺旋式上升的，一些大学生会在自己一时"劳而无获"而看到他人暂时的"不劳而获"时（比如有的学生靠家里关系得到了理想的就业岗位，有的学生考试作弊获得了好成绩等），对自己之前树立的正确劳动价值观产生动摇，认为世界对自己不公平，久而久之，就会由积极劳动转向消极怠工，甚至投机取巧、铤而走险。同时，高校加强劳动教育的实施路径过于单一，高校劳动教育实践课程太少，校园文化中劳动教育元素缺失等问题也都亟待解决。

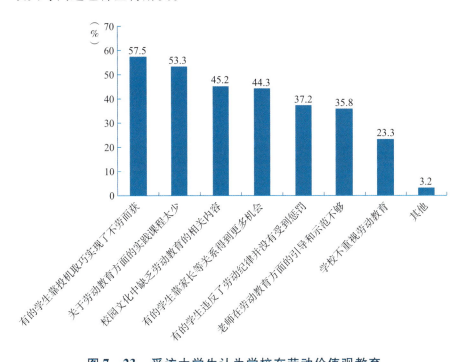

图 7 - 23　受访大学生认为学校在劳动价值观教育
方面存在的主要问题（N = 1448）

（四）社会氛围存在一些误导内容

1. 当下一些社会不良现象误导了部分大学生的劳动价值观

当我们在问卷中问及"在您看来，社会在劳动价值观教育方面存在的主要问题是什么"时，选择"高房价/房租时代，年轻人努力也看不到希望"和"社会氛围急功近利，追求短平快"的受访大学生各占 55.9%，选择"经常能在社会中看到不尊重体力劳动者的现象"的占受访大学生的 50.2%，选择"影视作品、娱乐综艺节目的价值导向存在偏差"的占受访大学生的 49.4%，选择"空谈误国、实干兴邦未落到实处"的占受访大学生的 32.1%，选择"职业教育不受重视"的占受访大学生的 31.8%，选择"媒体关于科学家、大国工匠、劳动模范的宣传有限"的占受访大学生的 24.2%（见图 7 – 24）。这些数据反映了大学生自身认为的当前影响他们劳动价值观的社会因素。高房

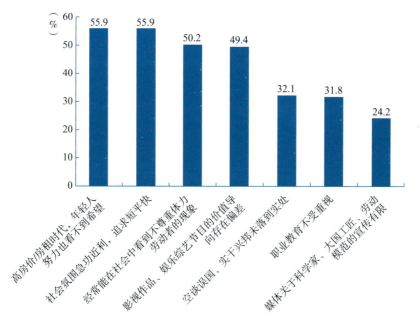

图 7 – 24　受访大学生认为社会在劳动价值观教育方面存在的
主要问题（$N = 1448$）

价、高房租使得一些刚刚步入社会的大学生每个月的工资大部分要么用于还房贷，要么用于交房租；投机性投资、网红直播等急功近利、追求短平快的非常态劳动方式使得一些大学生渴望不劳而获、热衷一夜暴富；一些影视作品、综艺节目无形中倡导的"宁愿在宝马车里哭，也不在自行车上笑"；一些地方经济发展大搞"形象工程"，不落实具体惠民举措；职业技能教育被部分人认为是"考不上重点大学，退而求其次"的无奈选择；媒体对于影视娱乐明星的宣传多于对科学家、大国工匠、劳动模范的宣传等，这些社会不良现象充斥在大学生身边，直接对他们的劳动价值观产生了不良影响。

2. 同辈群体的负面思想追求倾向影响着大学生的劳动价值观

同辈群体是由一些年龄、兴趣、爱好、态度、价值观、社会地位等方面较为接近的人所组成的一种非正式群体。进入大学后，大学生身边的同辈群体多为大学同学，他们因平时学习、生活经常聚集在一起，彼此间有着很大的影响，甚至有可能超过父母和老师。当在问卷中问及"在您看来，目前您周围大多数大学生的思想追求倾向于"（限选3~5项）这一问题时，从负向来看，主要是消费主义、享乐主义、实用主义、利己主义和功利主义，分别占50.0%、48.5%、44.8%、39.6%和33.1%；从正向来看，主要是乐观主义、集体主义和爱国主义，分别占48.1%、31.1%和26.3%（见图7-25）。

同辈群体环境对大学生自身的劳动价值观的影响有积极的一面，也有消极的一面。积极的一面是，拥有正向思想倾向的同辈群体能够将乐观主义、爱国主义、集体主义等正能量于日常交往的细节之中、细微之处传递给大学生。比如，有的大学生在收到求职单位的拒信时，可能会对未来就业产生迷茫，这时候班干部如果能够及时开导他要愈挫愈勇、乐观向上，总结失败的经验，下次再努力，那么很有可能就会使他重拾信心，对求职再次充满期望。消极的一面是，同辈群体会

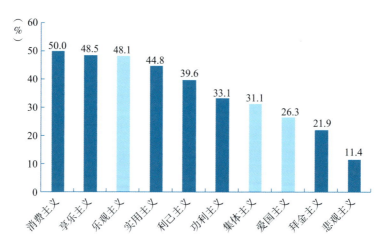

**图 7 – 25   受访大学生对目前周围大学生的
思想追求倾向的看法 （N = 1448）**

把消费主义、享乐主义、拜金主义等消极价值观传递给其他大学生。因为一旦群体内规范与社会行为规范相违背时，群体内部强大的无形的制约力会促使大学生屈从于群体行为规范，不利于大学生的正确劳动价值观的形成。比如，同一间宿舍里的同学都好吃懒做、宿舍卫生不打扫、衣服都不自己洗、上课总迟到、晚上熬夜打游戏、平时吃穿还攀比，在这样的同辈环境影响下，大学生很难认识到劳动和奋斗的重要意义。

第八章

榜样引领：用劳模精神引领新时代大学生
培育践行社会主义核心价值观

党的十九大报告提出，要"弘扬劳模精神和工匠精神，营造劳动光荣的社会风尚和精益求精的敬业风气"①，"把社会主义核心价值观融入社会发展的各方面，转化为人民的情感认同和行为习惯"②。回顾历史，劳模评选表彰作为我国特有的一项制度，起源于中国共产党在陕甘宁边区时期的劳动生产运动，新中国成立后该制度一直沿袭下来。"奖励劳动模范和先进工作者"于1982年被写入宪法，之后劳模评选表彰逐步成为一种常态机制。纵观不同时期劳模的构成、劳模评选标准、评选范围及树立典型，均与当时的生产力发展水平、社会经济现状及劳动价值导向密切相关。劳模评选制度在与时俱进的同时，劳动模范一直是时代先锋，他们身上所承载和彰显的劳模精神一直发挥着引领作用，已成为社会主义核心价值体系的重要内容。

2015年，习近平总书记在庆祝"五一"国际劳动节大会上的讲话中指出："劳动模范和先进工作者是坚持中国道路、弘扬中国精神、凝聚中国力量的楷模，他们以高度的主人翁责任感、卓越的劳动创造、忘我的拼搏奉献，为全国各族人民树立了学习的榜样。"③ 劳模精神作为民族精神与时代精神的集中体现，在文化传承、爱国情怀、道德提升、教育导向等方面，与社会主义核心价值观均具有高度的契合性和一致性④，是对社会主义核心价值观的生动诠释。高校弘扬劳模精神，有利于引导青年大学生树立正确的劳动价值观，涵养深厚的劳动情怀，成为德智体美劳全面发展的中国特色社会主义事业合格建设者和可靠接班人。

---

① 《中国共产党第十九次全国代表大会文件汇编》，人民出版社，2017，第25页。
② 《中国共产党第十九次全国代表大会文件汇编》，人民出版社，2017，第34页。
③ 《庆祝"五一"国际劳动节暨表彰全国劳动模范和先进工作者大会隆重举行　习近平发表重要讲话》，《人民日报》2015年4月29日，第1版。
④ 《中国共产党第十九次全国代表大会文件汇编》，人民出版社，2017，第85页。

一　劳模精神的内涵演进与内在逻辑

劳动模范评选制度起源于陕甘宁边区评选劳动英雄和模范工作者运动。一方面，劳模评选制度随着革命、建设的主题任务改变而相应改变，每一时期都产生了一批彰显时代特征的劳动模范，劳模精神内涵也相应地被赋予特有的时代元素，这充分体现了事物发展中"变"的特质。另一方面，劳模作为时代的领跑者，劳模精神作为时代精神的集中体现，引领社会大众投身于社会主义建设事业的价值导向作用不曾改变，这又充分体现了规律性的"不变"的特质。

（一）劳模精神的内涵演进

陕甘宁边区政府时期，我国正处于抗日战争阶段，劳动英雄和先进生产者主要来自农业、机关和军队，主导思想是"服务战争"，劳模精神则是"为革命献身、革命加拼命、苦干加巧干、经验加创新"[1]。新中国成立之初的劳模主要来自工业战线的基层，一线产业技术工人是主流，评选出来的劳模通常是具有熟练的操作技能，良好的生产能力的"老黄牛式"的技术工人。王进喜、时传祥、张秉贵、倪志福是这一时期代表人物，劳模精神的内涵则演变为"艰苦奋斗、自力更生、无私奉献"[2]。20世纪70年代末至80年代末，开始采用生产力标准评选劳模，林巧稚、陈景润、邓稼先等科研工作者成为代表人物。这一时期的劳模不仅具有无私奉献、拼命苦干的"老黄牛"精神，更强调其对生产力发展的促进作用和对改革开放事业的突出贡献。

---

[1] 王永玺、张晓明：《简述中国劳模的发展历史》，《北京市工会干部学院学报》2010年第9期，第7页。

[2] 王永玺、张晓明：《简述中国劳模的发展历史》，《北京市工会干部学院学报》2010年第9期，第8页。

　　进入常态化制度化时期，大部分劳模渐渐具有"知识型、创新型、技能型、管理型"等特点①，许振超、包起帆、孔祥瑞、巨晓林等一大批高技能人才成为劳动模范的代表人物。2005 年 4 月 28 日，胡锦涛在全国劳模表彰大会上指出，"一代又一代先进模范人物，以自己的实际行动铸就了'爱岗敬业、争创一流，艰苦奋斗、勇于创新，淡泊名利、甘于奉献的伟大劳模精神'"②，这是首次用 24 个字对劳模精神进行生动概括。至此，劳模精神的内涵形成完整表述。之后，在 2010 年和 2015 年的全国劳模和先进工作者表彰时，都用了这一固定表述来阐释和宣传劳模精神。

　　劳模精神是指劳动模范和先进工作者身上所承载与彰显的精神，随着时代变迁，其内涵也相应得到丰富发展。从初期强调"艰苦奋斗、勇于奉献"的"老黄牛"精神，到新时代融入创新精神和工匠精神，劳模精神始终体现出劳动价值的时代导向。新时代背景下，劳模精神成为习近平新时代中国特色社会主义劳动思想的重要组成部分。习近平总书记先后这样阐述劳模精神，"丰富了民族精神和时代精神的内涵，是我们极为宝贵的精神财富"③，"生动诠释了社会主义核心价值观，是我们的宝贵精神财富和强大精神力量"④，"是伟大时代精神的生动体现"⑤。这些重要论述既强调了劳模精神作为中国特色社会主义精神文化财富的重要意义，更凸显了劳模精神的时代价值。

---

① 王永玺、张晓明：《简述中国劳模的发展历史》，《北京市工会干部学院学报》2010 年第 9 期，第 8 页。

② 《胡锦涛在 2005 年全国劳动模范和先进工作者表彰大会上的讲话》，新浪网，http://news. sina. com. cn/c/2005 – 04 – 30/21345794989s. shtml。

③ 《习近平在同全国劳动模范代表座谈时的讲话》，《人民日报》2013 年 4 月 29 日，第 1 版。

④ 《庆祝"五一"国际劳动节暨表彰全国劳动模范和先进工作者大会隆重举行　习近平发表重要讲话》，《人民日报》2015 年 4 月 29 日，第 1 版。

⑤ 《习近平在乌鲁木齐接见劳动模范和先进工作者、先进人物代表　向全国广大劳动者致以"五一"节问候》，《人民日报》2014 年 5 月 1 日，第 1 版。

（二）劳模精神的内在逻辑

"爱岗敬业、争创一流，艰苦奋斗、勇于创新，淡泊名利、甘于奉献"构成了劳模精神的丰富内涵。就其内在逻辑而言，"爱岗敬业、争创一流"是劳模的奋斗目标；"艰苦奋斗、勇于创新"展现了劳模的精神风貌；"淡泊名利、甘于奉献"体现了劳模的思想境界，三方面相辅相成、互为补充①。"艰苦奋斗、勇于创新"的精神风貌是实现"爱岗敬业、争创一流"的奋斗目标的基础，"淡泊名利、甘于奉献"的思想境界又是展现"艰苦奋斗、勇于创新"的精神风貌的必要条件。这就要求，新时期劳模精神应具有敬业、创新和奉献三方面的特质。敬业是劳模精神的核心，所有劳模应具备脚踏实地、求真务实的敬业精神；创新是时代赋予劳模精神的新内涵，新时期劳模不仅是敬业奉献"老黄牛"，更应当是知识型、技能型、创新型人才的典范；奉献则是劳模精神的主旋律，任何时代的劳模需具有默默奉献、勇于付出、不计回报的精神特质。

爱岗敬业、争创一流是劳模精神的本质特征，体现了劳模对国家、社会、职业的高度的责任感、使命感和舍我其谁的主人翁精神。艰苦奋斗、勇于创新是劳模精神的品质体现，劳模是辛勤劳动、诚实劳动、创造性劳动的实践者，他们奋发图强、敢为人先，在实现中华民族伟大复兴的征程中彪炳史册。淡泊名利、甘于奉献则是劳模精神的价值追求，随着时代变迁，劳模精神的内涵不断丰富发展，但劳模精神的价值追求和精神引领未曾改变，每一时期的劳模都不计名利、甘于奉献，在体现党和国家价值导向的同时，带领着更多人积极投身于社会主义建设事业。

---

① 徐大慰：《劳模精神的时代内涵及其现实价值》，《中国井冈山干部学院学报》2016 年第9 期。

二　劳模精神与社会主义核心价值观

从文字表述上看，劳模精神的内涵与社会主义核心价值观既有区别，又有联系。从内涵的形成过程来看，二者产生的时代背景不同，但它们的精神实质却高度契合，相互融通，都已成为社会主义核心价值体系的重要内容。

（一）劳模精神和社会主义核心价值观具有共同的文化归属

从陕甘宁边区政府开始，中国共产党在实践中逐步探索出一套评选、表彰、宣传、推广模范人物和先进经验的劳模评选制度。新中国成立后，该制度一直沿袭下来，1982 年，"国家提倡社会主义竞赛，奖励劳动模范和先进工作者"被写入宪法①，成为一项长期坚持的特色制度。纵观不同时期劳模的构成，劳模评选标准、评选范围及选树典型，均与当时的生产力发展水平、社会经济现状及劳动价值导向密切相关。劳模评选制度在与时俱进的同时，这些劳动模范一直是时代先锋和行动楷模，他们身上所承载的劳模精神一直发挥着引领作用，是革命文化的重要内容和生动体现，已成为社会主义核心价值体系的重要组成部分。

党的十八大报告提出"富强、民主、文明、和谐、自由、平等、公正、法制、爱国、敬业、诚信、友善"的社会主义核心价值观，这24 个字从国家、社会和个人三个层面概括和凝练出了社会主义核心价值的目标，三个层面相辅相成、互为补充，体现了社会主义核心价值体系的根本性质和基本特征，反映了社会主义核心价值体系的丰富内涵和实践要求，是社会主义核心价值体系的高度凝练和集中表达。它

---

① 王彩霞：《"奖励劳动模范和先进工作者"写入宪法的历史溯源》，《山西省政法管理干部学院学报》2010 年第 9 期。

传承着中国优秀传统文化基因，寄托着近代以来中国人民上下求索、历经千辛万苦确立的理想和信念，也承载着每个人的美好愿景。这一价值观是社会主义先进文化的具体体现，也是中国特色社会主义文化的实践成果。

党的十九大报告指出，"中国特色社会主义文化，源自于中华民族五千多年文明历史所孕育的中华优秀传统文化，熔铸于党领导人民在革命、建设、改革中创造的革命文化和社会主义先进文化，植根于中国特色社会主义伟大实践"。可见，中国特色社会主义文化由中华优秀传统文化、革命文化和社会主义先进文化三大部分组成。彼此的逻辑是，劳模精神与社会主义核心价值观都是中国特色社会主义文化的重要内容，二者都彰显着共同的价值追求。

（二）劳模精神与社会主义核心价值观内在相通

2014 年 4 月 28 日，习近平总书记在表彰全国劳动模范和先进工作者大会上深刻指出："'爱岗敬业、争创一流，艰苦奋斗、勇于创新，淡泊名利、甘于奉献'的劳模精神，生动诠释了社会主义核心价值观，是我们的宝贵精神财富和强大精神力量。"[1] 一代又一代劳模用实际行动生动诠释了社会主义核心价值观：作为个体，他们以"爱国、敬业、诚信、友善"为行为准则，是个人践行的典范；作为公民，他们以"自由、平等、公正、法制"为社会价值取向，是价值引领的载体；宏观而言，他们以"富强、民主、文明、和谐"为奋斗目标，将"小我"融入国家发展的潮流中，是价值实现的楷模。

劳模精神与社会主义核心价值观都已成为中国特色社会主义核心价值体系的重要组成部分，二者在很多方面具有高度契合性。在文化

---

① 《习近平在乌鲁木齐接见劳动模范和先进工作者、先进人物代表　向全国广大劳动者致以"五一"节问候》，《人民日报》2014 年 5 月 1 日，第 1 版。

传承方面，劳模精神和社会主义核心价值观均植根于中华优秀传统文化和社会主义先进文化的沃土，成为构筑中国精神、中国价值、中国力量的重要基石。在爱国情怀方面，"热爱国家"是劳模评选的首要条件，而"爱国"是社会主义核心价值观的第一个基本理念，这既是标准，又体现共同价值导向。在道德提升方面，劳模精神包含的"敬业、创新、奉献"品质，与社会主义核心价值观倡导的公民基本道德标准，在公民德育教育的目标定位上具有一致性，都是德育教育的重要内容。在教育导向方面，劳模精神在不同历史时期都起到了调动社会情绪、整合社会力量、增添人民信心、鼓舞人民斗志的积极作用；社会主义核心价值观则是当代中国精神的集中体现，凝结着全体人民共同的价值追求，这两者都是社会主义核心价值体系的重要内容，具有共同的文化整合功能和教育导向功能。由此可见，二者相融相通、相辅相成。

2018 年 4 月 30 日，在"五一"国际劳动节来临之际，习近平总书记给中国劳动关系学院劳模本科班学员回信，向他们并向全国所有劳动模范、全国广大劳动者致以节日的问候。总书记的回信，让参与写信的 38 名劳模本科班学员群体热血沸腾，引发了中国劳动关系学院全体师生和广大校友的强烈反响，更让广大劳动者深感振奋、倍受鼓舞。习近平总书记近 300 字的回信，内涵深刻、意义重大，是一个载入劳模教育史册的里程碑。在回信中，既褒扬劳动模范为党和国家事业发展作出的突出贡献，表达了党和国家对劳动者的殷殷关怀，又以"干在实处"的劳动精神，勉励广大劳动模范珍惜荣誉、努力学习、继续拼搏、再创佳绩，以劳动模范的干劲、闯劲、钻劲激励广大劳动群众争做新时代的奋斗者；还强调了"劳动最光荣、劳动最崇高、劳动最伟大、劳动最美丽"的价值理念，并倡导全社会尊敬劳动模范、弘扬劳模精神，让诚实劳动、勤勉工作蔚然成风。总书记的回信充分体现了以人民为中心的发展思想和全心全意依靠工人阶级的方针，充分体现了对劳动模范和广大职工的亲切关怀和殷切期望，充分体现了对劳动精神、实干作风的有力倡导。人民创造历史，劳动开创未来。中国特色社会主义进入新时代，中国人民将以"实干兴邦"的劳动精神继续谱写中国特色社会主义伟大事业的新史诗，继续谱写中国特色社会主义伟大事业的新篇章，焕发出人民创造历史的强大生命力。在迈向新征程、实现新目标的进程中，需要弘扬劳动的精神价值、唱响劳动的时代赞歌，以拼搏赓续传统、以奋斗开创明天。

三 高校弘扬劳模精神的积极意义

习近平总书记深情指出，"幸福不会从天而降，梦想不会自动成真"；"幸福都是奋斗出来的"；"世界上没有坐享其成的好事，要幸福就要奋斗"，这都是习近平总书记在新时代为开启新征程、实现新目标而向全体劳动者发出的奋斗召唤。当代大学生可谓生逢其时、适得其势，精力充沛、朝气蓬勃，大学阶段也是敢于有梦、勇于追梦、勤于圆梦的最好阶段，大学生的"成才梦""创业梦""报国梦"必将为实现中华民族伟大复兴的中国梦不断注入活力。2014年"五四"青年节之际，习近平总书记在北京大学师生座谈会上深刻阐述了社会主义核心价值观的重大意义、丰富内涵和实践要求，并深情指出："青年的价值取向决定了未来整个社会的价值取向，而青年又处于价值观形成和确立的时期，抓好这一时期的价值观养成十分重要。人生的扣子从一开始就要扣好。"① 高等院校是培养中国特色社会主义合格建设

---

① 习近平：《青年要自觉践行社会主义核心价值观——在北京大学师生座谈会上的讲话》，新华网，http://news.xinhuanet.com/politics/2014-05/05/c_1110528066.htm。

者和可靠接班人的重要阵地，在高校中弘扬劳模精神，能够发挥榜样引领作用，为大学生德育教育提供生动形象的案例，实现润物无声、潜移默化的教育效果，对完成立德树人的根本任务和培养担当民族复兴大任的时代新人具有积极意义。

一是弘扬劳模精神有利于构建引导大学生培育践行社会主义核心价值观的有效载体。劳模精神既是民族精神、时代精神、中国精神的重要组成内容和集中体现，又是社会主义核心价值观的具体化。建立劳模精神引领的长效机制，让这些精神进课堂、入头脑，融入大学生的日常生活，将为引导大学生培育践行社会主义核心价值观提供鲜活素材和有力支撑，从而使大学生能够近距离感知领悟劳模精神，传播践行社会主义核心价值观。

二是弘扬劳模精神有利于深化当代大学生的爱国情怀。无私奉献是劳模精神的主旋律，从革命战争时期到社会主义建设探索时期，再到改革开放时期，历代劳动模范和先进工作者都彰显着深厚的爱国情怀。在高校中弘扬劳模精神，有助于大学生正确理解甘于奉献的含义，正确认识个人与集体和国家的关系、理想与现实的关系，从而激励当代大学生志存高远，在国家发展和民族复兴中规划青春、奋力拼搏、奉献自我，投身于时代发展的滚滚洪流之中。

三是弘扬劳模精神有利于培养当代大学生的敬业精神。爱岗敬业是劳模评选的首要条件。在高校中弘扬劳模精神，宣讲劳模先进事迹，有利于大学生正确看待体力劳动和脑力劳动的分工，正确看待不同职业之间的收入差异，正确理解付出与回报的辩证关系，从而确立正确的劳动价值观，践行社会主义核心价值观。此外，一些新时代劳模的事迹和精神，还能够帮助大学生理性面对创新创业中遇到的困难挫折，激发大学生攻坚克难的斗志，促进大学生充分就业。

四是弘扬劳模精神有利于拓展高校培育践行社会主义核心价值观

的实践路径。劳动在育人中发挥着塑造健全人格、磨炼顽强意志、锤炼高尚品格的重要作用。通过弘扬劳模精神，促进学校教育同生产劳动、社会实践有机结合，为大学生提供更多机会认识国情、了解社会，让广大青少年在投身实践、亲身参与中体悟劳模精神，在增长才干和磨炼意志中感受劳动所带来的收获和乐趣，逐步形成尊重劳动、热爱劳动的真挚情感。

四　高校弘扬劳模精神的长效机制

榜样的力量是无穷的，榜样教育具有示范、激励、导向、调整、自律和矫正等多种功能，在大学生思政教育中发挥着重要作用，是高校加强思想政治工作的有效途径。2010 年，教育部曾专门下发《关于组织开展劳模进校园活动的通知》（教思政厅函〔2010〕17 号），要求高校广泛开展劳模进校园活动，引导广大青少年学生学习领会劳模精神。在高校建立劳模精神引领机制，让大学生有机会近距离接触劳动模范、感受劳模精神、聆听劳模故事、观摩精湛匠艺，有利于充分发挥劳模先进事迹和优秀品质的感召作用，从而引导青年大学生培育勤奋学习、勤于钻研、勤勉敬业的精神，自觉践行社会主义核心价值观。需要指出的是，对于青年大学生而言，劳模不仅包括社会上各个行业中涌现出来的劳动模范和先进工作者，更应该包括身边的优秀教师、教学名师、德育先进工作者等教育系统的劳动模范。就比较优势而言，身边的劳模教师更熟悉教育规律，能够准确把握青年大学生的特点，而且这些劳模工作和生活在高校校园，就在大学生身边，更容易被大家所感知。

（一）信念引领机制

把劳模精神融入大学生入党教育中，在业余党校、入党积极分子培训、思想汇报、发展对象培训等环节中，利用多种载体、多种形式宣讲劳模精神和先进事迹，定期邀请德高望重的老教授或获得杰出成就的教学名师与青年大学生座谈，请他们讲述自己的求学经历和一路走来的心路历程，引导大学生深刻理解劳模精神、端正入党动机、坚定理想信念、培育奉献精神。大学生党员是大学生中的优秀分子，在大学生群体中起着先锋模范作用和榜样引领作用，学生党员的一言一行、一举一动直接影响着周围同学。如果大学生党员能够成为践行社会主义核心价值观的楷模，就会带动更多大学生培育践行社会主义核心价值观。

（二）日常示范机制

高校辅导员、班主任和德育导师承担着对学生进行思想政治教育和日常行为管理的重要职责，他们也是与学生接触最多、联系最为密切、最受学生信任的一个群体，对大学生成长成才具有示范指导作用。可从本行业或本地区聘请一些"知识型、技能型、创新型"的劳动模范担任兼职辅导员、兼职班主任或德育导师，定期邀请劳动模范到学校参加"劳模伴我成长""我心中的劳模"等主题团日活动，增强大学生对劳模精神的认同感和亲近度。加强劳模与大学生的互动交流，用劳模自身的言谈举止潜移默化地感染学生，为大学生树立学习标杆。通过与劳模的现实交往，让大学生感受到劳模作为普通人的酸甜苦辣和情感世界，进而让劳模变得可亲可爱可敬，使劳模精神不再遥远、更有感染力。

（三）故事分享机制

劳模既折射出时代变迁对一个人命运的影响，也反映出家庭、单位、社会等多种因素综合作用的途径及结果。通过事迹材料和媒体宣传来认知劳动模范，很多时候劳模会被脸谱化、概念化，而通过有意识、有针对性的故事讲述，可以获取更多无法在事迹材料中得到的信息，从而能够更加全面、深入、细致、准确地了解劳模的成长历程及优秀品质的形成过程。高校应积极响应教育部"劳动模范进校园活动"通知要求，坚持举办"劳模大讲堂""大国工匠进校园"等主题多元、形式多样的活动，定期邀请全国知名劳模、大国工匠到学校为广大青年学生做专场报告，讲述发生在劳模身上的精彩故事，现场展示高超技艺，畅谈亲身经历，使广大学生可知、易感、能学，从而引导青年大学生崇敬劳模、学习劳模，崇尚劳动、热爱劳动，让劳模精神成为青年大学生成长成才的精神动力。

（四）实践育人机制

中国制造向中国创造转型需要大量的创新型、应用型人才。在高校的人才培养过程中，实践教学可以最大限度地发挥学生潜能，持续提升大学生学习知识、应用知识、创新创业的能力；实践养成是社会主义核心价值观教育的目的和归宿，可以帮助大学生发挥主体性作用，把所学理论转化为实际行动。高校可结合开设专业，找到一些与特色专业密切相关的劳动模范或大国工匠，并积极与其所在工作单位联系，建设一批具有劳模特色的教学实践基地。每年利用寒暑假或教学实践周带领大学生到劳模所在单位进行社会实践，体验劳模的成长环境，探寻劳模的成长历程，聆听劳模同事讲述劳模故事，在真实环境中亲身感受劳动模范的奉献精神和创造精神，激发大学生奉献社会和创新创造的热情。

（五）以文化人机制

劳模精神已经成为中国特色社会主义文化的重要组成内容。在高校校园文化建设中，应建立劳模文化展示机制，大力宣传劳模精神。在橱窗、教室、走廊、餐厅、图书馆等学生出入频繁的地方，以图片、实物、文字、视频等多种形式展示我国各行各业劳动模范和大国工匠的成长故事、非凡业绩，使劳模精神融入学生日常学习生活，生动自然地传播劳模精神、工匠精神，引导大学生塑造"崇尚一技之长，不唯学历凭能力"的新时代劳动价值观。此外，基于大学生是网民重要组成部分的客观实际，充分运用新媒体技术使劳模精神活起来，利用官方微信、微博、网站等广泛传播劳模故事，鼓励大学生积极参与互动、搜集或拍摄身边劳模的鲜活素材在网络上展播，增强劳模精神的时代感和吸引力。

"历史承认那些为共同目标劳动因而自己变得高尚的人是伟大人物，经验赞美那些为大多数人带来幸福的人是最幸福的人。"中国特色社会主义伟大事业需要依靠一代又一代中国人的辛勤劳动、接续奋斗来实现。青年一代有理想、有本领、有担当，国家就有前途，民族就有希望。我们应以习近平总书记的回信精神为指引，进一步弘扬劳模精神，用劳模的先进事迹和优秀品质感召青年大学生勤奋做事、勤勉做人，激励青年大学生以敢闯敢试的勇气、激荡自我的智慧、舍我其谁的担当，勇做新时代的见证者、开创者、建设者，以饱满的奋斗热情、昂扬的拼搏斗志，争做新时代的奋斗者！总而言之，引导当代大学生培育践行社会主义核心价值观是高校立德树人、育人铸魂的使命所在，也是培养社会主义事业合格建设者和可靠接班人的关键环节。而劳模精神则是对社会主义核心价值观的生动诠释，在高校建立劳模精神的弘扬引领机制，可以为劳模精神在高校校园文化建设中落地生根、开花结果奠定坚实基础，帮助青年大学生"扣好人生第一粒扣子"。

第九章

内化于心：构建以培育正确劳动价值观为导向的劳动教育实施体系

回顾新中国成立以来劳动教育的历史演变不难看出，我国劳动教育的推进与实施表现出明显的外生性特点。正是这种外生性特点导致我国的劳动教育即使有时候很努力，效果有时并不理想。我国劳动教育的外生性特点既表现为驱力的外生性，又表现为目的的外生性。立足劳动培养人的核心价值观，建构具有内在生命力的劳动教育是今天加强劳动教育的当务之急。

一 基本理念：建构具有内在生命力的劳动教育体系

劳动教育驱力外生性的典型表现是，劳动教育每一次受到重视都源于重要国家领导人的讲话推动。20世纪50年代，根据毛泽东的讲话精神，"教育与生产劳动相结合"被写进了党的教育方针；80年代，根据邓小平同志的讲话精神，学界展开了关于教育方针的大讨论与新时期教劳结合的研究，在实践中则加强了中小学劳动技术教育的课程化和规范化建设；90年代，根据江泽民讲话中对创新能力和实践能力的强调，"与生产劳动和社会实践相结合"成为新时期的教育方针；2010年，根据胡锦涛在全国劳动模范和先进工作者表彰大会上的讲话精神，教育部颁发了《关于组织开展劳模进校园活动的通知》；2015年，根据习近平总书记系列讲话精神，出台了《关于加强中小学劳动教育的意见》。中央领导人的强调与重视无疑是推进劳动教育的强大动力，但如果劳动教育的推进动力主要来自领导指示，而不是实现人的全面发展的教育目的内在驱动的话，劳动教育就难以摆脱身世浮沉的命运，难以建立起健康稳定的运作体系。

劳动教育的目的外生性典型表现为服务社会发展的外在目的论取向。教育作为培养人的社会活动，其内在目的应该是培养人的身心素质，进而达成服务社会的外在目的。通过科学的教育教学体系，实现以劳树德、以劳增智、以劳强体、以劳育美、以劳创新，促进学生身心全面发展才是劳动教育自身应有的内在目的。但反思我国劳动教育推进的过程可以发现，20世纪五六十年代，推进劳动教育是为了解决中小学生就业问题、缓解国家经济压力；六七十年代，推行劳动教育是为了服务阶级斗争、政治改造；八九十年代，推行劳动教育是为了服务经济建设，加强现代化建设所需的劳动技术教育；21世纪以后，劳动教育受到重视，是为了推动国家创新、实现民族复兴。可以说，每一次都是来自教育系统之外的需要左右着劳动教育的走向。虽然，教育必须满足社会政治经济发展需要，但这种满足应以尊重教育规律、促进人的发展为前提。如果让各种外在目的凌驾于人的全面发展的内在目的之上，就会造成劳动教育的种种异化，使其"被'妖魔化'为惩罚的手段，扭曲为改造学生思想的工具，窄化为培养学生技能的训练，遮蔽了劳动的本真教育意蕴"①。

关于劳动教育实施不力的原因，新中国成立之初，人们将其归咎于"劳心者治人，劳力者治于人"的传统观念；20世纪50年代中期，归因于教育指导思想上的错误；20世纪六七十年代，归咎于资产阶级白专道路的毒害；20世纪八九十年代，则归咎于应试教育下片面追求升学率的办学导向；进入21世纪以后，更是被归因于应试教育的积重难返、陈旧的社会观念、社会转型期不良文化价值观的影响、独生子女问题等各方面原因②。笔者认为，上述种种说法都是在走外在归因的老路。当前，我们需要思考的真正问题是，在教劳结合的方针已确

---

① 徐海娇、柳海民：《遮蔽与祛蔽：劳动的教育意蕴——基于马克思劳动概念的价值澄明》，《湖北社会科学》2017年第6期。

② 张文瀚：《当代青少年劳动教育的问题、原因及其对策》，硕士学位论文，内蒙古师范大学，2008；赵荣辉：《劳动教育正当性之思》，《当代教育科学》2016年第4期；吴洪亮、孙小晨：《儿童与自然的断裂与联结——兼论劳动教育的当代价值》，《绥化学院学报》2016年第2期。

立近 60 年的今天，在劳动教育课程化、规范化、体系化的实践努力已探索半个多世纪的今天，为什么依然会出现上述种种现象？因为，真正有内在生命力的劳动教育是可以顶住种种被扭曲的压力健康成长并为建构更加公平合理的社会作出贡献的。

具有内在生命力的劳动教育，以在劳动中体知真善美为生命之根。劳动绝不只是谋生的手段。在马克思看来，在人与自然的关系上，劳动是人之本质力量对象化于客体的过程，它天生就具有认知上求真的意蕴；在人与社会的关系上，劳动产生于并丰富着人与人之间的社会关系，它自然就带有伦理上求善的意蕴；在人与自身的关系上，劳动不仅是个体获得物质生活资料的前提，更是确证自己的审美能力、创造能力和存在价值的主要手段，它本身就具有成人上求美的意蕴①。正是在这个意义上，苏霍姆林斯基坚持认为"离开劳动，不可能有真正的教育"，"如果学生只知享用由社会创造并提供给学校的那些物质和精神财富，就不可能产生真正的教育"，"只有当一个人认识到在劳动中有一种比获得满足物质需要的资料更重要的东西，即精神创造及自身才能和天资的发挥，只有在那时候，劳动才能成为快乐的源泉"。因此，有生命力的劳动教育既不是技术训练的手段和获取经济利益的方式，也不是思想改造的工具和规训惩罚的手段，而是让学生发现自己的才能和天资，体验到荣誉和尊严。习近平总书记要求我们"要教育孩子们从小热爱劳动、热爱创造，通过劳动和创造播种希望、收获果实，也通过劳动和创造磨炼意志、提高自己"②。具有生命力的劳动教育，正是要想方设法让孩子在劳动中真切感受到播种希望、收获果实、磨炼意志、提高自己的快乐，从而由衷

---

① 常蓉：《论苏霍姆林斯基的劳动教育思想》，《湖南人文科技学院学报》2013 年第 2 期。
② 《庆祝"五一"国际劳动节暨表彰全国劳动模范和先进工作者大会隆重举行　习近平发表重要讲话》，《人民日报》2015 年 4 月 29 日，第 1 版。

地热爱劳动、热爱创造。

　　具有内在生命力的劳动教育，以德智体美劳诸育有机融合为生命之壤。劳动是培养德智体美全面发展的人的最佳载体。要使这一载体充分发挥作用，就必须"使智育、体育、德育、劳动教育和审美教育深入地相互渗透和互相交织，使这几方面的教育呈现为一个统一的完整过程"①。这种相互渗透、互相交织绝不仅仅指在各科教学中加大劳动观念的培养和劳动技能的训练。劳动教育的特殊性决定了劳动教育自身课程体系的搭建及每一次劳动活动的设计与组织都应全方位挖掘其智育、德育、体育和美育价值，让学生在多样化的、能够充分发挥和发展其个性的、体现其创造性的、普遍性和连续性劳动中，由衷体验到劳动所带来的尊严感、幸福感和价值感。从这一点上讲，有学者建议的"以劳动技术教育为平台，充分发挥劳动技术教育的主体性、引领性、学科性的优势，恰当地引进研究性学习方式，注重信息技术手段的运用，整合发展其他教育资源和学习板块"②，不失为以劳动教育为统摄，建构五育融合之壤的有效途径。

　　具有内在生命力的劳动教育，以培养正确的劳动价值观为生命之干。劳动教育的目标固然可以很多，掌握劳动技能、养成劳动习惯、提高动手能力等，但劳动教育最核心、最本质的目标只能是"培育学生尊重劳动的价值观，培育受教育者对于劳动的内在热情与劳动创造的积极性等劳动素养"③。因为，对于个人而言，有了真正的劳动的内在热情和积极性，就有了一生幸福的根本；对于社会而言，有了真正的劳动的内在热情和积极性，才会有健康和谐的风气。正如苏霍姆林

---

① 檀传宝：《劳动教育的本质在于培养劳动价值观》，《人民教育》2017 年第 9 期。
② 徐长发：《我国劳动技术教育的发展》，《教育研究》2004 年第 12 期。
③ 徐海娇、柳海民：《遮蔽与祛蔽：劳动的教育意蕴——基于马克思劳动概念的价值澄明》，《湖北社会科学》2017 年第 6 期。

斯基所说，"社会性进步和道德进步，取决于组成这个社会的人们如何看待劳动，把劳动看作什么——仅仅是获取物质福利的手段，还是有充分价值和丰富内容而又有趣的精神生活的条件"①。如果一个社会的全体成员，仅仅把劳动视为获取物质福利的手段，而不是实现自我价值，获得成就感和满足感的精神需要，自然就会出现自私自利、拜金主义、投机钻营、为富不仁等种种社会乱象。因此，在劳动教育的目标上切不可舍本逐末。劳动价值观的培育是普通教育中劳动教育的核心与主干，劳动技能的学习、动手能力的提高等则是劳动教育需要关注的枝叶，分清主次，科学搭建不同阶段劳动教育的目标体系，才能引导劳动教育的生命之树茁壮成长。

二　主要任务：明确新时代劳动教育的主要内容

坚持劳动教育是我党教育的优良传统。新中国成立以来，我国的劳动教育既积累了丰富的经验，也出现过偏颇与失误。新时代全面加强劳动教育，不是新中国成立初期劳动教育的简单"回归"，更不是要回到过去放弃课堂去学工、学农、种地的模式，而是要从新时代劳动者在思想、心理、伦理、知识技能、行为等方面应具有的品质入手，系统设计劳动教育内容，全面提升青少年劳动素养。

（一）树立"四最"劳动价值观

"劳动最光荣、劳动最崇高、劳动最伟大、劳动最美丽"，是习近平总书记对新时代劳动价值观的明确定位。这一定位是对马克思劳动创造世界、劳动创造历史、劳动创造人本身的劳动价值观的继承与发扬，也是对新形势下出现的种种拜金主义、享乐主义、投机主义思潮的拨

---

① 苏霍姆林斯基：《帕夫雷什中学》，赵玮等译，教育科学出版社，1983，"前言"第3页。

乱反正。根据青少年发展的阶段性，循序渐进地教育引导大中小学生理解、体验劳动的永恒价值与时代新意，逐步树立"四最"劳动价值观，是新时代全面加强劳动教育的第一要义。

树立"四最"劳动价值观，需要教育引导青少年充分认识"人民创造历史，劳动开创未来，劳动是推动人类社会进步的根本力量"的真理性意义；切实明白为什么教育与生产劳动和社会实践相结合"是造就全面发展的人的唯一方法"，体验到在劳动中播种希望、收获果实、磨炼意志、提高自己的快乐；深刻理解按劳分配是实现社会正义的基本原则，鄙视"不劳而获""少劳多获"的投机思想；正确认识新时代劳动的复杂性与多样性，由衷认同"一切劳动，无论是体力劳动还是脑力劳动，都值得尊重和鼓励"的道理，切实改变轻视体力劳动和体力劳动者的错误心态；深入理解为什么"尊重劳动"为"四个尊重"之首，不能离开"尊重劳动"去谈时代精神。

（二）培育热爱劳动的情感态度

热爱劳动是立业为人的根本，更是实干兴邦的基石。"让全体人民进一步焕发劳动热情、释放创造潜能，通过劳动创造更加美好的生活"离不开"造福劳动者"的外在制度建设，更离不开"热爱劳动"的内在情感培育。

培育热爱劳动的情感态度，一是要科学构建劳动实践体验课程体系，引导青少年在自我服务劳动中体验自主的快乐：在家务劳动中体验感恩的幸福，在集体劳动和公益服务中体验造福他人的欢乐，在生产劳动和专业实践中体验创造的愉悦，不断深化劳动情感体验。要将校外劳动纳入教育工作计划，大中小学每个学段都要安排一定时间的农业生产、工业体验、商业和服务业实习等劳动实践。二是要加强辛勤劳动意识与态度的培养。辛勤劳动是热爱劳动的试金石，一个人只有不怕辛苦、不辞辛劳、不惧艰辛，始终保持劳动的热情与干劲，才能真正称得上热爱劳动。一方面，要培养青少年勤奋学习的态度，要教育他们认识到学习是当下最主要的劳动，认真学习、刻苦学习，不仅是增进知识的过程，更是磨炼意志、锤炼品行、提高自己的辛勤劳动过程，"让勤奋学习成为青春飞扬的动力"；另一方面，要适当增加青少年从事体力劳动的机会，城市大中小学可通过承担家务劳动责任、参与校园卫生保洁、普及校园种植、认领校园"责任田"等方式，农村学校可通过在农忙时节组织学生参加农业生产劳动，或者开垦学校农场、养殖场等方式，给学生增加劳动锻炼的机会。要将学生参加劳动锻炼的要求制度化，保持经常性和连续性，并作为学生评奖评优的重要条件。三是要培养热爱劳动者的真挚情感。要教育引导青少年深刻认识到正是身边一个个普通劳动者的辛勤与汗水建造了他们幸福成长的花园，"任何时候任何人都不能看不起普通劳动者"，尊重普通劳动者、珍惜他们的劳动成果是一个人的基本修养。

（三）培养诚实劳动的优良品德

诚实劳动是社会主义阶段提倡的基本劳动道德。在劳动状态上，诚实劳动表现为"干一行、爱一行，专一行、精一行"的实实在在为他人提供优质服务的工匠精神；在经营活动中，诚实劳动表现为合法经营、按政策办事的劳动纪律；在精神境界上，诚实劳动提倡个人获得利益与为社会尽职尽责的和谐统一。当前大中小学生中存在的作业抄袭、考试作弊现象，大学生实习造假、随意毁约、频繁跳槽等现象，都是诚实劳动品德缺失的表现。

培养诚实劳动品德的根本，是加强"诚信"社会主义核心价值观教育。首先，要发挥课堂主渠道的作用，将诚实守信、言行一致作为思想品德教育的重要内容，纳入大学专业教育体系内。其次，要拓展诚实劳动教育实践平台，充分利用劳动教育实践基地、综合实践基地和其他社会资源，结合研学旅行、团日队日活动等方式，深化大中小学对各行各业诚实劳动现状的感知、体验与反思。再次，加强诚信校园文化建设，打造诚信文化长廊，树立校园诚信榜样。最后，建立健全校园信用管理机制。将日常学习、家务劳动、校园劳动、公益服务、社会实践等方面的诚信状况列为中小学生操行评定、评奖评优的重要内容。大学阶段应坚决落实《国务院办公厅关于加强个人诚信体系建设的指导意见》，建立健全18岁以上成年学生诚信档案，推动将学生个人诚信作为升学、毕业、评先评优、奖学金发放、鉴定推荐等环节的重要考量因素，将考试舞弊、学术造假、伪造就业材料等不诚信行为依法依规记入个人信用档案。

（四）打下创造性劳动的良好基础

习近平总书记深刻指出："当代工人不仅要有力量，还要有智慧、有技术，能发明、会创新，以实际行动奏响时代主旋律。"新时代的劳动，不仅需要辛勤劳动、诚实劳动，更需要创造性劳动。新时代全面加强劳动教育，必须为青少年的创造性劳动打好基础。

培养创造性劳动能力，一要在中小学普通科学文化知识教育或大学专业理论教育中加强劳动教育，明确这些基本知识、基础理论在推进科技进步方面的重大作用。二要着力加强现代生产劳动技能训练。基础教育阶段要开足开好国家规定的综合实践活动课程、通用技术课程等，鼓励各地各校结合实际开设家政、烹饪、手工、园艺、非物质文化遗产等相关课程。大学阶段，应进一步加强毕业实习、专业实习、生产实习、服务学习等环节的劳动技能训练。三要大力开展与劳动有关的兴趣小组、社团、俱乐部活动，如生物小组、实验小组、园艺小组、信息技术小组、手工制作小组、电器维修小组等，加强创造性思维能力与动手操作能力的培养。

（五）养成勤于劳动的良好习惯

勤于劳动，是热爱劳动的情感态度习惯化为稳定的行为模式的表现。"自己的事自己做，他人的事帮着做，公益的事争着做"，是习近平总书记对青少年劳动习惯培养的基本要求。

　　培养良好劳动习惯，一要培养自我服务的劳动习惯。父母要给孩子安排一些固定的家庭劳动岗位，如饭前拿碗筷，饭后扫地、倒垃圾，每天早上起床整理自己的床铺、折叠好被子、整理好房间等，培养青少年"自己的事情自己干""家里的事情主动干"的习惯。二要培养良好的集体劳动习惯，经常性组织校园劳动日、校园劳动周、班级大扫除、校园绿化角等活动，以评选最美宿舍、互助之星、班级劳动之星、校园劳动之星等方式，培养青少年"他人的事帮助做""集体的事热心做"的良好习惯。三要培养青少年积极参加公益劳动的习惯。定期组织社区服务、援助劳动、公益远足等志愿性活动，通过记录公益劳动卡、评选"公益之星"等方式，培养"公益的事争着做"的良好习惯。

三　协同推进：全社会加强劳动教育的理想图景

　　全面加强劳动教育、构建新时代劳动教育体系是一项战略性、长期性、复杂性的社会系统工程。各级党委、各部门应深刻领会全国教育大会精神，从战略全局的高度，突出问题导向，充分调研论证，制定切实方案，拿出务实举措，统筹推进实施，努力构建德智体美劳全面培养的教育体系，形成高水平的人才培养体系。

（一）实现劳动教育顶层设计的系统化

　　教育法律法规的系统化。《教育法》和《高等教育法》在总则条款中对"培养全面发展的社会主义建设者和接班人"做了"德、智、体、美"的阐述。应尽快修订两法及相关的政策法规，把"劳育"入法，从立法层面构建完善的人才培养体系，为全面加强劳动教育提供更为完善的法律依据。可根据全国教育大会精神，适时出台《关于全面加强劳动教育的意见》，进一步明确全面加强劳动教育的主要目标、基本原则、关键环节和保障机制，为全面加强劳动教育提供制度保障。

政策制定的系统化。教育事业乃国之大计、党之大计，需要全社会的共同努力。就政府管理职能而言，需要国家发改委、财政部、教育部、人力资源和社会保障部、中华全国总工会、共青团中央等部门，根据职责协同制定落实全面加强劳动教育的实施意见和落实方案，为各领域、各环节加强劳动教育提供完善的政策依据。

保障机制的系统化。教育不是一种孤立的社会存在，与其他社会子系统密不可分。劳动教育与劳动就业、创新创业、收入分配、社会保障、舆论宣传、文化氛围等直接相关，应进一步加强劳动教育成果的保障机制建设，推动劳动教育真正落地生根、开花结果。

（二）实现劳动教育在基础教育、职业教育、高等教育中的一体化

确保劳动教育在人才培养中的连续性。2015 年 7 月 20 日，教育部、共青团中央、全国少工委联合印发了《关于加强中小学劳动教育的意见》（教基一〔2015〕4 号），对中小学劳动教育的主要目标、基本原则、关键环节和保障机制做了明确要求。各级教育行政部门可在此基础上，把握职业教育和高等教育的发展规律，结合当前大学生的特点，制定加强大学生劳动教育的意见，与中小学阶段的劳动教育分年龄段、有序推进。

实现劳动教育内容的衔接性。要深入研究基础教育阶段的劳动教育对接职业教育、高等教育阶段劳动教育的施教方法，积极探索职业教育阶段劳动教育对接高等教育阶段劳动教育的有效路径，实现不同受教育群体接受劳动教育的自然有效衔接，实现既各有侧重，又互相支撑的劳动教育体系。

尊重不同教育类型的差异性。劳动教育要根据不同阶段教学大纲的要求，各有侧重。基础教育阶段的劳动教育，应致力于改善学生对劳动的认知，不断开发自身潜能；职业教育阶段的劳动教育，应侧重于专业性、技能性劳动技能为主；高等教育阶段的劳动教育，则是与专业人才培养有机结合，强化其研究型或应用型的人才培养培育目标；而贯穿所有教育类型的内容则是，引导学生树立正确的劳动价值观，涵养出深厚的劳动情怀。

（三）实施家庭、学校、社会劳动教育协同化

家庭是劳动教育的起始点。一个人的成长成才首先从家庭开始，基本的生活习惯和价值观念是从家庭开始养成的，并影响其一生。有鉴于此，要让尊重劳动、热爱劳动成为"好家风""好门风"的重要内容，摒弃"拼爹""啃老"的不良社会风气。

学校是劳动教育的主战场。在学校，要推进劳动教育与专业课相结合，形成协同效应；推进劳动教育与思想政治教育有机结合，使德育劳育形成协同效应；强化劳动教育与社会实践有机结合，通过工学结合、毕业实习、志愿服务、勤工助学、劳动体验等途径积极参与社会实践，感受劳动所带来的收获和乐趣，进而形成尊重劳动、热爱劳动的真挚情感；推动劳动教育与大学生创新创业相结合，通过劳动教育，促进大学生积极就业，倡导在依靠自身劳动创造财富的过程中，更好地实现精神追求和自身价值；推进劳动教育与产教融合相结合，坚持以市场需求为导向，通过有针对性的劳动教育激发学生内在的劳动潜力，克服正式步入社会前怕苦怕累的思想，让学生在产教融合的过程中更好地参与生产或经营；实现劳动教育与校园文化建设相结合，宣传大国工匠，传播劳模故事，引导广大学生立足勤奋学习，立志劳动创造，切实全面提升自身素质。

社会是劳动教育的大熔炉。加大社会实践力度，走进社区、工厂、

部队、农村，感知中国大地，体察国情民情，在改革开放和社会主义现代化建设的大熔炉里，在社会的大学校里，掌握真才实学，增益其所不能，努力成为可堪大用、能担重任的栋梁之材。进行有针对性、有说服力的舆论引导，切实提高他们的社会经济地位，促进形成"崇尚一技之长，不唯学历凭能力"的社会风尚和"三百六十行，行行出状元"的就业格局，让那些乐于传承、肯于钻研的大师技师真正成为年轻人乐于学习的榜样，营造尊重劳动、崇尚技能、争当高技能人才的良好氛围。在评选劳模、参政议政上加大对高技能人才的倾斜，增加他们在政治生活中的话语权，增强他们在社会中的荣誉感。同时，对社会上投机、"刷脸"、"网红"等好逸恶劳的行为，要及时予以批评和否定，让家庭、学校、社会劳动教育的实质内涵内化于心、外化于行，实现"三位一体"协同发展。

（四）实现劳动科学学科建设显学化

努力建立并完善中国特色劳动科学理论体系和学科体系。将散落在不同一级学科之下的劳动哲学、劳动文化学、劳动经济学、劳动管理学、劳动法学、劳动关系、人力资源管理、劳动与社会保障、社会工作、劳动安全工程、职工卫生等一系列与劳动问题高度关联的学科提炼出来，共同形成劳动科学这个一级学科。通过学科建设，一方面深化人们对劳动问题的研究，另一方面也带动相关学科发展，促进高等教育水平提升和劳动人才培养质量，直接提升学生对劳动多学科多维度的认识。进一步加强这些学科专业与思想政治教育课、社会实践课及相关专业课的交流借鉴，推动劳动科学学科建设与学术研究、智库建设协同发展，推动劳动科学学科建设和劳动教育的深度融合。

加大劳动相关科学领域的研究投入。要大力支持劳动科学学科、劳动科学学术研究、劳动科学智库发展，将与劳动教育相关的课题纳入国家社会科学、自然科学规划项目和教育部人文社科基金选题指南，加大项目指导和科研经费支持的力度；支持组建全国性的劳动教育学术组织。

广泛传播劳动科学成果。坚持传统与现代相结合的传播方式，创新劳动科学传播的方法，综合运用多种媒介，面向社会大众，多角度介绍和阐释劳动科学，强化劳动科学的普及，要学会运用劳动科学理论和方法解决劳动领域的重大问题。

（五）实现劳动教育精准化

劳动教育对象精准化。在开展劳动教育的过程中，要充分考虑劳动教育对象所处的具体经济社会发展环境，充分考虑地区差异、城乡差异、教育阶段差异，因地、因时、因人开展劳动教育。

劳动教育内容精准化。在教育对象精准的基础上，着力实现教育内容的精准化，在劳动教育内容总体上实现与创新、绿色、协调、开放、共享新发展理念相融合的前提下，赋予各地开展劳动教育的自由度，鼓励各地区制定符合本地实际的劳动教育课程和教育内容。

劳动教育方式精准化。各地区要从自身经济社会发展实际出发，在借鉴国内外先进经验的基础上，精准灵活运用网络信息技术、亲身现场体验、模拟仿真试验等形式拓展劳动教育方式，增强劳动教育的感染力，真正让劳动教育"活起来""实起来""酷起来"，提升劳动教育的实际效果。

（六）实现劳动教育师资多元化

家长是孩子劳动教育的第一任老师。要充分发挥家长在日常生活中对孩子劳动教育潜移默化的影响作用，家长身体力行，通过身边教育和示范引领，让孩子从小就养成良好的劳动习惯，学会珍惜劳动成果，建立正确的劳动价值观。

学校教师是劳动教育的言传身教者。要把劳动教育纳入师德师风建设范畴，构建具有劳动教育考核指标的教师评价体系，引导广大教师认真钻研劳动教育，在劳动科学研究、劳动课程教学、劳动教材编写、劳动教育管理上下功夫。

劳动模范、大国工匠是劳动教育的榜样引领者。强化大国工匠、劳动模范的榜样引领作用，推进大国工匠、劳动模范、知名专家和创业能手进校园活动，大力宣传和传播他们爱国奉献、崇尚劳动、创新创业的故事，引导广大学生立足勤奋学习，立志劳动创造，切实全面提升自身素质。同时，形成各行各业广泛参与到劳动教育的良性机制，在全社会形成崇尚劳动、尊重劳动的浓厚氛围。

四 落地生根：相关各方参与劳动教育的实施路径

习近平总书记在全国教育大会上的重要讲话，围绕培养什么人、怎样培养人、为谁培养人这一根本问题做出了战略部署，明确提出，办好教育事业，家庭、学校、政府、社会都有责任。这为调动全社会的力量办好教育提供了强大支撑，指明了努力方向。教育关系到千家万户的切身利益，也关系到一个民族和国家的前途命运。为进一步探求加强劳动教育的有效路径，我们从大学生作为受教育主体的视角，了解影响新时代大学生劳动价值观的相关因素。

在《大学生劳动价值观调查问卷》中，针对"您认为，对您劳动价值观影响较大的影响因素"这一问题，从统计结果来看，受访大学生认为，在影响他们劳动价值观的相关因素中，排在前三位的分别是父母、社会风气和个人喜好，分别占 66.9%、53.6% 和 40.9%（见图 9 - 1）。

那么，新时代大学生喜欢什么样的劳动教育形式呢？在问卷调查

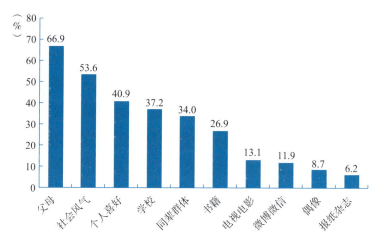

图 9 - 1　受访大学生认为对自己的劳动价值观影响较大的因素排序情况 （N = 1448）

中，我们对大学生愿意接受的劳动教育形式进行了调查统计。结果显示，在我们列出的 13 种形式中，大学生乐于接受的前三种劳动教育形式分别为"大学期间多一些实验实践类课程"（43.3%）、"自己主动参加各类义务劳动、体验劳动价值"（40.8%）和"有更多机会到与专业相关的单位实习"（39.2%）（见图 9 - 2）。

　　培养德智体美劳全面发展的社会主义建设者和接班人，是一项需要由大学生、家庭、学校、社会等共同参与的系统工程，每一方主体因其立场不同而呈现不同的特点，在劳动教育体系中的职责内涵也有区别。只有各方面形成合力，构建个人、家庭、学校、社会为一体的教育体系，分工合作、密切配合、各尽其责、各有侧重，才能营造成长成才的健康环境，实现立德树人的根本任务。调查问卷中，我们设计了开放题"如何帮助大学生树立正确的劳动价值观"，请大学生从教育主体的角度提出建议。对调查问卷的结果进行了归类统计，结合这些建议（见表 9 - 1），我们从大学生个人、家庭、学校、社会四个维度提出了新时代加强劳动教育的实施路径。

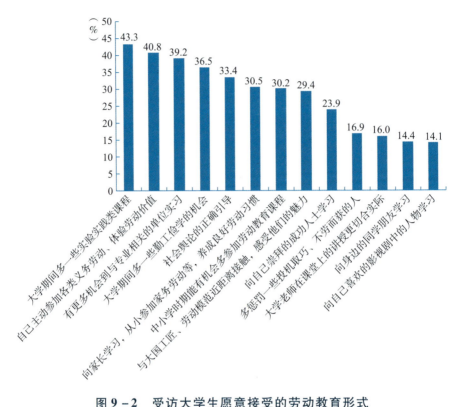

图9-2　受访大学生愿意接受的劳动教育形式
排序情况（N=1448）

表9-1　受访大学生对"如何帮助大学生树立正确的
劳动价值观"的看法或建议（开放题）

单位：人次，%

分类	意见建议	人次	比例
大学生个人	多亲身体验劳动	135	9.3
	脚踏实地干，少说空话	46	3.2
	从自己做起、从小事做起	43	3.0
	努力学习	43	3.0
	多看书多读书	31	2.1
	树立正确的劳动价值观	26	1.8
	加强沟通交流	2	0.1
	同学相互影响	2	0.1

续表

分类	意见建议	人次	比例
家庭	家庭从小引导培养	67	4.6
学校	多组织、参加实习实践活动	389	26.9
	学校加强劳动教育	164	11.3
	多开设劳动教育相关实践课程	77	5.3
	向劳模/榜样学习	52	3.6
	老师以身作则	43	3.0
	多开讲座，宣传劳模/工匠精神	33	2.3
	多组织公益/志愿活动	14	1.0
	多鼓励实践	11	0.8
	理论与实践结合	5	0.3
	教育片	2	0.1
社会	社会风气、社会舆论正确引导	132	9.1
	媒体正确宣传引导	10	0.7
	影视剧正确宣传引导	7	0.5
	多宣传正确劳动价值观	68	4.7
	加强引导	49	3.4
	奖罚分明	32	2.2
家庭、学校、社会	营造尊重劳动、热爱劳动的社会氛围	19	1.3
	家校联动	2	0.1
	加强思想教育	5	0.3
	重视劳动教育	4	0.3
	无意见建议	136	9.4

注：1. $N = 1448$。

2. 由于部分大学生不止一个建议，所以合计大于100.0%。

（一）砥砺成长：充分发挥受教育主体的主观能动性，在"知行合一"中成长成才

高等教育发展水平承担着人才培养、科学研究、文化传承、国际

交流、社会服务等重要职能，是一个国家发展水平和发展潜力的重要标志。大学生作为新技术、新思想的前沿群体，是国家培养的高级专业人才，是推动社会进步的栋梁之材，也是国家和民族的宝贵财富。青年大学生正值人生韶华，处于最富活力、最有灵感、敢于有梦、勤于追梦、勇于圆梦的人生关键阶段，他们的劳动素质和劳动本领直接影响着中华民族伟大复兴中国梦的实现。

幸福不会从天而降，梦想不会自动成真。梦想有了，怎么办？"天上不会掉馅饼"，只能靠勤奋不辍、持之以恒的劳动。劳动教育是一种以实践为导向，引导大学生树立正确劳动价值观、培养良好劳动习惯、涵养劳动品德、掌握劳动技能的教育，能够在促进大学生树德、增智、育美、创新方面发挥积极作用。大学生是高等教育的受教育主体，高等教育人才培养目标的实现，归根结底，要通过大学生自身努力实践而成为现实。列宁曾指出，"世界不会满足人，人决心以自己的行动来改变世界"。作为受教育主体，大学生具有"意识的能动性"，也只有充分发挥大学生自身的主观能动性，才能在大学阶段筑牢理想信念、学好专业知识、磨炼顽强意志、练就过硬本领，尤其要在实践中提升解决问题的能力，实现以"知"促"行"、以"行"促"知"、知行合一的良性循环。

从调研结果看，受访大学生认为可以通过"多亲身体验劳动""脚踏实地干，少说空话""从自己做起、从小事做起""努力学习""多看书多读书""树立正确的劳动价值观"等方式来加强对自身的劳动教育。访谈中，一些大学生表示"要'干一行，爱一行。'立足和热爱本职工作，可以减少负面情绪对工作的不良影响，在劳动中心志可以得到磨炼，人格可以得到提升"；也有一些大学生表示"一定要从自身做起，从一开始就养成好习惯，不贪财，不占小便宜，踏踏实实学习，认认真真工作，本本分分做人"；还有一些大学生希望"自己可以通过参加广泛的实习实践来加强劳动教育"。可以看出，大学生对如何加强自身劳动教育是有一定认知的。

习近平总书记在同北京大学师生座谈时勉励青年一代，"要力行，知行合一，做实干家"，"行是知之始，知是行之成"。作为新时代大学生，首先在思想认识上要树立正确的人生观、世界观、价值观，努力践行社会主义核心价值观，扣好人生的"第一粒扣子"。劳动价值观的建立不是一朝一夕、短期的努力就能实现的，而是要持之以恒，在日积月累中逐渐沉淀下来，固化为价值观。"千里之行，始于足下"，"一屋不扫，何以扫天下"。在日常习惯方面，大学生要从点滴做起、从日常做起，用每日实践砥砺修为，从洗衣、扫地、刷碗、擦黑板、帮厨等简单的体力劳动开始，逐步养成良好的劳动习惯，树立正确的劳动态度，珍惜来之不易的劳动成果。

"学不可以已""学习是学生的天职"。在专业学习方面，大学生应深刻认识到学习本身就是青少年阶段最主要的劳动形态，学习科学文化知识、练就过硬本领是大学生的基本责任。大学生应该珍惜宝贵的青春时光，充分发挥这一阶段精力充沛、博闻强识、心无旁骛的优势，把自己的学业追求与人生规划有机结合起来，坚持以学习为本，通过课堂学习、实验学习、自身学习，博览群书、勤奋钻研，扎实学好自己的专业知识，在拓宽自己通识的基础上，习得娴熟的专业技能，通过四年甚至更多的学习积累，成为某一领域的专业人才，为将来的职业生涯或研修深造奠定坚实基础。

"纸上得来终觉浅，绝知此事要躬行"，在参与社会实践方面，大学生要充分利用课余时间积极参加勤工助学、志愿服务、公益劳动等，通过持之以恒、日积月累的劳动锻炼，学会万事从点滴做起，亲身感受劳动带来的乐趣，收获劳动带来的成果，形成"会劳动、爱劳动、珍惜劳动成果"的生动场面。

"每一代青年都有自己的际遇和机缘，都要在自己所处的时代条件下谋划人生、创造历史。"① 在就业选择方面，在国家稳步推进"五位一体"总体布局和"四个全面"战略布局的新时代背景下，大学生更要以时不我待、只争朝夕的干劲，把自己的人生理想和国家的需要结合起来，树立远大目标，客观审视自己，做好长远规划，理性看待创业，在平凡的工作岗位上努力践行劳动模范、大国工匠不怕苦、不怕累、精益求精、迎难而上的精神，充分运用自己的专业知识和技能，敢于并善于打破常规，在理论上寻求突破，在实践中推陈出新，在事业上开创局面，争做新时代的奋斗者。

（二）育根发萌：当好"第一任老师"，在"陪伴爱护"中给孩子以足够的正能量

"子不教，父之过""人生百年，立于幼学""爱其子而不教，犹为不爱也""教子须是以身率先"，这些经典论述，都是在强调家庭教育的重要性。习近平总书记指出，"我们都要重视家庭建设，注重家庭、注重家教、注重家风"，"无论时代如何变化，无论经济社会如何发展，对一个社会来说，家庭的生活依托都不可替代，家庭的社会功能都不可替代，家庭的文明作用都不可替代"。家庭教育具有启蒙性和终身性，每个孩子从出生的那一刻起，家庭教育就已在无形中产生了，并伴其一生；家庭教育具有感染性，父母与子女之间存在着血浓于水的亲情，家长的兴趣习惯，也常常决定了子女的行为举止；家庭教育具有权威性，孩子对于父母是带着尊敬和依赖的，潜移默化中就会信任父母，接受父母的建议和劝导；家庭教育还具有专一性，父母与孩子接触的机会最多，能够全方位地"读懂"孩子，及时发现并相

---

① 《大时代需要青年有大作为——写在五四青年节到来之际》，《光明日报》2015 年 5 月 4 日，第 2 版。

对有效地控制在孩子教育中存在的问题。只有每一个家庭都承担起教育好孩子的"第一任老师"的责任，承载起"千千万万个家庭成为国家发展、民族进步、社会和谐的重要基点"的使命，这样家庭培养出来的孩子才能够在为社会作出有益贡献等方面打下良好的思想基础、品德基础和人格基础。

根据问卷调查结果，66.9%的大学生认为影响自己劳动价值观的主要因素是父母。劳动教育的根基在家庭。家长要深刻认识到家庭是孩子的第一个课堂，家庭教育开展得如何，关系到孩子的终身发展，关系到千家万户的希望，关系到国家和民族的未来。不少受访大学生认为"家庭是影响新时代大学生劳动价值观的首要因素，家庭教育和生活模式对劳动价值观的形成起着至关重要的作用，学校只起着辅助作用"，有的大学生建议"家庭和学校要联合起来加强劳动教育"，还有的大学生提出"家庭要从小重视对孩子劳动价值观的培养和引导"。一直以来，不在少数的家长对孩子有着"望子成龙、望女成凤"的期望，在应试教育片面追求升学率的影响下，家长热衷于给孩子报各类课程辅导班，"分数至上"成为家长教育孩子的座右铭，从而忽略了家庭对孩子劳动态度、劳动习惯、劳动品德的培养，致使一些大学生在进入大学、离开父母的照顾后，出现如前文大学生劳动价值观现状中提到的生活自理能力欠缺、主动劳动的观念不强、良好的劳动品德有待涵养等问题。

"生活即教育"，首先家长要认识到日常生活中言传身教的重要性，努力营造"崇尚劳动、热爱劳动、人人参与劳动"的家庭氛围，处处以身作则，发挥示范作用，全员参与家庭劳动，让孩子从自己洗衣服、自己打扫屋子等力所能及的家务活儿干起，养成"自己的事情自己做"的良好劳动习惯。同时，家长要提高自身素质，用正确的思想、良好的品行影响和帮助孩子形成好思想、好品格、好习惯，避免将社会上存在的"学习不好就去打扫卫生""拼爹"等一些错误言行灌输给孩子。

在爱护约束方面，家长既要给予孩子成长以适度的关心关爱，也要对孩子生活学习中出现的不良劳动价值取向及时进行纠正，加以约束。比如，在引导孩子树立正确的择业观时，家长要在日常生活中加强对孩子家国情怀的培养，通过给孩子讲述爱国故事、带孩子去观看爱国电影等方式让其近距离接受爱国主义文艺作品的熏陶，让孩子认识到今天幸福生活的来之不易，认识到当下美好生活的背后是很多人在无私地默默付出，让孩子更加珍惜来之不易的学习和生活环境，向榜样看齐，自觉践行艰苦奋斗精神，自觉将个人职业发展与国家需要相结合，到祖国最需要的地方去。

在监护监督方面，家庭要与学校一起形成劳动教育的合力，协助学校做好寒暑假大学生的实习实践。一方面，家长要教育孩子增强自我保护意识，注意人身和财物安全；另一方面，家庭要充分发挥监督作用，鼓励孩子积极参与实习实践，认真听取孩子分享的劳动心得，及时发现问题，第一时间进行正确引导。有的大学生可能会因为受不了严寒或酷暑，怕苦怕累而在实践中牢骚满腹、拈轻怕重、敷衍了事。针对这些情况，家长要对孩子加以正确引导，教育孩子认识到艰难困苦是人生的宝贵财富，是对一个人品格的磨炼，是成长成才的必由之路。

在资源支持方面，家长还要根据家庭实际，结合孩子的具体特点，通过帮助联系实习单位、定期带孩子参加公益劳动等途径给予积极支持，不断拓宽孩子劳动教育的路径，协助学校一起做好劳动教育的保障工作。

（三）全面培养：构建全面发展的人才培养体系，在"因材施教"中培养未来高素质劳动者

2018年9月10日，习近平总书记在全国教育大会上强调，"要坚

持中国特色社会主义教育发展道路，努力构建德智体美劳全面培养的教育体系"，明确将劳动教育确定为全面发展教育的重要组成部分。劳动可以树德、增智、强体、育美，劳动教育在全面发展的人才培养体系中起着至关重要的作用。但在实践中，劳动教育在学校存在被弱化的现象，由于在基础教育阶段，很多劳动课时都被语、数、外等主课挤占，导致大学生一开始接受的由学校提供的劳动教育就不足，再加之劳动教育在高等教育阶段尚未融入人才培养的全过程，学校开展劳动教育的有效举措和实际效果更是不甚理想。

调查问卷中，我们收集了大学生对学校加强劳动教育的建议。有些大学生希望学校能够多组织他们参加实习实践活动和公益劳动，多开设劳动教育相关实践课程，多开展劳动模范进校园等活动，以丰富劳动教育的形式和载体，并希望老师们能够以身作则、率先垂范，杜绝形式主义，提倡辛勤劳动、诚实劳动、创造性劳动。也有大学生建议学校要"加强对劳动教育教师的培养，及时将市场经济条件下用人单位对劳动者能力的需求及时转化为课堂教学内容，增强劳动教育的针对性"。

高校要将劳动教育与大学生思想政治教育有机结合，使二者形成协同效应。习近平总书记在全国高校思想政治工作会议上指出，"高校思想政治工作关系高校培养什么样的人、如何培养人以及为谁培养人这个根本问题。要坚持把立德树人作为中心环节，把思想政治工作贯穿教育教学全过程，实现全程育人、全方位育人，努力开创我国高等教育事业发展新局面"。高校要通过劳动教育的课堂教学、实验实践来强化思政教育的实践性；通过劳动教育培养大学生的集体协作能力、社会责任感来提升思政教育的针对性；通过提供勤工助学、图书管理等学生工作岗位来拓宽思政教育的实施路径；通过开讲座邀请劳动模范进校园宣讲艰苦奋斗、向上向善的劳动故事，营造正能量的校园文化来增强思政教育的吸引力。

在知识传授方面，高校要探索编写劳动教育课程教材，开设劳动教育专业课程；各专业课教师要守好一段渠，种好责任田，将劳动的理念融入专业教学。比如，教授法学课程的教师可以给学生讲述怎样克服困难"送法下乡"，服务村民；教授市场营销的教师可以给学生讲述怎样深入一线调研，获得客户消费偏好资料等。学校在制定人才培养方案时，要积极探索在不同专业中开展劳动教育的形式和载体，结合文史哲理工农医经管法各类学科、专业的特点，分类施策。理论性较强的学科可以让劳动教育"活起来"，增强劳动教育的实用性；实践性较强的学科可以让劳动教育"酷起来"，增强劳动教育的趣味性，切实让劳动教育理念贯穿各类专业课程，融入人才培养全过程。

在技能培养方面，高校要充分发挥劳动教育联系知识和实际的纽带作用，加强校内实践基地和实验室建设，在传授大学生专业技能的同时，强化对其具体劳动实践的指导。要结合新时代国家对高素质人才的需求，以市场为导向，创新校内实习实践形式，丰富劳动教育的载体，通过产教融合等创新劳动教育路径来提升学校人才供给和用人单位人才需求的吻合度、匹配度，增强劳动教育的实效性。

在马克思看来，"生产劳动同智育和体育相结合，它不仅是提高社会生产的一种方法，而且是造就全面发展的人的唯一方法"①。学校应在充分尊重劳动教育实践性规律的基础上，进一步强化社会实践育人。大学生只有不断地融入社会发展中，社会才能形成可持续发展，社会只有不断地给大学生提供更多施展才华的平台，才能形成整体的

---

① 《马克思恩格斯文集》第 5 卷，人民出版社，2009，第 557 页。

良性循环发展。实践出真知，劳动教育不是黑板上的教育，而是行动教育。社会各行各业应该结合大学生的特点与具体情况，积极主动地为大学生提供实践平台，为大学生打造一个可接触的学习实践平台，在提升大学生为他人服务意识的同时亦能增强其劳动能力，让大学生感受校园课堂之外的社会生活形式，发挥他们的主观能动性，通过自我学习实践劳动教育。比如为大学生提供走进社区、工厂、部队、农村的机会，感知中国大地，体察国情民情，"在改革开放和社会主义现代化建设的大熔炉里，在社会的大学校里，掌握真才实学，增益其所不能，努力成为可堪大用、能担重任的栋梁之材"；通过工学结合、毕业实习、志愿服务、勤工助学、劳动体验等途径积极参与社会实践，感受劳动所带来的收获和乐趣，进而能让大学生形成尊重劳动、热爱劳动的真挚情感。

习近平总书记强调，"人才培养，关键在教师"；倡导教师要做"有理想信念、有道德情操、有扎实知识、有仁爱之心"的好老师。评价教师队伍素质的第一标准应该是师德师风。高尚的师德，是对学生最生动、最具体、最深远的教育，在言传身教、潜移默化中，教师的一言一行，对学生有着强烈的示范性，甚至可以影响其一生。高校要加强师德师风建设，充分发挥教师的言传身教作用，通过建立科学的教育评价导向，着力选树一批新时代教育楷模，大力宣扬他们的感人事迹等，促进形成正面示范效应，引领大学生树立正确的劳动价值观。社会实践方面，高校要结合市场需求来增强学生的劳动本领，通过与国家机关、企事业单位、社会团体等共建合作的方式，多渠道推进劳动教育基地建设，拓展专业技能型劳动教育场地，开展形式多样的社会实践，强化大学生专业与实践的结合，培养大学生的创新意识、创新精神和创新能力，让他们切身感受到生活就是劳动，劳动创造美好生活，从而实现劳动教育的应有之义——"知行合一"。

（四）春风化雨：营造崇尚劳动、崇尚创造的浓厚社会氛围，在"榜样引领"中弘扬劳动精神

社会是大学生接受劳动教育的主要外部途径，也是大学生劳动价值观形成和培养的重要渠道，整个社会氛围对大学生劳动意识的培养具有极其重要的作用。问卷调查中，受访大学生对社会加强劳动教育的建议主要集中在"思想教育上加强宣传""改变社会风气，让不劳而获的行为得到惩罚，让实干的人享受到更好的待遇""加强社会舆论的正确引导"等方面。

大众传媒要发挥积极引导作用，纠正舆论偏差。在全球化和信息化背景下，媒体已经成为大学生和社会沟通交流的一道桥梁，大众传媒对于大学生思想观念的形成和发展发挥着不可忽视的作用，很多消极负面的影响就是通过互联网传播给大学生的，因此要改变这种影响，就要从根源上转变大众传媒的传播机制与影响机制，让大众传媒肩负起抑恶扬善的责任，纠正偏差的舆论氛围与价值导向。一方面，媒体要多报道负向内容的消极影响，让大学生了解其危害，感受到公平与正义。比如某相亲交友节目上曾有女嘉宾提出"宁愿在宝马车里哭，也不愿在自行车上笑"，这被视为典型的"拜金主义"，而在我们这次问卷调查中也看到，17.1%的大学生是认同这一观点的。在当时的节目播出后，此言论引起舆论哗然，纷纷谴责这样的拜金主义思想。类似的行为在社会当中仍有许多，作为媒体，邀请专家或者学者对这一行为进行分析与纠正报道，深入解读，发挥媒体对于大学生价值观念的引导作用。另一方面，在价值引领方面，媒体应该结合大学生的特点和成长需求，创作出既符合大学生身心发展，又体现时代特征的文化作品，突出报道劳模典型事件或者具有高尚道德情操和境界的榜样事件，将劳动价值观的教育蕴含在优秀的文化作品中，以大学生喜闻乐见的形式来引导和打动大学生，突出榜样人物的先锋引领作用，

为大学生提供正确的引领。

社会媒体要积极发挥正向引导作用。在"互联网＋自媒体"的时代，人人都是自媒体，人人都有麦克风，每个人都可以通过微博、微信畅所欲言，在保证大学生言论自由的同时也就滋生了很多谣言，助长了错误内容的传播。因此作为媒体平台和社会公众，要充分发挥"信息把关人"的作用，加强对信息的监督管理，杜绝不良信息，不传谣造谣，在信息传播过程中把握好质量关、内容关，制止不良信息的传播。

政府作为劳动教育发展的顶层设计者，也是整个劳动教育的主导者。在依法对公共事务监督管理的同时，要加强对社会媒体的监督和管理，特别是网络监督管理。对于媒体的传播内容要进行严格审查，建立监管条例与机制，对于违背社会道德观念的或者低俗的内容要坚决予以惩罚，从根本上杜绝其不利影响和错误信息的传播，为大学生形成正确劳动价值观提供良好的社会环境。

充分发挥榜样的引领示范作用。党的十八大以来，习近平总书记多次接见劳动模范，在多个场合中都表达过尊重劳动、关心劳动者的理念，让劳模精神、劳动精神、工匠精神深入人心。他多次强调要在全社会范围内发出号召，宣传劳动模范的光辉事迹，弘扬劳模精神，号召全社会要以劳动模范为榜样，向优秀劳动者看齐，保持勤俭节约、艰苦奋斗的精神，树立热爱劳动、勤于劳动的思想品德。强化大国工匠和劳动模范引领效应，在校园中大力宣传大国工匠，传播劳模故事，组织开展大国工匠进校园、劳动模范进课堂的活动，让大学生近距离感受工匠精神和劳模精神，引导大学生立足勤奋学习、立志劳动创造，切实全面提升自身素质，培育深厚的劳动情怀。通过劳模与大学生的近距离接触，让大学生对劳动的意义和价值拥有更直观和更真实的感受，从而带给他们更大的动力。劳动模范身上体现出的劳模精神和工匠精神，长期以来一直是我们坚持不懈奋斗的力量和源泉，也是推动国家发展和人民幸福的强大动力，他们值得我们每个人尊重和学习。因此，要在大学生群体中通过各种方式大力宣传劳动模范的感人故事，号召全社会向他们学习，以他们为榜样，向他们致敬，努力向他们靠拢。重视同辈群体的典型示范，同辈群体是一个社会成员初级社会化阶段的重要影响变量。同辈之间在校园内具有相近的生活经历和体验，彼此之间的相互影响也是极其重要的。在大学校园里，不乏同辈之间向上向善的动人故事，既有艰苦奋斗的励志传奇，还有刻苦努力的勤奋模范，这些榜样就在大学生中间，在大学生身边，可以用同辈的经历给他们以积极引导。在大学生日常的生活中，加强大学生党员、学生干部或者典型代表的示范，从生活细微之处影响大学生树立正确的劳动态度，培养大学生的劳动习惯，进而形成正确的劳动价值观。

附　录

大学生劳动价值观调查问卷

亲爱的同学：

　　您好！

　　为了解当代大学生群体劳动价值观现状，引导大学生树立正确的劳动价值观，我们组织了此次问卷调查，非常荣幸地邀请您作为大学生代表填答问卷，也非常感谢您的配合。问卷采取不记名方式，答案无所谓对错，请您结合个人实际情况认真仔细填答，填答时间大约需要 10 分钟。

　　再次对您的配合表示衷心感谢！

大学生劳动价值观调查课题组

2018 年 9 月

Q1. 您的大学学制是？（单选）

　　（1）四年　　　　　　　　（2）三年

Q2. 您所学专业：（单选）

　　（1）社会工作　　　　（2）工商管理　　　　（3）劳动关系

　　（4）人力资源管理　　（5）经济学　　　　　（6）财务管理

　　（7）行政管理（企事业行政文化建设方向）

（8）法学（劳动法与社会保障方向）

（9）劳动与社会保障　　（10）行政管理

（11）政治学与行政学　　（12）汉语言文学　　（13）新闻学

（14）戏剧影视文学　　（15）安全工程　　（16）酒店管理

（17）旅游英语　　　　（18）旅游管理　　（19）工学结合项目

（20）中外合作办学

Q3. 您对您自己的劳动价值观总体满意程度如何，请用 1~10 分评价，1 分代表非常不满意，5 分代表一般，10 分代表非常满意。（单选）

1	2	3	4	5	6	7	8	9	10

温故而知新。让我们先温习一下与劳动相关的文化知识吧！

Q4. 请您对下列古代相关说法进行评价？（每行单选）

序号	与劳动相关的传统文化语句	非常认同	比较认同	一般	不太认同	非常不认同
1	一粥一饭当思来之不易，半丝半缕恒念物力维艰（节俭要从小事做起，每一样东西都来之不易）	1	2	3	4	5
2	人生在勤，不索何获？（人生要勤奋努力，若不积极探索研究，哪会有成就？）	1	2	3	4	5
3	庖丁解牛，技进乎道（功夫下得深了，技术自然而然就好了）	1	2	3	4	5
4	学而优则仕	1	2	3	4	5
5	劳心者治人，劳力者治于人	1	2	3	4	5
6	万般皆下品，唯有读书高	1	2	3	4	5
7	宝剑锋从磨砺出，梅花香自苦寒来	1	2	3	4	5

Q5. 请您对当代劳动相关说法进行评价：（每行单选）

序号	语句描述	非常认同	比较认同	一般认同	不太认同	非常不认同
1	劳动是财富的源泉，也是幸福的源泉	1	2	3	4	5
2	劳动可以磨炼人的意志品德	1	2	3	4	5
3	劳动最美丽、最光荣、最伟大、最崇高	1	2	3	4	5
4	全社会应树立辛勤劳动、诚实劳动、创造性劳动的理念	1	2	3	4	5
5	新时代不需要弘扬艰苦奋斗精神了	1	2	3	4	5
6	有钱了，就不用劳动了	1	2	3	4	5
7	劳动会耽误学习	1	2	3	4	5
8	家务活是家长的事，不需要孩子插手	1	2	3	4	5

大学校园承载着您最美好的青春记忆。让咱们再来聊聊大学生活中的点点滴滴。

Q6. 大学寒暑假，您在家平均每天做家务劳动的时长大约是？（主要包括洗衣做饭、打扫卫生、家庭采购、干农活等体力劳动）（单选）

（1）不做　　　　　　（2）10 分钟以内

（3）10 分钟 ~ 半小时　（4）半小时 ~ 1 小时

（5）1 小时 ~ 2 小时　（6）2 小时以上

Q7. 大学在校期间，您常怎么处理脏衣服？（多选）

（1）自己手洗　　　　（2）用校园的洗衣机洗

（3）到专门洗衣店洗　（4）请别人帮忙洗　（5）寄回家洗

（6）攒一起带回家洗　（7）从来不洗　　　（8）其他

Q8. 当您多次发现寝室里很乱，但又没轮到您值日时，您最经常的处理方式：（单选）

（1）发牢骚、抱怨　　（2）视而不见

（3）提醒值日同学打扫（4）邀请室友一起打扫

（5）自己主动打扫　　（6）其他

Q9. 在学校食堂里，当看到有同学浪费食物，您最倾向于怎么处理：
（单选）

（1）无所谓，没什么感觉

（2）这是别人的权利，我无权干涉

（3）我自己也有浪费现象发生，情有可原

（4）浪费食物可耻，在心中鄙视他/她

（5）上前提醒一下同学别浪费食物

（6）浪费严重时，向相关老师或管理人员反映

（7）其他

Q10. 大学期间，学习之余，您还参加了哪些社会实践活动？（多选）

（1）勤工俭学　　　（2）兼职打工　　　（3）社会调查

（4）志愿服务/公益性活动　　　（5）公司/单位实习

（6）生产劳动　　　（7）"三下乡"活动

（8）创业实践　　　（9）其他____

Q11. 您认为在大学期间参加实践活动的主要意义是什么？（限选 3~5 项）

（1）能赚点生活费/零花钱

（2）丰富课余生活　　　（3）积累工作经验

（4）多一种生活体验　　　（5）实现个人价值

（6）能够学以致用　　　（7）培养吃苦耐劳精神

（8）扩大社交范围　　　（9）好玩，打发时间

（10）完成学校的学分或实习任务

（11）其他_____

Q12. 您认为，对您劳动价值观影响较大的影响因素是：（限选 3 项并
排序）

（1）父母　　　（2）学校　　　（3）报纸杂志

（4）社会风气　　　（5）个人喜好　　　（6）同辈群体

（7）电视电影　　　　　（8）偶像　　　　　　（9）微博微信

（10）书籍　　　　　　（11）其他＿＿＿＿＿＿

Q13. 在您看来，对您个人发展意义重大的思想观念是：（限选 3～5 项）

（1）效率观念　　　　　（2）竞争观念　　　　　（3）实干观念

（4）精益求精观念　　　（5）诚信观念　　　　　（6）法治观念

（7）集体观念　　　　　（8）实事求是观念　　　（9）利己观念

（10）节俭观念　　　　 （11）创新观念　　　　 （12）感恩观念

（13）其他

Q14. 在您看来，目前您周围大多数大学生的思想追求倾向于：（限选
3～5 项）

（1）集体主义　　　　　（2）爱国主义　　　　　（3）拜金主义

（4）实用主义　　　　　（5）功利主义　　　　　（6）利己主义

（7）享乐主义　　　　　（8）消费主义　　　　　（9）悲观主义

（10）乐观主义　　　　 （11）其他＿＿＿＿＿＿

还记得这几句诗吧："从明天起，做一个幸福的人，喂马，劈柴，
周游世界。从明天起，关心粮食和蔬菜，我有一所房子，面朝大海，
春暖花开。"那咱们再来聊聊您对未来职业、配偶及消费的愿景吧！

Q15. 您明年毕业后的选择是？（单选，选 1/3/4/5/均跳到 Q17）

（1）参加工作　　　　　（2）继续深造　　　　　（3）创业

（4）现在还比较迷茫，没有明确打算　　　　　（5）其他

Q16. 您明年毕业后继续深造的主要理由是：（多选）

（1）个人学业追求　　　（2）增加就业筹码　　　（3）就业压力太大

（4）父母的期望　　　　（5）爱情的驱动

（6）换一个心仪的国内高校读书

（7）想到港澳台高校读书

（8）想到国外开阔眼界

（9）其他

Q17. 您最向往的职业类型是：（单选）

　　（1）自由型（时间和环境自由）

　　（2）技术型（工作与专业对口）

　　（3）合作型（重视团队合作）

　　（4）支配型/权力型（政府及企事业单位领导等）

　　（5）稳定型（职业稳定、风险小）

　　（6）自我实现型（发挥个性、特长）

　　（7）服务型（社会服务类工作）

　　（8）创业型（响应政策号召，成就个人梦想）

　　（9）享受型（无固定工作，开心就好）

　　（10）其他

Q18. 实际工作生活中，付出与收获的关系存在有四种情形。请根据您个人接受程度进行选择：（每行单选）

付出与收获	乐于接受	还能接受	无所谓	勉强接受	无法接受
1. 有付出，有收获	1	2	3	4	5
2. 没付出，有收获	1	2	3	4	5
3. 有付出，没收获	1	2	3	4	5
4. 没付出，没收获	1	2	3	4	5

Q19. 在您看来，对您的就业起到决定性影响的因素是：（限选 3 项并排序）

　　（1）家庭背景　　　（2）老师推荐　　　（3）个人实力

　　（4）学校名气　　　（5）机遇运气　　　（6）就业行情

　　（7）同学或朋友帮助　（8）专业背景　　　（9）其他_____

Q20. 影响您就业选择的主要因素是？（限选 3 项）

（1）劳动报酬（工资待遇）　　　　（2）升职空间

（3）福利制度（是否有五险一金等）

（4）公司/单位实力　　（5）公司/单位所在城市

（6）培训体系是否健全

（7）工作是否轻松（是否双休、加班等）

（8）是否符合个人兴趣或发挥专长

（9）是否体面、社会地位高

（10）能否解决北京户口

（11）其他_____

Q21. 您最理想的就业城市/地点_____ 。（填空题，有重名的城市请注明省份）

Q22. 请您对以下就业方面的描述进行评价。（每行单选）

序号	描述	非常认同	比较认同	一般	不太认同	非常不认同
1	大学几年的学习和生活对我未来的发展很有帮助	1	2	3	4	5
2	我肯定能找到一份满意的工作	1	2	3	4	5
3	我对未来职业发展充满信心	1	2	3	4	5
4	我愿意去农村或偏远的基层工作	1	2	3	4	5
5	毕业5年内我会创业	1	2	3	4	5
6	三百六十行，行行出状元	1	2	3	4	5
7	职业不分高低贵贱，无论是体力劳动还是脑力劳动，都值得尊重和鼓励	1	2	3	4	5
8	将来即使做不了精英，我也甘愿当普通人	1	2	3	4	5
9	大学生毕业后不工作，啃老可耻	1	2	3	4	5
10	在不久的未来（10~20年），我将从事的行业/职业会因为人工智能而出现大面积失业	1	2	3	4	5

Q23. 假如毕业时，暂时还没有找到理想工作，现在有一份以体力劳动为主、报酬一般的工作岗位，您也符合招录条件，您的态度是：（单选）

（1）乐于接受，踏踏实实地干

（2）勉强接受，先干着再找其他工作机会

（3）不能接受，继续找工作

（4）不能接受，不找工作了，创业或为创业做准备

（5）不能接受，不找工作了，准备考研/考公务员/考证等

（6）不能接受，不找工作了，在家陪父母

（7）其他

Q24. 您是否恋爱过？（单选）

（1）是　　　　　　　（2）否

Q25. 您对下列关于择偶方面的说法的认同情况是？（每行单选）

序号	语句描述	非常认同	比较认同	一般认同	不太认同	非常不认同
1	我会选择双方人生观、价值观相似的配偶	1	2	3	4	5
2	我会选择双方社会经济地位相似的配偶	1	2	3	4	5
3	我愿意和配偶一起努力奋斗，同甘共苦	1	2	3	4	5
4	宁在宝马车上哭，不愿在自行车上笑	1	2	3	4	5
5	遇到自己心仪的异性时，我不会主动追求对方	1	2	3	4	5
6	婚姻对我来说是不可缺少的	1	2	3	4	5

Q26. 您的择偶标准主要是？（限选3项并排序）

（1）相貌　　　（2）经济实力　　（3）社会地位

（4）家庭背景　　（5）发展潜力　　（6）性格

（7）价值观　　　（8）学历　　　　（9）感情基础

（10）忠诚度　　（11）其他_____

Q27. 您最崇拜的偶像是谁？（可写多位，有重名请注明具体领域）

Q28. 在您眼中，最成功的人是谁？_____（请填写姓名，有重名的请注明成功理由）

　　生活中还有诗和远方，让咱们谈谈劳动模范、大国工匠及消费情况吧！

Q29. 请您写出您知道的劳模或大国工匠的名字。（可写多位）

Q30. 劳模精神的内涵是爱岗敬业、争创一流，艰苦奋斗、勇于创新，淡泊名利、甘于奉献。您觉得劳模精神距离自己的日常生活：（单选）

（1）就在身边　　（2）不太遥远　　（3）一般

（4）比较遥远　　（5）非常遥远

Q31. 您对自己在日常学习生活中践行劳模精神的态度是？（单选）

（1）非常愿意　　（2）比较愿意　　（3）一般

（4）比较不愿意　（5）非常不愿意

Q32. 中央电视台曾播出了五季《大国工匠》专题片，对这些大国工匠，您怎么看？（多选）

（1）非常了不起，是国家和民族的骄傲

（2）行业内的精英群体

（3）还行吧，那是他们的本职工作

（4）没有什么特别的感觉

（5）其他

Q33. 工匠精神是一种追求极致、精益求精的精神。在您看来，工匠精

神对您学习或工作的重要性是：（单选）

（1）非常重要　　　　（2）比较重要　　　　（3）一般

（4）比较不重要　　　（5）非常不重要

Q34. 工匠精神是一种追求极致、精益求精的精神。在您看来，工匠精神对中国迈向制造强国的重要性是：（单选）

（1）非常重要　　　　（2）比较重要　　　　（3）一般

（4）比较不重要　　　（5）非常不重要

Q35. 大学期间，您每个月的平均花费（含生活费、买衣服、往返家里、旅游、培训等所有花费）为：（单选）

（1）500元以下　　　（2）500～999元　　（3）1000～1499元

（4）1500～1999元　（5）2000～2999元　（6）3000～4999元

（7）5000元及以上

Q36. 您认为您属于哪种消费观?（单选）

（1）奢侈型　　　　　（2）高消费型，喜欢品牌

（3）经济实惠型，质量一般就行

（4）实际型，看有多少钱

（5）节俭型，能不买就不买

（6）其他_____

Q37. 大学期间，如果当月生活费已经花完，还不到父母给下一个月生活费的期间，您常通过哪些途径度过?（多选）

（1）让父母再给钱　　（2）向亲朋好友（同学）借钱

（3）信用卡透支消费　（4）校园贷等借贷类软件

（5）消费贷、分期付款

（6）兼职等挣钱　　　（7）其他_____

Q38. 请您对以下描述进行评价：（每行单选）

序号	语句描述	非常认同	比较认同	一般认同	不太认同	非常不认同
1	我适度消费，不超前过度消费	1	2	3	4	5
2	过生日时即使我钱不够，我也会借钱请客	1	2	3	4	5
3	我崇尚每日光盘行动，节约粮食	1	2	3	4	5
4	日常学习生活或工作中，我努力做到极致、精益求精	1	2	3	4	5
5	学校宿舍、教室、食堂水龙头坏了，水哗哗外流，我会及时报告/寻找相关人员修理	1	2	3	4	5
6	我经常参加力所能及的公益活动（扶贫济困、保护生态环境、帮助弱势群体、支教等）	1	2	3	4	5

Q39. 基于您的经历和认知，您认为当代大学生在劳动价值观方面有哪些突出问题？（限选 3～5 项）

（1）看不上体力劳动

（2）好逸恶劳，缺乏积极的劳动态度

（3）没有良好的劳动习惯

（4）存在铺张浪费的现象

（5）不尊重他人劳动成果

（6）缺乏艰苦奋斗精神

（7）生活自理能力较差

（8）太看重物质报酬

（9）存在投机取巧心理，渴望不劳而获

（10）做事情马马虎虎，不精益求精

（11）奋斗目标不明确，荒废时光

（12）独生子女娇生惯养，抗挫折能力差

（13）其他_____

Q40. 在您看来，家庭在劳动价值观教育方面存在的主要问题是：（限选 3 项）

（1）在家长眼里，学习是天职，成绩是第一位的，干不干家务无所谓

（2）家长缺乏正确的劳动教育理念

（3）家长没有起到榜样示范作用

（4）家长对我的成长干预过多，甚至是包办

（5）家长很忙，没时间、没精力教育我

（6）从小没有与父母一起生活，没人有效引导我

（7）家庭结构不完善（父母离婚等），没有良好的成长环境

（8）其他_____

Q41. 在您看来，学校在劳动价值观教育方面存在的主要问题是：（限选 3 项）

（1）学校不重视劳动教育

（2）关于劳动教育方面的实践课程太少

（3）老师在劳动教育方面的引导和示范不够

（4）有的学生靠投机取巧实现了不劳而获

（5）有的学生违反了劳动纪律并没有受到惩罚

（6）有的学生靠家长等关系得到更多机会

（7）校园文化中缺乏劳动教育的相关内容

（8）其他_____

Q42. 在您看来，社会在劳动价值观教育方面存在的主要问题是：（限选 3 项）

（1）影视作品、娱乐综艺节目的价值导向存在偏差

（2）媒体关于科学家、大国工匠、劳动模范的宣传有限

（3）经常能在社会中看到不尊重体力劳动者的现象

（4）社会氛围急功近利，追求"短平快"

（5）职业教育不受重视　（6）空谈误国、实干兴邦未落到实处

（7）高房价/房租时代，年轻人努力也看不到希望

（8）其他_____

Q43. 在您看来，您更愿意接受下列哪种形式的劳动教育？（限选 3～5 项）

（1）向家长学习，从小参加家务劳动等，养成良好劳动习惯

（2）中小学时期能有机会多参加劳动教育课程（主题讲座、手工课、志愿服务、参与校园劳动、社会参观等）

（3）向身边的同学朋友学习

（4）自己主动参加各类义务劳动、体验劳动价值

（5）向自己喜欢的影视剧中的人物学习

（6）向自己崇拜的成功人士学习

（7）大学期间多一些实验实践类课程

（8）大学期间多一些勤工俭学的机会

（9）大学老师在课堂上的讲授更切合实际

（10）社会舆论的正确引导

（11）与大国工匠、劳动模范近距离接触，感受他们的魅力

（12）有更多机会到与专业相关的单位实习

（13）多惩罚一些投机取巧、不劳而获的人

（14）其他_____

Q44. 关于"如何帮助大学生树立正确的劳动价值观"，您的看法或者建议是：（请填写）

_____

坚持一下，最后几个问题啦！

Q45. 您的性别是：（单选）

    （1）男   （2）女

Q46. 您是不是中共党员（含预备党员）：（单选）

    （1）是   （2）否

Q47. 您在大学几年当学生干部的情况：（多选）

    （1）未当学生干部   （2）班级干部

    （3）院/系学生会干部   （4）社团干部

    （5）校学生会干部   （6）其他_____

Q48. 您是否为独生子女？（单选）

    （1）是   （2）否

Q49. 过去的一年，您父母的家庭月平均总收入（包括工资、各种奖金、资本性收入以及其他固定及临时性收入）是：（单选）

    （1）2000 元以下   （2）2001～5000 元   （3）5001～7000 元

    （4）7001～10000 元   （5）10001～15000 元

    （5）15001～20000 元   （6）20000 元以上

Q50. 您父亲的职业是：（单选）选项同 Q51 _____

Q51. 您母亲的职业：（单选）

教师	1	产业工人	9
医生、护士	2	农业劳动者	10
民企、私企员工	3	无业、失业或半失业	11
政府、事业单位、国企员工	4	自由职业	12
专业技术人员（科研人员/律师/金融从业人员等）	5	离退休	13
私营企业主	6	家庭主妇	14
个体工商户	7	其他	15
商业、服务业员工	8		

Q52. 您的家乡在？

（1）城市 （2）县城

（3）乡镇 （4）农村

Q53. 您的家乡在哪个省（自治区/直辖市）哪个城市？请填写_____

例：北京海淀、河北石家庄

问卷调查结束，再次感谢您的大力支持和配合！

后　记

这不是第一次写后记，可这一次的后记让我尤其感慨。手抚书稿，闭目想来，从最早的一个念头到现在付梓出版，已经跨越四个年头了。在这期间，国家层面发生了历史性变革，取得了历史性成就；高等教育事业被一次又一次的重要会议校准航向，面临很多新课题；而我个人的研究思路也在不断聚焦，逐步形成了研究的良性循环。于我个人而言，这本书稿就是在特定的历史时空中各方相互作用下完成的。

2016年全国"两会"期间，一份关于职业教育的提案引起了我的关注，随即劳动教育这个概念出现在我的脑海里。之后，与在社会科学文献出版社做编辑的硕士同学于占杰博士电话聊天时，我提到了自己的关注，他对我这个想法很是支持，并在电话里向我阐述了研究劳动教育的学术价值。他的博士研究方向是古代哲学史，电话里他还给我介绍了中国传统文化中关于劳动的一些研究情况。基于这份支持和启发，我萌生了围绕劳动教育写本专著的想法。不过，我本人的专业背景并不是教育学方向，而且对劳动的研究也不够深入，对劳动教育的理解基本属于常识范畴。之后，我曾百度检索过德智体美劳的有关论述，增加了一些直观认知。

2016年6月，我有幸参加学院"十三五"发展建设规划的编制工作。在刘向兵校长、刘玉方副校长的带领下，与学院同仁一道，经过一个暑假的反复研讨打磨，形成了学院"十三五"发展建设规划初稿。其中，学院人才培养目标的最后表述是：培养政治素质过硬、劳动情怀深厚、专业功底扎实、实践技能突出的高素质应用型人才。随着"劳动情怀深厚"被写入人才培养目标，再次激活了之前我个人对劳动教育的关注。我开始在 CNKI 上检索与劳动情怀相关的文献，检索结果让我有些意外。以"劳动情怀"为关键词，查不到直接相关的文献；通过扩大检索范围、更换关键词等，能够查到一些间接相关的文献，主要是围绕"劳动哲学""劳动价值观""劳动品德""劳动态度"等展开论述的。基于这个检索结果，我产生了一个念头：既然还没有人给劳动情怀下定义，那就由我们来下定义。这一想法得到了刘向兵校长的支持，于是，我开始着手撰写《论大学生劳动情怀的培养》这篇论文，从回顾马克思、恩格斯关于劳动的经典论述入手，以习近平总书记近年来关于青年的重要讲话为指导，在梳理前人相关研究成果的基础上，我们尝试着给劳动情怀下了一个定义，并深入分析了当代大学生劳动情怀缺失的表现及原因，也提出了相应建议。

2016 年 12 月 7 日，全国高校思想政治工作会议召开。会议强调，高校思想政治工作关系高校培养什么样的人、如何培养人以及为谁培养人这个根本问题，要坚持把立德树人作为中心环节，把思想政治工作贯穿教育教学全过程，实现全程育人、全方位育人，努力开创我国高等教育事业发展新局面。一个月以后，学校开始了 2017 年度科研项目申报工作。围绕学习全国高校思想政治工作会议精神，在副校长刘玉方教授的指导下，我又撰写了《法德并举彰显我国高等教育价值取向》《"四个课堂"联动，构建三全育人路径》等论文，因为赶上了当时的机遇，这些文章很快得以发表。基于自己的研究关注和研究基础，我和几位同仁一起，申报了"当代大学生劳动价值观调查"项目，并获学校科研项目立项；后来，这一研究项目又得到北京市教育工委思政课题的立项支持。对我个人而言，这些都是很大的鼓励。围绕这一课题，在完成课题的过程中，我还以创新创业教育为视角，撰写了《创新创业教育的国际比较与借鉴》一文，发表在《自然辩证法研究》2017 年第 9 期上。

随着研究的深入，我愈加发现，劳动教育不能局限于技能教育，而应该更注重正确劳动价值观的培育。那么，新中国成立以后，不同历史时期，劳动教育在党的教育方针中是如何表述的？经历了怎样的演变？当前的劳动教育应该如何加强？2017 年 8 月，利用暑期值班的时间，我再次浏览了一些相关成果，并在一张 A4 纸上勾勒出了一个框架。有了大致想法以后，我又打电话向一直有教育学背景的曲霞博士请教，并寻求她的指导和帮助。当时还在贵州出差的她，电话中给了我一些点评和指导，初步同意帮助我们课题组做些文献梳理工作。秋季开学之后，曲老师根据研究索引，列出了做好文献回顾所需要的文献目录，我们课题组按照这一目录，将这些文献全部收集到位。曲霞博士克服了很多困难，用了三个多月时间，梳理出了劳动教育在党的教育方针中的历史演变情况。之后，我们又进行了多次打磨，按照党史国史的阶段划分，对内容进行了完善，增加了新时代以来关于劳动教育新发展的相关内容，一直打磨到 2018 年 8 月 12 日，才正式投稿出去。8 月底，收到《教育学报》编辑的反馈，该篇论文通过匿名评审，需做一些修改。在最后定稿期间，全国教育大会召开了，劳动教育成为大会精神的重要内容之一。根据大会精神，又及时对文稿进行了修订，最后以 "1949 年以来劳动教育在党的教育方针中的历史演变与省思" 为题目，发表在《教育学报》2018 年第 5 期上。

2017 年春，我又回到劳模本科班的课堂，给 2016 级劳模班学员讲授《劳动关系概论》，利用上课之余，我和劳模学员一起，着手编著《中国劳模口述史（第一辑）》。与此同时，我开始深入研究劳模评选制度，从历史维度回顾劳模制度的由来，并放在当时的历史背景下理解劳模精神的具体内涵。2017 年 10 月 18 日，党的十九大报告提出，"建设知识型、技能型、创新型劳动者大军，弘扬劳模精神和工匠精神，营造劳动光荣的社会风尚和精益求精的敬业风气"。受此激励，我加快了研究步伐：《中国劳模口述史（第一辑）》于 2018 年 3 月出版；用一年之久打磨的论文《习近平新时代中国特色社会主义劳动思想探析》被中央党校《理论动态》2129 期首篇发表，还因此得到了《求是》杂志的约稿；同时，此文发表在《思想教育研究》2018 年第 1 期之后，又被《中国社会科学文摘》2018 年第 7 期转载 4200 字。论文《楷模与引领：劳模评选制度的嬗变与省思》也被《教学与研究》2018 年第 6 期录用，并被中国人民大学报刊复印资料《工会工作》2018 年第 5 期全文转载。

2018 年"五一"国际劳动节前夕，中国劳动关系学院 2017 级、2018 级劳模本科班共 38 名劳模学员给习近平总书记写信，汇报了学习习近平新时代中国特色社会主义思想的体会，表达了当好主人翁、建功新时代的决心。2018 年 4 月 30 日，习近平总书记给中国劳动关系学院劳模本科班学员回信，总书记在回信中殷殷寄语——"社会主义是干出来的，新时代也是干出来的。希望你们珍惜荣誉、努力学习，在各自岗位上继续拼搏、再创佳绩，用你们的干劲、闯劲、钻劲鼓舞更多的人，激励广大劳动群众争做新时代的奋斗者"；还高度肯定了劳动精神的珍贵——"我一直强调，劳动最光荣、劳动最崇高、劳动最伟大、劳动最美丽。全社会都应该尊敬劳动模范、弘扬劳模精神，让诚实劳动、勤勉工作蔚然成风"。近一年来，"中国劳动关系学院""劳模本科班""回信"三个原本相互独立的关键词，在新时代历史背景下，构成了一个富有历史意义的事件——"给中国劳动关系学院劳模本科班学员回信"，被载入了中国劳动关系学院校史、中国工运史。它的重要性持续显现，作为一个标志性事件，这封回信在中国工会十七大的开幕式、2018 年度"大国工匠"颁奖典礼等重大场合多次被提及，成为激励广大劳动群众争做新时代奋斗者的嘹亮号角。围绕学习贯彻回信精神，我又撰写了《用劳模精神激励大学生争做新时代奋斗者》《用劳模精神引领大学生培育践行社会主义核心价值观的实践路径》等论文。令我激动的是，2018 年年初申报的教育部人文社科青年基金项目"高校引领大学生培育践行社会主义核心价值观的机制研究——以劳模精神引领为载体的视角"获得立项。

就在关于劳动教育方面的成果有了一定积累、让我逐步增加自信的时候，我发现尚有两个功课有待于加强：一是民国时期黄炎培、陶行知、晏阳初、梁漱溟等前辈曾在推动我国现代教育事业发展中做过很多积极探索，他们的很多教育思想和实践可归入劳动教育范畴，至今仍有借鉴意义；二是当代大学生劳动价值观的实证研究要抓紧做细做实。2018 年暑假，我主要就是围绕这两个功课度过的：一方面，利用在厦门大学参加培训的契机，列出了文献回顾的框架，明确了几位前辈各自的侧重，之后开始和课题组同仁一起着手做前辈思想的梳理工作；另一方面，在前期工作的基础上，加快完善自己的调查问卷，多方征求意见，经过 30 多稿的打磨，得以定稿，并制定了调查方案，为开展问卷调查奠定了基础。

2018 年 9 月 10 日，全国教育大会召开。习近平总书记在全国教育大会上强调，"培养德智体美劳全面发展的社会主义建设者和接班人"，"要在学生中弘扬劳动精神，教育引导学生崇尚劳动、尊重劳动，懂得劳动最光荣、劳动最崇高、劳动最伟大、劳动最美丽的道理，长大后能够辛勤劳动、诚实劳动、创造性劳动"。这些重要论述，高扬劳动教育的旗帜，丰富发展了党的教育思想，具有重大的理论和实践意义，也对各级党委、各部门提出了加强劳动教育的新任务、新课题。对于个人而言，我在学习全国教育大会精神的时候，感慨很多：有熟悉感，新时代以来总书记在多个场合就劳动发表了系列重要论述，这里再次重申了与劳动教育相关的论述；有振奋感，总书记系统阐述了党的教育方针，提出了"培养德智体美劳全面发展的社会主义建设者和接班人"的人才培养目标；有意外感，没想到总书记在全国教育大会上的重要讲话中关于劳动教育多有着墨，提出了很多期许；有成就感，近年来自己的研究关注与新时代党的教育方针契合了，正可谓"时来天地皆同力"！至此，我觉得出版自己关于劳动教育成果的时机基本成熟了。全国教育大会以后，刘向兵校长带领学院相关部门同仁进行了高强度攻关，既总结中国劳动关系学院加强劳动教育的经验做法，又开拓性提出了"1＋8＋3"的新时代高校加强劳动教育论纲，很多成果产生了广泛的社会影响。作为课题组的参与者之一，我在这一过程中又和学院同仁们一道学习了很多，收获了很多。

从 2018 年 9 月开始，我按照"围绕主题，有破有立"的原则，开始梳理自己前期的研究成果，重新建构书稿的框架。首先从历史的角度，回顾了耕读传家文化背景下的劳动教育、民国时期关于劳动教育的积极探索，以及新中国成立以来劳动教育方针的演变；然后以创新创业教育为视角进行国际比较，以期获得有益借鉴；之后，回到劳动教育对立德树人的功能支撑，论述劳动教育对于人才培养的重要价值；针对现实中大学生劳动价值观问题，以大学生劳动价值观调查为基础，从"劳获之间"和"行不及义"两个方面，分析了大学生劳动价值观的现状、问题和原因；接下来，又从榜样引领的角度，探讨了用劳模精神引领大学生争做新时代奋斗者的具体机制；最后以培育内化于心的正确劳动价值观为导向，结合实证研究成果，提出了新时代加强劳动教育的理想图景与实施体系。经过反复琢磨，最后将书名定为《嬗变与审视：劳动教育的历史逻辑与现实重构》，目前的章节安排就是上述逻辑框架的具体体现。

2019年1月，经过提前申报、资格审查、现场答辩、学校学术委员会评议等环节，本书获得"2019年度中国劳动关系学院学术论丛"项目支持，为付梓出版提供了直接的资源支撑，出版事宜才得以提上议程。值此出版之际，心中充满了感恩之心，正是有了大家的关心和支持，我才有了今天的收获。感谢刘向兵校长、刘玉方副校长一直以来的鼓励指导，给了我很多具体而温暖的帮助；感谢燕晓飞教授带领的科研处管理团队，为本书的出版付出了很多专业化管理劳动；感谢社会科学文献出版社城市和绿色发展分社的任文武社长，作为资深出版人，他从图书出版的角度给出了很多有价值的宝贵建议，并安排有着丰富经验的刘如东编辑为本书"操刀"，在这两位出版人的支持帮助下，本书在出版过程中又得到一次整体提升，每念及此，充满感激；此刻，那些一起战斗过、一直温暖着的场景再次浮现眼前，感谢四年来参与课题研究、为本书付出过直接辛劳的朋友们，他们是杨志强、于占杰、曲霞、尚卫平、蔡元帅、张红涛、张琛、李妍妍，我们或者一起利用散步时间交流想法，或者在相对安静的节假日里一起加班，或者一起出差实地调研，或者就一些观点反复研讨，或者一起打磨文稿，正是这些点点滴滴的付出，完成了课题、写出了论文、收获了友谊，今后，愿我们一起努力，心怀敬畏之心在科研道路上行稳致远。感谢我所属部门的团队，在闻凤辰、刘瑶瑶等同志的协助下，我们一起有条不紊、协同有序地完成了很多工作，其中不乏急难硬重的任务，也正是有了团队的力量，才有了工作的效率和质量。最后，我也要鼓励自己，回头来看，坚守很重要，正是有了这份坚守，才逐步形成了"坚持写作—成果积累—申请课题—深化研究—科研产出—继续申请课题"的良性循环。虽然这几年牺牲了很多节假日时间，克服了诸多自身困难，但面对这本书的时候，一切都值了。

　　每一代青年都有自己的际遇和机缘，都要在自己所处的时代条件下谋划人生、创造历史。回顾自己的工作经历和研究理路，我有一个基本体会，那就是如果仅从眼前关注谋划，总会自觉不自觉地陷入是是非非、诸多无奈当中；而如果从时代大背景下谋划，则会逐渐产生心胸廓然、淡定从容之感。新时代是奋斗者的时代，劳动教育是长久的事业，愿"幸福都是奋斗出来的"成为青年一代的价值认同，用一代又一代的辛勤劳动、诚实劳动、创造性劳动托起中华民族伟大复兴的中国梦！

　　是为后记。

李珂

2019 年 3 月 25 日于北京

图书在版编目（CIP）数据

嬗变与审视：劳动教育的历史逻辑与现实重构／李
珂著. -- 北京：社会科学文献出版社，2019.3（2021.4 重印）
（中国劳动关系学院学术论丛）
ISBN 978 - 7 - 5201 - 4521 - 3

Ⅰ.①嬗…　Ⅱ.①李…　Ⅲ.①大学生 - 劳动教育 - 研
究 - 中国　Ⅳ.①G641.6

中国版本图书馆 CIP 数据核字（2019）第 048569 号

中国劳动关系学院学术论丛

嬗变与审视：劳动教育的历史逻辑与现实重构

著　　者／李　珂

出 版 人／王利民
责任编辑／王玉霞　李艳芳
文稿编辑／刘如东

出　　版／社会科学文献出版社·城市和绿色发展分社（010）59367143
　　　　　地址：北京市北三环中路甲 29 号院华龙大厦　邮编：100029
　　　　　网址：www.ssap.com.cn
发　　行／市场营销中心（010）59367081　59367083
印　　装／三河市东方印刷有限公司

规　　格／开　本：787mm×1092mm　1/16
　　　　　印　张：17.75　字　数：216 千字
版　　次／2019 年 3 月第 1 版　2021 年 4 月第 4 次印刷
书　　号／ISBN 978 - 7 - 5201 - 4521 - 3
定　　价／68.00 元